本书获中国法学会 2012 年度部级学研究课题后期资助经费资助

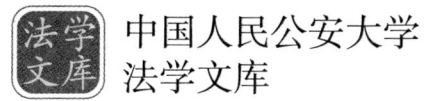

中国人民公安大学
法学文库

刑法与刑事诉讼法关联问题研究

XINGFA YU XINGSHI SUSONGFA
GUANLIAN WENTI YANJIU

陈志军 ◇ 著

中国政法大学出版社

2021·北京

声　　明　　1. 版权所有，侵权必究。

2. 如有缺页、倒装问题，由出版社负责退换。

图书在版编目（CIP）数据

刑法与刑事诉讼法关联问题研究/陈志军著.—北京：中国政法大学出版社，2021.12
　　ISBN 978-7-5764-0255-1

Ⅰ.①刑… Ⅱ.①陈… Ⅲ.①刑法－关系－刑事诉讼法－研究－中国 Ⅳ.①D924.04②D925.2.04

中国版本图书馆 CIP 数据核字(2022)第 007116 号

出 版 者	中国政法大学出版社
地　　址	北京市海淀区西土城路 25 号
邮寄地址	北京 100088 信箱 8034 分箱　邮编 100088
网　　址	http://www.cuplpress.com（网络实名：中国政法大学出版社）
电　　话	010-58908285(总编室) 58908433（编辑部）58908334(邮购部)
承　　印	固安华明印业有限公司
开　　本	880mm×1230mm　1/32
印　　张	8.625
字　　数	230 千字
版　　次	2021 年 12 月第 1 版
印　　次	2021 年 12 月第 1 次印刷
定　　价	49.00 元

目录
Contents

- 001 第一章 中国视野下的刑法与刑事诉讼法的关系
- 002 一、刑法与刑事诉讼法的理论关系
- 012 二、刑法与刑事诉讼法的立法关系
- 019 三、刑法与刑事诉讼法的司法关系
- 021 第二章 刑法通论中与刑事诉讼法相关联的问题
- 021 一、刑法解释与刑事诉讼法相关联的问题
- 024 二、刑法基本原则与刑事诉讼法相关联的问题
- 034 三、刑法的效力范围与刑事诉讼法相关联的问题
- 048 第三章 犯罪构成论中与刑事诉讼法相关联的问题
- 048 一、犯罪客体与刑事诉讼法相关联的问题
- 052 二、犯罪客观方面与刑事诉讼法相关联的问题
- 074 三、犯罪主体与刑事诉讼法相关联的问题
- 085 四、犯罪主观方面与刑事诉讼法相关联的问题
- 104 第四章 正当行为论中与刑事诉讼法相关联的问题
- 105 一、扭送行为的正当化条件
- 106 二、采取刑事强制措施行为的正当化条件
- 118 三、一般侦查行为的正当化条件
- 129 四、特殊侦查行为的正当化条件
- 144 第五章 刑罚论中与刑事诉讼法相关联的问题
- 144 一、刑罚通论与刑事诉讼法相关联的问题

149	二、刑种制度与刑事诉讼法相关联的问题
167	三、刑罚裁量制度与刑事诉讼法相关联的问题
193	四、刑罚执行制度与刑事诉讼法相关联的问题
205	五、刑罚消灭制度与刑事诉讼法相关联的问题
213	六、保安处分与刑事诉讼法相关联的问题
222	第六章　妨害刑事诉讼的具体犯罪的司法认定
222	一、妨害刑事诉讼证据的犯罪
234	二、妨害对犯罪人的刑事追诉的犯罪
254	三、妨害犯罪所得及其收益追缴的犯罪
267	后　记

第一章 中国视野下的刑法与刑事诉讼法的关系

古罗马法学家乌尔比安（Domitius Ulpianus）认为"公法是有关罗马国家稳定的法，私法是涉及个人利益的法"。[1]刑法、刑事诉讼法、行刑法等同属于刑事法，[2]都属于公法的范畴。这意味着刑法和刑事诉讼法在维护国家稳定的过程中共同发挥着重要的作用。构建良性的社会秩序，才能实现国家的长治久安。良性而稳定的秩序只能建立在依法治国、尊重人权、社会和谐的基础上。刑法和刑事诉讼法构成刑事法律的主体，同属于国家基本法律，发挥着维护秩序和保障人权的重要机能。在中国实体法和程序法分立的立法模式下，刑法和刑事诉讼法分属于不同的部门法。与之相对应，我国在学科分类上，刑法学和刑事诉讼法学也分属于不同的法学二级学科。这种立法模式和学科划分方式，容易陷于实体法忽视程序法或者程序法忽视实体法的窠臼，而不是对刑事法的改革完善进行整体布局，这必然会导致刑法和刑事诉讼法在立法上的诸多不协调，影响我国刑事法治建设进程的整体推进。在这种立法模式以及学科划分方式短期内难以改变的情况下，我们应当加强此方面的研究，从宏观上追溯刑法和刑事诉讼法之间的理论关系，然后从中观上探寻刑法和刑事诉讼法之间的立法关系，进而在微观上分析刑法和刑事诉讼法之间的司法关系，才能在刑事法治建设的进程中妥善地协调

---

[1] 参见［意］桑德罗·斯奇巴尼选编：《正义和法》，黄风译，中国政法大学出版社1992年版，第33页。

[2] 参见张明楷编著：《外国刑法纲要》，清华大学出版社2007年版，第4页。

二者之间的关系。本书以刑法学理论框架为基本线索，对刑法学中与刑事诉讼法相关联的问题进行研究，希望对妥善协调刑法与刑事诉讼法之间的关系、促进我国刑事法治建设进程的整体合理规划以及丰富相关的理论研究有所裨益。

一、刑法与刑事诉讼法的理论关系

刑法与刑事诉讼法在理论上的密切联系与重大区别，是其立法关系及司法关系的根源。刑法与刑事诉讼法在核心价值上既有共通之处，也有差异；它们都受制于一个国家的基本刑事政策，体现刑事政策的不同侧面；在不同的国家和地区，刑法学、刑事诉讼法学在法学学科内的关系有所不同，有的同属于刑事法学一并予以研究，有的则分属于不同的部门法学分别由不同的学者进行研究。

（一）刑法与刑事诉讼法的价值基础

1. 都以寻求维护秩序和保障人权的统一为目标

刑法与刑事诉讼法的共同价值基础都以寻求维护秩序和保障人权的统一为目标。第一，维护社会秩序是刑事法律的基础价值。刑法、刑事诉讼法在某种意义上就是社会秩序的象征，是社会秩序的最后法律防线。[1]犯罪是对社会秩序的破坏，放纵犯罪绝对不能带来社会的和谐，只会最终导致社会秩序的崩溃。第二，保障人权是刑事法律的人本价值。国家在运用刑事法律维护社会秩序的同时，必须考虑公民的自由及其他利益免受不当的侵害，这就是刑事法律的人权保障功能。我国过去长期存在一种将刑事法律仅仅理解为打击犯罪的"刀把子"的片面认识，在一定程度上忽视了刑事法律的自由保障功能。2004年3月14日修正后的《中华人民共和国宪法》（以下简称《宪法》）第33条新增了第3款"国家尊重和保障人

---

[1] 参见张明楷编：《外国刑法纲要》，清华大学出版社1999年版，第8页；许其勇、杨兴培："经济犯罪的刑法控制——兼谈刑法的最后手段性"，载《经济刑法》2008年第0期；姜雯："刑法的最后手段原则之解读"，载《法学论坛》2011年第2期；张建军："最后手段性：现代刑法的基本理念"，载《光明日报》2014年9月17日，第15版。

权"的规定。刑事法律必须落实宪法修正的精神，适应国际人权事业发展的大势，将人权保障的准则贯穿于刑事法治运行的各个环节。2012年修正后的《中华人民共和国刑事诉讼法》（以下简称《刑事诉讼法》）第2条也将"尊重和保障人权"明确规定为刑事诉讼法的任务之一。[1]维护社会秩序和保障人权这两大价值之间，在有的情况下可以统一协调，但也可能出现冲突的情形。在我国处于矛盾凸显期的今天，维护社会稳定的压力较大，要想顺利实现中国的现代化进程和民族复兴，维护秩序和保障人权这两大价值不可偏废。因此，刑事法律如何实现维护秩序和保障人权这两大价值的统一，是一个既需要在政策层面宏观运筹，也需要在个案中精细考量的复杂命题。可以说，如何实现这两种价值的平衡将贯穿于中国刑事法治建设进程的始终。

2. 都有偏重实体公正或者程序公正的固有惯性

实体公正和程序公正是法律公正缺一不可的两个侧面。程序公正和实体公正均以实现正义为目标，但程序公正注重的是审理过程的公正性，而实体公正注重的是案件审理结果的公正性。刑法属于实体法，自然具有偏重实体公正的惯性。实体公正最为关注的是案件的处理结果，即应当保障的权利是否都得到保障、违法犯罪者是否都受到了应有的惩罚。刑事诉讼法属于程序法，具有偏重程序公正的惯性。程序公正最为关注的是案件的处理过程，即只要按照规定的程序办案，无论判决结果如何、无论判决的结果与事实的真相有多大出入，就完全具备公正的形式要件，就是"看得见的公正"。正如一句古老的法律格言所说："正义不仅应当得到实现，而且应以人们看得见的方式加以实现（justice must not only be done, but must be seen to be done）。"所谓的"看得见的正义"，实质上就是指裁判过程（相对于裁判结果而言）的公平，法律程序（相对于实体结论而言）的正义。[2]实体公正和程序公正虽然有其统一的一面，

---

[1] 2018年《刑事诉讼法》第2条沿袭了该规定。
[2] 参见陈瑞华：《看得见的正义》，中国法制出版社2000年版，第2页。

但也有冲突的一面。正如有论者所指出的那样，程序公正一般会有利于事实真相的发现，避免冤假错案的发生，从而促进实体公正的实现。但正当程序有时也会阻碍事实真相的发现，例如不得刑讯逼供、不得强迫自证其罪、不得非法搜查等符合程序公正要求的程序规则，在一定程度上会阻碍事实真相的发现，为实体公正的实现设置障碍。[1]这种各自偏重实体程序或者程序公正的固有惯性，是刑法和刑事诉讼法在诸多具体问题上产生分歧的根源。

(二) 刑法与刑事诉讼法的政策溯源

刑事政策是刑事立法和刑事司法的灵魂，刑事政策的演变势必引起刑事立法、刑事司法的变化。被西方学者誉为"刑事政策之父"的德国学者费尔巴哈（Paul Johann Anselm von Feuerbach）于1800年最早使用了"刑事政策"一词，他认为"刑事政策是国家据以与犯罪作斗争的惩罚措施的总和。"[2]我国有论者认为，刑事政策，是指国家基于预防犯罪、控制犯罪，以保障自由、维持秩序，实现正义的目的而制定并实施的准则、策略、方针、计划以及具体措施的总称。[3]改革开放以来，我国的基本刑事政策经历了从"严打"刑事政策向宽严相济刑事政策的重大转变。刑法与刑事诉讼法之间在贯彻刑事政策的过程中，既有共性的一面，也有差异的一面。只有刑法和刑事诉讼法相结合，才能全面贯彻国家基本刑事政策的精神。

1. "严打"刑事政策时期的刑法与刑事诉讼法

1983年8月25日，中共中央发出《关于严厉打击刑事犯罪活动的决定》指出，为迅速扭转社会治安的不正常状况，决定按照依法"从重从快，一网打尽"的精神，对刑事犯罪分子予以坚决打

---

[1] 参见冀祥德："程序优先：实体公正与程序公正的冲突选择"，载陈光中、江伟主编：《诉讼法论丛》（第8卷），法律出版社2003年版，第165页。

[2] [法] 米海依尔·戴尔玛斯-马蒂：《刑事政策的主要体系》，卢建平译，法律出版社2000年版，第1页。

[3] 参见曲新久：《刑事政策的权力分析》，中国政法大学出版社2002年版，第2~3页。

击。这标志着"严打"成为我国的基本刑事政策。这一刑事政策在相当长的时期内主导了我国的刑事立法和刑事司法。以 1982 年 3 月 8 日《全国人民代表大会常务委员会关于严惩严重破坏经济的罪犯的决定》和 1983 年 9 月 2 日《全国人民代表大会常务委员会关于严惩严重危害社会治安的犯罪分子的决定》《全国人民代表大会常务委员会关于迅速审判严重危害社会治安的犯罪分子的程序的决定》的出台为标志,我国以立法形式肯定了"从重从快"惩处犯罪的方针。在刑事司法层面上,从重从快的"严打"也几乎成为一个持续的运动。从 1983 年起先后开展过三次大规模的"严打"运动:1983 年 8 月—1987 年 1 月;1996 年 4 月—1997 年 2 月;2001 年 4 月开始,为期 2 年。每次"严打"又分为若干战役和专项斗争。[1] 刑法和刑事诉讼法在贯彻"严打"刑事政策的过程中相互配合,分别发挥了其作用:

第一,严打之"从重"主要通过刑法的立法修正来实现。主要表现为:新增传授犯罪方法罪等新的犯罪,并且规定了死刑等重刑;提高原有犯罪的法定刑,例如盗窃罪、流氓罪等犯罪的法定最高刑提高到死刑;将劳教人员、劳改罪犯逃跑后再犯罪或者行凶报复规定为可以突破法定最高刑的加重处罚情节;以司法解释或者个案认定的形式扩大可以判处重刑的投机倒把罪、流氓罪等"口袋罪"的适用范围;等等。

第二,严打之"从快"主要通过刑事诉讼法的修正来实现。主要表现为死刑核准权的下放。1981 年 6 月 10 日《全国人民代表大会常务委员会关于死刑案件核准问题的决定》和 1983 年修改后的《中华人民共和国人民法院组织法》(以下简称《人民法院组织法》),将杀人、强奸、抢劫、爆炸等严重危害公共安全和社会治安案件的死刑核准权下放到高级人民法院行使。死刑核准权的大范围下放,为死刑的扩大适用在程序上放开了闸口。此外 1983 年 9 月 2 日《全国人民代表大会常务委员会关于迅速审判严重危害社会治

---

[1] 参见陈兴良:"刑事法治视野中的刑事政策",载《江苏社会科学》2004 年第 5 期。

安的犯罪分子的程序的决定》还规定缩短上诉抗诉期限等,以加快刑事审判的进度,体现从快的精神。

2. 宽严相济刑事政策时期的刑法与刑事诉讼法

"严打"刑事政策对于打击、震慑严重刑事犯罪在一定时期、一定地域确实起到了相当的作用。但仍然只能说是一种治标而非治本的刑事政策,其不利于社会和谐的消极作用也逐渐显现。正所谓:该严不严,重罪轻判,严重犯罪难以遏制,社会不会安宁;该宽不宽,轻罪重判,对抗性因素增加,社会也不会和谐。[1] 2006年10月,《中共中央关于构建社会主义和谐社会若干重大问题的决定》首先在党的文件中提出"宽严相济的刑事司法政策"。这标志着我国刑事政策的重大转型。贯彻宽严相济刑事政策,要根据犯罪的具体情况,实行区别对待,做到该宽则宽,当严则严,宽严相济。[2] 宽严相济的核心就是区别对待,既反对片面从严,也反对片面从宽。刑事政策的这一重大转型,也对我国的刑事立法及刑事司法产生了重大影响。

第一,刑法对宽严相济刑事政策的贯彻。一方面通过刑法立法的修正来贯彻。例如,2009年2月28日通过的《中华人民共和国刑法修正案(七)》(以下简称《刑法修正案(七)》)对绑架罪新增了一个较轻的法定刑幅度,该罪的法定最低刑由10年有期徒刑降为5年有期徒刑,从而可以对那些情节较轻的绑架犯罪案件实现罪责刑相适应。2011年2月25日通过的《中华人民共和国刑法修正案(八)》(以下简称《刑法修正案(八)》)更是宽严相济刑事政策的集中体现。既体现了"当严则严"的精神:延长了对判处无期徒刑、死缓罪犯的实际服刑刑期;提高了有期徒刑数罪并罚的上限;全面加大了对黑社会性质组织相关犯罪的惩治力度;新增了危险驾驶罪、拒不支付劳动报酬罪等直接关系民生的犯罪;等等。也体现了"当宽则宽"的精神:废止了盗窃罪等13个犯罪的死刑;

---

〔1〕 参见张军:"推进刑事司法改革 服务社会矛盾化解",载赵秉志主编:《刑法评论》(2012年第2卷),法律出版社2012年版,第172页。

〔2〕 2010年2月8日《最高人民法院关于贯彻宽严相济刑事政策的若干意见》第1条。

新增75周岁以上的老年人犯罪从宽处罚及原则上不适用死刑的规定；新增未成年人不构成累犯的规定；将"坦白从宽"法定化；新增未成年罪犯免除部分前科报告义务的规定；等等。2015年8月29日通过的《中华人民共和国刑法修正案（九）》（以下简称《刑法修正案（九）》）的下列规定体现了"当严则严"的精神：对组织、领导、参加恐怖组织罪增加规定财产刑，新增准备实施恐怖活动罪、宣扬恐怖主义、极端主义、煽动实施恐怖活动罪、利用极端主义破坏法律实施罪、强制穿戴宣扬恐怖主义、极端主义服饰、标志罪、非法持有宣扬恐怖主义、极端主义物品罪；新增拒不履行信息网络安全管理义务罪、非法利用信息网络罪、帮助信息网络犯罪活动罪；新增编造、故意传播虚假信息罪；新增虐待被监护、看护人罪；加大对行贿犯罪的处罚力度；严密惩治行贿犯罪的法网，新增对有影响力的人行贿罪；等等。以下规定则体现了"当宽则宽"的精神：废止了走私武器、弹药罪、走私核材料罪、走私假币罪、伪造货币罪、集资诈骗罪、组织卖淫罪、强迫卖淫罪、阻碍执行军事职务罪、战时造谣惑众罪等9个犯罪的死刑；进一步提高对死缓罪犯实际执行死刑的门槛；等等。2020年12月26日通过的《中华人民共和国刑法修正案（十一）》（以下简称《刑法修正案（十一）》）也基于宽严相济刑事政策对《中华人民共和国刑法》（以下简称《刑法》）进行了修正："进一步贯彻宽严相济刑事政策，适应国家治理体系和治理能力现代化的要求，把握犯罪产生、发展和预防惩治的规律，注重社会系统治理和综合施策。对社会危害严重的犯罪保持高压态势，对一些社会危害较轻，或者有从轻情节的犯罪，留下从宽处置的余地和空间；对能够通过行政、民事责任和经济社会管理等手段有效解决的矛盾，不作为犯罪处理，防止内部矛盾激化，避免不必要的刑罚扩张。"[1]另一方面通过刑法司法解释及其他司法文件来贯彻。例如，2013年5月4日实施的《最高人民法

---

[1] 李宁："关于《中华人民共和国刑法修正案（十一）（草案）》的说明——2020年6月28日在第十三届全国人民代表大会常务委员会第二十次会议上"，载《中华人民共和国全国人民代表大会常务委员会公报》2021年第1期。

院、最高人民检察院关于办理危害食品安全刑事案件适用法律若干问题的解释》针对我国当前食品安全形势极为严峻的现状,在对刑法有关立法进行解释时在"从严"上下足了功夫。[1]2019年4月9日实施的《最高人民法院、最高人民检察院、公安部、司法部关于办理恶势力刑事案件若干问题的意见》首先在第一部分"办理恶势力刑事案件的总体要求"中提出:"要坚持贯彻落实宽严相济刑事政策,根据犯罪嫌疑人、被告人的主观恶性、人身危险性、在恶势力、恶势力犯罪集团中的地位、作用以及在具体犯罪中的罪责,切实做到宽严有据,罚当其罪……"进而在第三部分"正确运用宽严相济刑事政策的有关要求"中专门对如何具体贯彻刑事政策作出了具体规定。对如何在刑法司法适用中具体贯彻宽严相济的刑事政策作出最为具体规定的司法文件,是2010年2月最高人民法院印发的《最高人民法院关于贯彻宽严相济刑事政策的若干意见》。

第二,刑事诉讼法对宽严相济刑事政策的贯彻。一方面通过刑事诉讼立法的修正来贯彻。2012年3月14日全国人民代表大会通过《全国人民代表大会关于修改〈中华人民共和国刑事诉讼法〉的决定》,对《刑事诉讼法》进行了修正,这次修正的指导思想就是宽严相济的刑事政策。[2]其中体现"当宽则宽"精神的规定尤其引人关注,例如新增逮捕后的羁押必要性审查制度,重视对嫌疑人人身危险性的动态考察,体现了对逮捕这一最严厉刑事强制措施的审慎态度;又如规定一定特定范围公诉案件的和解程序,体现了对情节轻微案件予以从宽处理的态度,试图以代价最小的方式修复被破坏的社会关系;再如规定了部分未成年人的附条件不起诉制度和犯罪记录封存制度,体现了对未成年人犯罪的从宽精神;等等。2018

---

[1] 参见杨维汉、陈菲:"两高明确'地沟油'定罪标准——两高:惩处危害食品安全犯罪,重点在'从严'上下足功夫",载《新华每日电讯》2013年5月4日,第4版。

[2] 参见王兆国:"关于《中华人民共和国刑事诉讼法修正案(草案)》的说明——2012年3月8日在第十一届全国人民代表大会第五次会议上",载《中华人民共和国全国人民代表大会常务委员会公报》2012年第2期。

年 10 月 26 日全国人大常委会通过《全国人民代表大会常务委员会关于修改〈中华人民共和国刑事诉讼法〉的决定》，再次对《刑事诉讼法》进行了局部修正，其中体现宽严相济刑事政策的内容有：建立刑事缺席审判制度；完善刑事案件认罪认罚从宽制度；增加速裁程序；等等。另一方面通过刑事诉讼法司法解释及其他司法文件来贯彻。在 2012 年全国人大对刑事诉讼法进行修正后，2012 年 11 月 22 日最高人民检察院发布《人民检察院刑事诉讼规则（试行）》、2012 年 12 月 13 日公安部发布《公安机关办理刑事案件程序规定》、2012 年 12 月 20 日最高人民法院发布《最高人民法院关于适用〈中华人民共和国刑事诉讼法〉的解释》、2012 年 12 月 26 日最高人民法院、最高人民检察院、公安部、国家安全部、司法部、全国人大常委会法制工作委员会发布《关于实施刑事诉讼法若干问题的规定》，就如何贯彻实施 2012 年修正后的《刑事诉讼法》作出了具体的规定。在 2018 年全国人大常委会对《刑事诉讼法》进行修正后，2019 年 10 月 11 日《最高人民法院、最高人民检察院、公安部、国家安全部、司法部关于适用认罪认罚从宽制度的指导意见》〔1〕、2019 年 12 月 30 日《人民检察院刑事诉讼规则》、2020 年 7 月 20 日《公安机关办理刑事案件程序规定》、2021 年 1 月 26 日《最高人民法院关于适用〈中华人民共和国刑事诉讼法〉的解释》，就如何贯彻实施 2018 年修正后的《刑事诉讼法》作出了具体的规定，制定这些解释的指导思想仍然是宽严相济的刑事政策。还需要指出的是，2007 年 1 月，最高人民检察院印发了《最高人民检察院关于在检察工作中贯彻宽严相济刑事司法政策的若干意见》，针对检察机关在办案过程中如何具体贯彻宽严相济刑事政策作出了规定，其中的主体部分就是在刑事诉讼法的司法适用中如何贯彻刑事政策，虽然其中的规定有些内容因为和修正后的《刑事诉讼法》冲突而不能适用，但总体的精神仍然可以遵循，

---

〔1〕 明确将"贯彻宽严相济刑事政策"规定为适用认罪认罚从宽制度的基本原则。

例如严格把握"有逮捕必要"的逮捕条件，慎重适用逮捕措施；严格依法掌握起诉条件，充分考虑起诉的必要性，可诉可不诉的不诉等。

（三）刑法与刑事诉讼法的学科归属

刑法和刑事诉讼法同属于刑事法，刑事法研究、立法、司法一般由受过高等法学专业教育的人担任，这就涉及法学学科的具体划分问题。新中国的法学学科专业划分和域外的法学学科专业划分存在较大差异。

1. 新中国一直将刑法学和刑事诉讼法学划归不同的法学学科专业

新中国的高等教育学位分类管理制度按照学科专业目录实施。学科专业目录适用于学士、硕士、博士的学位授予与人才培养，在人才培养和学科建设中发挥着指导作用和规范功能。我国先后施行过四份学科专业目录。第一份是1983年3月国务院学位委员会第四次会议决定公布、试行的《高等学校和科研机构授予博士和硕士学位的学科专业目录（试行草案）》。第二份是1990年10月国务院学位委员会第九次会议正式批准的《授予博士、硕士学位和培养研究生的学科、专业目录》。第三份是1997年国务院学位委员会、国家教育委员会联合发布的《授予博士、硕士学位和培养研究生的学科、专业目录》（1997年颁布）。第四份是2011年2月国务院学位委员会第二十八次会议审议批准的《学位授予和人才培养学科目录（2011年）》。在前三份学科专业目录中，刑法学都属于法学之下的二级学科，[1]而刑事诉讼法学则归属于二级学科诉讼法学[2]之下的三级学科，这种学科划分方法将实体法和程序法截然分割归属于不同的学科专业，造成了人才培养、学科建设、理论研究中将实体法与程序法脱离的局面，具体而言，刑法学教学研究人员对刑事诉讼法学一般都不太熟悉，刑事诉讼法学教学研究人员对刑

---

[1] 法学一级学科的代码为0301，刑法学二级学科的代码为030104。

[2] 诉讼法学二级学科的代码为030106。

法学往往也一知半解。从第四份学科专业目录开始,国家只按照一级学科[1]进行管理,由各高校及科研机构自行设置二级学科。这看似是打破传统学科分类模式的契机,但从目前各高校的法学二级学科设置来看,仍然是将刑法学与诉讼法学分列,没有丝毫的改变。

2. 外国通常将刑法学和刑事诉讼法学都归于刑事法学专业

国外的做法意味着从法学高等教育阶段开始,就要对刑法和刑事诉讼法同时进行研究,而不是分割开来。这种法学教育学科分类模式有助于培养更为全面的刑事法律理论工作者和实务工作者,有利于刑事法治建设的整体规划及推进。以国际刑法学界历史最为悠久、影响最为广泛的学术团体国际刑法学协会[2]为例,其关注的领域涵括整个刑事法,其会员既包括从事刑法学研究的学者,也包括从事刑事诉讼法学研究的学者。不少著名的外国刑法学家往往同时对刑事诉讼法学业有很深的造诣。例如德国刑法学卡尔·宾丁(Karl Binding)除了著有《德国刑法纲要(总论)》以外,还著有《德国刑事诉讼法纲要》。[3]德国刑法学家毕克迈耶(Birkmeyer)著有《刑事诉讼法》一书,该书是当时德国最具体系的刑事诉讼法著作,内容充实,观点正确,结构合理,在学界受到极高的评价。[4]德国刑法学家贝林格(Berlinguer)著有《刑事诉讼中的禁止证据和查明真实的界限》《德国刑事诉讼法》《刑事诉讼法例题》等,《德国刑

---

[1] 法学一级学科的代码仍为 0301。

[2] 国际刑法学协会(Association Internationale de Droit Pénal,AIDP)的前身是德国刑法学家冯·李斯特、比利时刑法学家普林斯、荷兰刑法学家哈默尔 1889 年发起成立的国际刑法联盟,1924 年更名为国际刑法学协会。在联合国经社理事会享有咨询地位。参见马克昌主编:《近代西方刑法学说史》,中国人民公安大学出版社 2008 年版,第 225 页;国际刑法学协会中国分会、国家重点研究基地中国人民大学刑事法律科学研究中心编辑:《第 17 届国际刑法学大会文献汇编》,中国人民公安大学出版社 2005 年版,前言。

[3] 参见马克昌主编:《近代西方刑法学说史》,中国人民公安大学出版社 2008 年版,第 250 页。

[4] 参见马克昌主编:《近代西方刑法学说史》,中国人民公安大学出版社 2008 年版,第 267 页。

事诉讼法》在当时德国法学界占有举足轻重的地位，《刑事诉讼法例题》一书再版达四次之多。[1]日本刑法学家牧野英一著有《刑事诉讼法》教科书。[2]日本刑法学家宫本映脩在研究刑法理论的同时，开始研究刑事诉讼法理论，1934年出版了《刑事诉讼法讲义》，1936年出版了《刑事诉讼法大纲》，从而构筑了宫本刑事诉讼理论体系。[3]日本刑法学家小野清一郎著有《刑事诉讼法讲义（第一分册）》《刑事诉讼法讲义（第二分册）》《刑事诉讼法讲义（第三分册）》《刑事诉讼法讲义（第四分册）》《刑事诉讼法判例研究》等刑事诉讼法著作。[4]日本刑法学家泷川幸辰著有《新刑事诉讼法解说》等著作。[5]日本权威刑法学者团藤重光更是有《刑事诉讼法讲义案》《新刑事诉讼法纲要》《刑法与刑事诉讼法的交错》等大量的刑事诉讼法学著作。[6]上述法学家对实体法和程序法都有研究且很有造诣的局面，在中国目前的法学学科划分体系下是不大可能出现的。

二、刑法与刑事诉讼法的立法关系

刑法和刑事诉讼法在立法层面的关系，可以从立法根据、立法主体和立法模式3个角度进行分析。

（一）立法根据

刑法和刑事诉讼法在立法根据上具有密切的关系：

---

[1] 参见马克昌主编：《近代西方刑法学说史》，中国人民公安大学出版社2008年版，第221~222页。

[2] 参见李海东主编：《日本刑事法学者》（上），（中国）法律出版社、（日本）成文堂1995年版，第69页。

[3] 参见李海东主编：《日本刑事法学者》（上），（中国）法律出版社、（日本）成文堂1995年版，第96页。

[4] 参见李海东主编：《日本刑事法学者》（上），（中国）法律出版社、（日本）成文堂1995年版，第129~130页。

[5] 参见李海东主编：《日本刑事法学者》（上），（中国）法律出版社、（日本）成文堂1995年版，第150页。

[6] 参见李海东主编：《日本刑事法学者》（上），（中国）法律出版社、（日本）成文堂1995年版，第219~220页。

1. 宪法根据

《宪法》序言规定："本宪法以法律的形式确认了中国各族人民奋斗的成果，规定了国家的根本制度和根本任务，是国家的根本法，具有最高的法律效力。"第 28 条规定："国家维护社会秩序，镇压叛国和其他危害国家安全的犯罪活动，制裁危害社会治安、破坏社会主义经济和其他犯罪的活动，惩办和改造犯罪分子。"刑法和刑事诉讼法都以宪法为立法根据。1979 年《刑法》第 1 条规定："中华人民共和国刑法，……以宪法为根据……制定。"1997 年《刑法》第 1 条规定："……根据宪法……制定本法。"1979 年《刑事诉讼法》第 1 条规定："中华人民共和国刑事诉讼法，……以宪法为根据……制定。"1996 年《刑事诉讼法》第 1 条规定："……根据宪法，制定本法。"

2. 实践根据

我国同犯罪作斗争的具体经验及实际情况是我国刑法和刑事诉讼法制定和修正的实践根据。1979 年《刑法》第 1 条规定："中华人民共和国刑法，……结合我国各族人民实行无产阶级领导的、工农联盟为基础的人民民主专政即无产阶级专政和进行社会主义革命、社会主义建设的具体经验及实际情况制定。"1979 年《刑事诉讼法》第 1 条规定："中华人民共和国刑事诉讼法，……结合我国各族人民实行无产阶级领导的、工农联盟为基础的人民民主专政即无产阶级专政的具体经验和打击敌人、保护人民的实际需要制定。"1996 年《刑事诉讼法》第 1 条规定："为了保证刑法的正确实施，……制定本法。"1997 年《刑法》第 1 条规定："……结合我国同犯罪作斗争的具体经验及实际情况，制定本法。"2012 年和 2018 年对《刑事诉讼法》的两次修正虽然没有修改 1996 年《刑事诉讼法》的上述规定，但"为了保证刑法的正确实施"的表述也说明刑事诉讼法与刑法具有相同的立法实践根据，即我国同犯罪作斗争的具体经验及实际情况。

（二） 立法主体

刑法和刑事诉讼法都属于国家基本法律，而且涉及对自由乃至生命等重大利益的剥夺，其立法权集中由最高权力机关行使。《中华人民共和国立法法》（以下简称《立法法》）第 7 条第 1 款规定："全国人民代表大会和全国人民代表大会常务委员会行使国家立法权。"第 9 条规定："本法第八条规定的事项尚未制定法律的，全国人民代表大会及其常务委员会有权作出决定，授权国务院可以根据实际需要，对其中的部分事项先制定行政法规，但是有关犯罪和刑罚、对公民政治权利的剥夺和限制人身自由的强制措施和处罚、司法制度等事项除外。"由此可见，在我国除了全国人民代表大会及其常务委员会，其他任何机关都没有刑事立法权。

1. 全国人民代表大会

《宪法》第 62 条规定："全国人民代表大会行使下列职权：……（三）制定和修改刑事、民事、国家机构的和其他的基本法律；……"《立法法》第 7 条第 2 款也规定："全国人民代表大会制定和修改刑事、民事、国家机构的和其他的基本法律。"《立法法》第 8 条规定："下列事项只能制定法律：……（四）犯罪和刑罚；（五）对公民政治权利的剥夺、限制人身自由的强制措施和处罚；……"1979 年 7 月 1 日第五届全国人民代表大会第二次会议通过《刑法》和《刑事诉讼法》；1996 年 3 月 17 日第八届全国人民代表大会第四次会议通过《全国人民代表大会关于修改〈中华人民共和国刑事诉讼法〉的决定》对《刑事诉讼法》进行第一次修正；1997 年 3 月 14 日第八届全国人民代表大会第五次会议通过修正后的《刑法》；2012 年 3 月 14 日第十一届全国人民代表大会第五次会议通过《全国人民代表大会关于修改〈中华人民共和国刑事诉讼法〉的决定》对《刑事诉讼法》进行第二次修正。

2. 全国人民代表大会常务委员会

《宪法》第 67 条规定："全国人民代表大会常务委员会行使下列职权：……（三）在全国人民代表大会闭会期间，对全国人民代表大会制定的法律进行部分补充和修改，但是不得同该法律的基本原则相抵触；……"《立法法》第 7 条第 3 款规定："全国人民代表大会常务委员会制定和修改除应当由全国人民代表大会制定的法律以外的其他法律；在全国人民代表大会闭会期间，对全国人民代表大会制定的法律进行部分补充和修改,但是不得同该法律的基本原则相抵触。"1979 年《刑法》施行以后,全国人民代表大会常务委员会先后通过《中华人民共和国惩治军人违反职责罪暂行条例》《全国人民代表大会常务委员会关于严惩严重破坏经济的罪犯的决定》《全国人民代表大会常务委员会关于严惩严重危害社会治安的犯罪分子的决定》等 23 个单行刑法对刑法典进行了补充和修改;1997 年《刑法》施行以后,全国人民代表大会常务委员会先后通过1 个单行刑法〔1〕和 11 个刑法修正案对 1997 年《刑法》进行了修正。2018 年 10 月 26 日第十三届全国人民代表大会常务委员会第六次会议通过《全国人民代表大会常务委员会关于修改〈中华人民共和国刑事诉讼法〉的决定》对《刑事诉讼法》进行第三次修正。

(三) 立法模式

法律规范是社会规范的一种,在其出现后乃至法典化后的相当长的历史时期内,都采取诸法合体的规定方式,刑法、刑事诉讼法和其他非刑事法律都归属于同一法典中。中外法律的立法模式都经历了一个从"诸法合体"到"分门别类"演变过程。公元前 18 世纪古巴伦王国制定的《汉穆拉比法典》中既有刑法的内容,也有刑事诉讼法的内容。〔2〕被罗马历史学家李维(Titus Livius)称作"一切公法和私法的渊源"〔3〕的《十二表法》中也既有刑法的规定又有刑事诉讼法的规定,例如"放火或夜间行窃者处死""任何人非经审判,不得被处死刑",等等。〔4〕1830 年俄罗斯帝国颁布了《俄罗斯帝国法令全集》,包括了自 1649 年以来至当时的沙皇尼古拉一世即位期间的全部立法。〔5〕中国古代直至清末法律改革之前,更是一直采取诸法合体的立法模式,刑法和刑事诉讼法同属于一部法典之中。直

---

〔1〕 1998 年 12 月 29 日《全国人民代表大会常务委员会关于惩治骗购外汇、逃汇和非法买卖外汇犯罪的决定》。

〔2〕 参见何勤华主编:《外国法制史》,法律出版社 2006 年版,第 27~29 页。

〔3〕 [意] 桑德罗·斯奇巴尼:"法典化及其立法手段",丁玫译,载《中外法学》2002 年第 1 期。

〔4〕 参见何勤华主编:《外国法制史》,法律出版社 2006 年版,第 62~63 页。

〔5〕 参见何勤华主编:《外国法制史》,法律出版社 2006 年版,第 363 页。

到法国大革命以后，诸法合体的立法方式才真正宣告结束，开始区分刑法、民法、商法、行政法等，分门别类地制定法典。在这种分门别类立法模式确立以后，受法系传统等因素的影响，分门别类方式在不同的国家和地区也有所区别。就刑法和刑事诉讼法而言，根据是否将二者归属于同一法律文件，可以分为分立模式和一体模式两种。

1. 分立模式

这种模式将刑法和刑事诉讼法分别规定于不同的法律文件中，这是大多数国家和地区采取的立法模式。法国于1791年10月6日颁布了近代法国第一部刑法典，1808年11月7日法国颁布了世界历史上第一部刑事诉讼法典《法国刑事诉讼法典》，1810年2月12日又颁布了修正之后的《法国刑法典》，[1] 正式确立了刑法和刑事诉讼法分别立法的模式。这一模式为此后的大多数国家和地区所借鉴。1871年5月15日德国颁布了《德意志帝国刑法典》，1877年2月1日颁布了《德国刑事诉讼法典》。[2] 1880年7月日本明治政府参照法国颁布了《日本刑法典》（日本称之为旧刑法），同时颁布了《治罪法》（日本最早的西方式的刑事诉讼法典）。[3] 中国自清末法律改革开始就采取了刑法和刑事诉讼法分立模式。1906年完成了《大清刑事民事诉讼法（草案）》，1908年又决定分别起草《大清刑事诉讼律（草案）》和《大清民事诉讼律（草案）》并于1911年1月完成。1911年1月颁布了《大清新刑律》，因辛亥革命推翻清朝尚未实际施行。民国时期和新中国均分别制定了刑法典和刑事诉讼法典。我国澳门地区于1995年颁布了《澳门刑法典》，1996年颁布了《澳门刑事诉讼法典》。在分立模式中，根据既涉及实体又涉及程序问题的修正是否同步进行，又可以分为两种模式。

（1）同步修正模式。这一模式虽然将刑法和刑事诉讼法规定在不同的法典中，但对相关问题同步进行立、改、废等活动。这种模式有利于减少刑法和刑事诉讼法的冲突，保证刑事法治的整体规划

---

[1] 参见何勤华主编：《外国法制史》，法律出版社2006年版，第260页。
[2] 参见何勤华主编：《外国法制史》，法律出版社2006年版，第307、311页。
[3] 参见何勤华主编：《外国法制史》，法律出版社2006年版，第345、352页。

第一章　中国视野下的刑法与刑事诉讼法的关系

和推进。例如，现行的《乌克兰刑事诉讼法典》颁布于1960年12月28日，《乌克兰刑法典》施行于2001年9月1日，此后的许多次修正都同时对两部法典的相关内容进行同步修正。例如，2004年12月16日第2252号法律、2005年5月31日第2598号法律、2006年2月23日第3480号法律等都同时对刑法典和刑事诉讼法典进行了修正。现行的《俄罗斯联邦刑法典》于1997年1月1日起施行，《俄罗斯联邦刑事诉讼法典》于2002年7月1日起施行，此后的2002年7月24日第103号联邦法律、2002年7月25日第112号联邦法律、2002年10月31日第133号联邦法律、2003年7月4日第94号联邦法律、2003年7月7日第111号联邦法律都同时对刑法典和刑事诉讼法典进行了修正。为了修正1928年的旧的刑法典和刑事诉讼法典，1935年1月1日南京国民政府同日颁布《中华民国刑法》和《中华民国刑事诉讼法》，并同时于1935年7月1日起施行。

（2）分别修正模式。这一模式不但将刑法和刑事诉讼法规定在不同的法典中，而且对二者的立、改、废等活动也不同步进行。这种模式不利于保证刑事法治的整体规划和推进，容易造成刑法和刑事诉讼法的冲突，给刑事司法实践造成混乱和困扰。例如1808年《法国刑事诉讼法典》和1810年《法国刑法典》于1811年1月1日同时施行，但其后的修正却没能同步进行。《法国刑法典》分别于1832年、1863年、1994年进行了较大规模的修正，[1]而《法国刑事诉讼法典》则分别于1830年、1856年、1957年进行了较大规模的修正。[2]1880年7月日本同时颁布了《日本刑法典》和《治罪法》（即刑事诉讼法典），但此后的修正也没有同步进行。1880年《日本刑法典》于1907年进行了大规模的修正，此后又于1991年、1995年进行了局部修正。[3]《治罪法》于1890年进行了修正并改名为《刑事诉讼法典》，此后于1922年、1948年再次进行修正。[4]新

---

[1] 参见何勤华主编：《外国法制史》，法律出版社2006年版，第262页。
[2] 参见何勤华主编：《外国法制史》，法律出版社2006年版，第268页。
[3] 参见何勤华主编：《外国法制史》，法律出版社2006年版，第345~348页。
[4] 参见何勤华主编：《外国法制史》，法律出版社2006年版，第352~353页。

中国的第一部《刑法》和《刑事诉讼法》均于1979年7月1日通过、1980年1月1日起施行，但此后的修正却采取分别修正模式，1996年3月17日《刑事诉讼法》进行了修正，《刑法》于1997年3月14日作出了修订，2012年3月14日《刑事诉讼法》再次进行了修正。这种分别修正模式曾经导致了两部法律的严重不协调问题。例如，1997年《刑法》作出了开始大范围地规定单位犯罪等重大修订，而1996年刚修正的《刑事诉讼法》却没有规定单位犯罪的诉讼程序，[1]最后不得不通过司法解释（例如1998年9月2日《最高人民法院关于执行〈中华人民共和国刑事诉讼法〉若干问题的解释》）的形式来弥补其对司法所造成的困扰。

2. 一体模式

这种模式将刑法和刑事诉讼法分别规定于同一个法律文件中，采用这种模式的是部分英美法系国家和地区。英国虽然并无严格意义上的刑法典，但事实上却存在着完备的刑事制定法体系。[2]英国的刑事法主要包括两种类型：一是纯粹的刑事程序法。例如，1967年《刑事上诉法》、1996年《刑事诉讼与刑事侦查法》。二是既包括实体法也包括程序法的法律。这类法律在英国刑事法中占绝大多数。一些从名称来看似乎是刑事实体法的法律实际上都是实体法和程序法混编的法律。例如，1861年《侵犯人身罪法》、1957年《杀人罪法》、1968年《盗窃罪法》既包括犯罪构成要件及刑罚的规定，也包括相关的诉讼程序的规定。1892年颁布不断修正施行至今的《加拿大刑事法典》的前十三章为刑法，后十五章为刑事诉讼法规定。[3]1961年《新西兰刑事法典》的第一章至第十一章为刑法，第十一章A至第十四章为刑事诉讼法。[4]

---

[1] 参见李红："刑事诉讼法与刑法的程序不协调浅析"，载《杭州商学院学报》2002年第1期。

[2] 参见谢望原主译：《英国刑事制定法精要（1351—1997）》，中国人民公安大学出版社2003年版，代译序。

[3] 参见卞建林等译：《加拿大刑事法典》，中国政法大学出版社1999年版，目录。

[4] 参见赵书鸿等译：《新西兰刑事法典》，中国方正出版社2007年版，目录。

三、刑法与刑事诉讼法的司法关系

除了实体法和程序法的划分方式外,法律还存在立法法、司法法、行政法的划分,[1]刑法和刑事诉讼法都属于以规范司法权运行为宗旨的司法法。这一特征决定了刑法与刑事诉讼法在司法层面具有更为密切的关系。在包括侦查、审查起诉、审判、刑罚执行在内的整个刑事司法活动中,都离不开刑法和刑事诉讼法,在具体案件的处理过程中,只有既严格遵循刑法也严格遵循刑事诉讼法才能正确处理案件,实现司法公正。马克思曾经对实体法和程序法的密切关系进行了论述:"如果诉讼无非是一种毫无内容的形式,那么这种形式上的琐事就没有任何独立的价值了。在这种观点看来,只要把中国法套上法国诉讼程序的形式,它就变成法国法了。但是,实体法却具有本身特有的必要的诉讼形式,正如中国法里面一定有笞杖,拷问作为诉讼形式一定是同严厉的刑罚法规的内容连在一起的一样,本质上公开的、受自由支配而不受私人利益支配的内容,一定是属于公开的自由的诉讼的。诉讼和法二者之间的联系如此密切,就像植物外形和植物本身的联系,动物外形和动物血肉的联系一样。使诉讼和法律获得生命的应该是同一种精神,因为诉讼只不过是法律的生命形式,因而也是法律的内部生命的表现。"[2]在司法实践中,要注意防止割裂刑法和刑事诉讼法的关系的两种错误倾向:

(一) 轻视程序

中国的传统法律除了有"重刑法轻民法"的特征外,[3]还具有"重实体轻程序"的特征。[4]中国真正意义上的程序法的开端,是清末法律改革中仿效西方起草《大清刑事诉讼律(草案)》和《大清民事诉讼律(草案)》。虽然程序法与实体法分立已经在中国成

---

[1] 参见张明楷编著:《外国刑法纲要》,清华大学出版社2007年版,第4页。

[2] 中共中央马克思恩格斯列宁斯大林著作编译局编译:《马克思恩格斯全集》(第一卷),人民出版社1995年版,第287页。

[3] 参见张晋藩:《中国法律的传统与近代转型》,法律出版社1997年版,第136页。

[4] 参见陈瑞华:《看得见的正义》,中国法制出版社2000年版,序言第3页。

为立法现实，但是人们包括司法人员在观念上往往仍未予以足够的重视，轻视程序、不按程序办事成为实践中难以根除的恶习。在刑事司法中，不少司法人员存在这么一种错误观念：只要案件定性和量刑没有错，不必拘泥于程序上的繁文缛节。不少办案人员就是在此种轻视程序的观念支配下实施刑讯逼供的。

（二）轻视实体

在司法实践中，也存在另一种相反的错误倾向，那就是片面履行程序而轻视实体。这种倾向在整个刑事司法过程中都可能存在，例如混淆罪与非罪的界限、此罪与彼罪的界限。在审判过程中，有些法官就存在这样一种观念：只要定罪准确，量刑重点儿或者轻点儿无所谓。因为检察机关会顾及与法院之间的关系，往往不会以量刑不当为由提出抗诉，上级法院也会顾及上下级的关系，往往不会以量刑不当为由改判。在刑罚执行过程中，尤其减刑、假释案件的处理过程中，也存在重程序而忽视实体条件审查的错误做法。这种以表面的程序合法掩盖实体违法的做法，无论是徇私枉法还是工作失误，都应当予以摒弃。

第二章 刑法通论中与刑事诉讼法相关联的问题

刑法通论也称刑法绪论,是刑法总论中一个较为特殊的部分,具体研究刑法解释、刑法基本原则和刑法的效力范围等问题。

一、刑法解释与刑事诉讼法相关联的问题

刑法解释是对刑法规范含义的具体阐明。对司法实践具有普遍约束力的刑法解释包括刑法立法解释和刑法司法解释两大类。刑事诉讼法解释也存在立法解释和司法解释的区分。刑法解释和刑事诉讼法解释既相联系又相区别。

(一) 刑法解释与刑事诉讼法解释的联系

刑法司法解释和刑事诉讼法司法解释的联系主要在于:

1. 都属于刑事法解释的范畴

刑法和刑事诉讼法都属于刑事法的范畴,刑法是刑事实体法,它规定什么样的行为构成犯罪、应当处以什么刑罚;刑事诉讼法是刑事程序法,它规定处理刑事案件的诉讼程序,二者互相联系,互相依存。无论是刑法立法还是刑事诉讼法立法都必须具有一定程度的抽象性,都有在刑事司法实践中进行进一步解释的需要,刑法解释和刑事诉讼法解释应运而生。

2. 解释主体相同

根据《宪法》《全国人民代表大会常务委员会关于加强法律解释工作的决议》《立法法》的规定,全国人大常委会享有刑法立法解释权和刑事诉讼法立法解释权。例如,2014 年 4 月 24 日第十二届全国人民代表大会常务委员会第八次会议同时通过了《关于〈中

华人民共和国刑法〉第三十条的解释》《关于〈中华人民共和国刑法〉第一百五十八条、第一百五十九条的解释》《关于〈中华人民共和国刑法〉第三百四十一条、第三百一十二条的解释》《关于〈中华人民共和国刑法〉第二百六十六条的解释》4个刑法立法解释和《关于〈中华人民共和国刑事诉讼法〉第二百七十一条第二款的解释》《关于〈中华人民共和国刑事诉讼法〉第二百五十四条第五款、第二百五十七条第二款的解释》《关于〈中华人民共和国刑事诉讼法〉第七十九条第三款的解释》3个刑事诉讼法立法解释。在人民法院审判工作中和人民检察院检察工作中都要涉及具体应用刑法、刑事诉讼法的问题，根据《全国人民代表大会常务委员会关于加强法律解释工作的决议》和《人民法院组织法》的规定，最高人民法院和最高人民检察院都是刑法和刑事诉讼法有权解释的主体。但是，在对刑事法进行司法解释的实践中，其他机关、组织参与制定司法解释的现象无论在刑法司法解释还是刑事诉讼法司法解释中都存在。

3. 解释对象存在一定的交叉

由于我国刑法和刑事诉讼法不但共同使用很多术语，而且在制度的规定上也存在交叉，因而作为二者解释对象的刑法规范和刑事诉讼法规范也存在一定程度的交叉。如关于死刑、无期徒刑、有期徒刑、拘役、剥夺政治权利等刑罚的执行方式，关于死刑核准权的主体，关于缓刑、假释考验期的监督，关于减刑、假释的程序，关于告诉才处理的含义，关于赃款赃物的处理等，这些问题既在刑法中有规定，也在刑事诉讼法中有规定。对这些问题的解释既可以说是刑法解释，也可以说是刑事诉讼法解释，如2006年12月28日《最高人民法院关于统一行使死刑案件核准权有关问题的决定》；2016年11月14日《最高人民法院关于办理减刑、假释案件具体应用法律的规定》；等等。

4. 在实践中二者往往混合存在于同一解释文件中

由于程序法和实体法在刑事司法实践中密不可分，刑法解释和刑事诉讼法解释往往共同存在于同一解释文件中。司法实践中，很多的司法解释既存在刑法司法解释内容，也存在刑事诉讼法司法解释的内容，如1983年9月20日《最高人民法院关于人民法院审判严重刑事犯罪案件中具体应用法律的若干问题的答复》；〔1〕2010年12月22日《最高人民法院关于处理自首和立功若干具体问题的意见》；〔2〕2016年12月19日《最高人民法院、最高人民检察院、公安部关于办理电信网络诈骗等刑事案件适用法律若干问题的意见》；〔3〕等等。

（二）刑法解释与刑事诉讼法解释的区别

刑法解释和刑事诉讼法解释的区别主要在于：

1. 解释对象存在较大差异

刑法解释的对象是刑法规范，刑法规范是关于犯罪、刑事责任和刑罚的法律规范，属于实体法律规范；而刑事诉讼法解释的对象是刑事诉讼法规范，刑事诉讼法规范是关于司法机关和诉讼参与人进行刑事诉讼所必须遵守的行为规则的法律规范，属于程序法律规范，包括司法机关处理刑事案件的职权范围，当事人和其他诉讼参与人的诉讼权利与义务，处理刑事案件的立案、侦查、起诉、审判和执行等具体诉讼程序与制度。

2. 对同一概念的解释存在差异

因为各种原因，刑法解释和刑事诉讼法解释，对同一概念作出不同解释的情况已经不少。例如，1979年《刑法》第44条和1997年《刑法》第49条都规定："……审判的时候怀孕的妇女，不适用死刑。"对其中"审判的时候"的时间范围，在刑事诉讼法上显然是非常清晰的，开始于人民法院受理案件、截止于判决最终生效。1983年9月20日《最高人民法院关于人民法院审判严重刑事犯罪案件中具体应用法律的若干问题的答复》规定，人民法院对在审判时发现在羁押受审时已是孕妇的，仍应依照"审判的时候怀孕的妇

---

〔1〕 其中有"中级人民法院判处死缓的案件，被告人不上诉，人民检察院也未抗诉，高级人民法院在复核时，可否直接改判死刑"等刑事诉讼法解释内容。

〔2〕 其中有"关于立功线索的查证程序和具体认定""关于自首、立功证据材料的审查"等刑事诉讼法解释内容。

〔3〕 其中有"证据的收集和审查判断"等刑事诉讼法解释内容。

女,不适用死刑"的法律规定,对妇女不适用死刑。1991年3月18日《最高人民法院研究室关于如何理解"审判的时候怀孕的妇女不适用死刑"问题的电话答复》进一步明确,在羁押期间已是孕妇的被告人,无论其怀孕是否属于违反国家计划生育政策,也不论其是否自然流产或者经人工流产以及流产后移送起诉或审判期间的长短,都不适用死刑。1998年8月7日《最高人民法院关于对怀孕妇女在羁押期间自然流产审判时是否可以适用死刑问题的批复》规定:"怀孕妇女因涉嫌犯罪在羁押期间自然流产后,又因同一事实被起诉、交付审判的,应当视为'审判的时候怀孕的妇女',依法不适用死刑。"这些司法解释性文件都明确地把怀孕妇女从因涉嫌犯罪被羁押时起至人民检察院提起公诉时止的期间(侦查时或者审查起诉时)也视为"审判时"。又如,对《刑法》第305条伪证罪的主体"证人、鉴定人、记录人、翻译人"中的"证人",在刑事诉讼法上是指证人证言这类证据的主体,但在刑法上通常认为还应当包括被害人陈述这类证据的主体被害人在内。[1]再如,刑法上的"危害国家安全罪"一般仅限于是指刑法分则第一章所指的犯罪,但2020年7月20日修正后的《公安机关办理刑事案件程序规定》第385条规定:"本规定所称'危害国家安全犯罪',包括刑法分则第一章规定的危害国家安全罪以及危害国家安全的其他犯罪……"。

二、刑法基本原则与刑事诉讼法相关联的问题

各部门法都有贯穿于其理论、立法、司法的基本原则,我国现行刑法规定了罪刑法定原则、刑法面前人人平等原则、罪责刑相适应原则三大基本原则。刑法三大基本原则的具体落实离不开刑事诉讼法的程序保障。刑事诉讼法的基本原则以及2012年以来的两次修正与刑法基本原则的实现存在密切关系。

(一)罪刑法定原则与刑事诉讼法

罪刑法定原则可谓刑法的"帝王原则",法律谚语"法无明文规定不为罪,法无明文规定不处罚"简洁地概括了其含义。罪刑法

---

[1] 参见张明楷:《刑法学》(下),法律出版社2016年版,第1081页。

定原则的核心价值是自由,即通过将国家刑罚权纳入法治的轨道,防止其被恣意发动。罪刑法定主义的自由保障机能,具体体现在两个方面:一方面,对于善良人而言,只要其行为不符合犯罪成立条件,就不受国家刑罚的干预,他就是自由的,这是罪刑法定原则对无辜人自由的保障;另一方面,对于犯罪人而言,只能按照刑法的规定进行处罚,从而保护其免受法外之刑,在此种意义上也保障了犯罪人的自由。值得注意的是,刑法学者大多只从实体法的角度关注罪刑法定原则的实现,强调立法的明确性、禁止刑事习惯法的存在、禁止重法溯及既往、反对类推解释、禁止绝对不定期刑这些罪刑法定原则派生规则的重要性。在我国的刑事司法实践中,无论是基本上实行罪刑法定原则的 1979 年《刑法》施行时期,[1]还是将罪刑法定原则立法化的 1997 年《刑法》施行时期,罪刑法定原则在自由保障功能方面还是存在不少缺陷:在善良人的自由保障方面,出现了一些冤假错案,河南赵作海故意杀人冤案、湖北佘祥林故意杀人冤案、云南杜培武故意杀人冤案、浙江张氏叔侄强奸杀人冤案都是例证;在犯罪人的自由保障方面,混淆轻罪与重罪的界限、量刑畸重的案件也时有发生,全国各级检察机关每年抗诉成功的案例中就有不少属于此类。这都反映出一个问题,罪刑法定原则的实现必须有刑事诉讼法的程序保障,不构建科学合理的刑事诉讼程序,罪刑法定原则的实践效果会大打折扣,甚至可以说是纸上谈兵。正如有论者认为的那样,基于罪刑法定原则,"刑法就构成了对官员司法活动的实体性限制。但是,对于限制官员们的权力而言,仅仅有刑法是远远不够的。这不仅是因为刑法毕竟是规定罪与罚的法律,为公民的行为确立了一种外部界限,而且更主要的是它规范的主要是司法官员活动的结果,而不是司法活动的过程。为了防止官员们在司法活动过程中不至于滥用权力,国家制定了一种程序法——刑事诉讼法"。[2] 2012 年和 2018 年修正后的《刑事诉讼法》,至少在以下方面为罪刑

---

[1] 参见高铭暄主编:《新编中国刑法学》(上册),中国人民大学出版社 1998 年版,第 21 页。

[2] 参见陈瑞华:《看得见的正义》,中国法制出版社 2000 年版,第 286~287 页。

法定原则的实现提供了更好的程序保障。

1. 无罪推定原则是落实"法无明文规定不为罪"的程序保障

无罪推定，主要是指犯罪嫌疑人未经法定程序判决有罪之前，应当假定或认定为无罪。[1]无罪推定起源于古罗马时的"存疑有利于被告人"原则。[2]近代意义上的无罪推定原则首先是由刑事古典学派的鼻祖意大利学者贝卡利亚（Cesare Bonesana Beccaria）提出来的："在法官判决之前，一个人是不能被称为罪犯的。只要还不能断定他已经侵犯了给予他公共保护的契约，社会就不能取消对他的公共保护。"[3]1789年，法国的《人权宣言》第9条第一次以法律的形式确立这一原则："任何人在未被宣告为罪犯以前应被推定为无罪。"1948年12月10日联合国大会通过的《世界人权宣言》第11条第1款规定了这一原则："凡受刑事控告者，在未经获得辩护上所需的一切保证的公开审判而依法证实有罪以前，有权被视为无罪。"1966年12月16日联合国大会通过的《公民权利和政治权利国际公约》第14条第2款规定："凡受刑事控告者，在未依法证实有罪之前，应有权被视为无罪。"根据无罪推定原则，任何人在被法院判决有罪之前，不能认为是有罪的，这就发挥了保障无罪的人不受刑事追究的功能，和罪刑法定原则之"法无明文规定不为罪"完全契合。1996年修正后的《刑事诉讼法》第12条规定："未经人民法院依法判决，对任何人都不得确定有罪。"2012年修正后的《刑事诉讼法》第12条完全保留了这一规定。但陈光中教授认为，虽然有人认为《刑事诉讼法》第12条吸收了无罪推定的原则，但实际上这强调了法院的定罪权，并非无罪推定原则的准确表达。

---

[1] 参见樊崇义主编：《刑事诉讼法实施问题与对策研究》，中国人民公安大学出版社2001年版，第59页。

[2] 参见谢佑平、万毅：《刑事诉讼法原则：程序正义的基石》，法律出版社2002年版，第39页。

[3] [意]贝卡利亚：《论犯罪与刑罚》，黄风译，中国大百科全书出版社1993年版，第31页。

这是新的《刑事诉讼法》修正的不足之处。[1]在修改《刑事诉讼法》的过程中，陈光中教授主张采用"任何人未经司法机关依照法定程序判定有罪之前，都不应当视为罪犯"的表述。[2]也有论者认为，判断一国司法是否确立了无罪推定原则，可以从两个方面进行具体评价：一是看无罪推定是否被确立为证明规则的核心要求（证明责任的分配允许有特定的例外），否则就不能认为确立了无罪推定原则；二是看无罪推定的相关程序保障措施的落实，这要具体考察刑事程序中的人权保障状况。[3]参照这一标准，我国在贯彻无罪推定原则上还存在一些不足。我们应当坚决摒弃将"无罪推定原则"添上资产阶级法律意识形态标签的错误观念。笔者认为，无罪推定原则可以说是刑事诉讼法的"帝王原则"，是人类法治文明发展的共同成果，不确立这一原则，就不可能建立现代意义上的刑事法治。我们不应忘记，我们也曾经把"罪刑法定原则"贴上资产阶级法律意识形态的标签大加批判的历史教训。可以说，无罪推定原则和罪刑法定原则是相辅相成的，二者的关系就像"车之两轮，鸟之两翼"，忽视其中任何一个都无从实现中国的刑事法治建设目标。

2. 不得强迫自证其罪原则是避免刑及无辜的程序保障

不得强迫自证其罪已经成为当今世界刑事立法的一项基本准则。《公民权利和政治权利国际公约》第14条第3款第7项将"不被强迫作不利于他自己的证言或强迫承认犯罪"规定为任何被刑事指控人应当平等地享有的最低限度的权利之一。当今世界上绝大多数国家都已经在法律上确立了不得强迫自证其罪原则。例如，《美国宪法第五修正案》规定："任何人……在刑事案件中，都不得被

---

〔1〕 参见王丽娜："法学家解读刑诉法争议条款 称需司法解释具体化"，载《京华时报》2012年3月15日，第A12版。

〔2〕 参见陈光中、严端主编：《中华人民共和国刑事诉讼法修改建议稿与论证》，中国方正出版社1999年版，第5页；陈光中主编：《中华人民共和国刑事诉讼法再修改专家建议稿与论证》，中国法制出版社2006年版，第4页。

〔3〕 参见龙宗智、杨建广主编：《刑事诉讼法》，高等教育出版社2003年版，第109页。

迫成为不利于自己的证人。（No person shall be compelled in any criminal case to be a witness against himself.）"[1]《日本国宪法》第38条规定："任何人不得被强迫作不利于自己的供述。"[2]《加拿大权利与自由宪章》第11条规定："被告人有权在针对自己的刑事指控中不被强迫作证。"[3]我国的1979年《刑事诉讼法》第64条规定："……被告人对侦查人员的提问，应当如实回答……"1996年《刑事诉讼法》第93条规定："……犯罪嫌疑人对侦查人员的提问，应当如实回答……"这两部刑事诉讼法都没有不得强迫自证其罪的规定。2012年《刑事诉讼法》虽然在第50条[4]新增"不得强迫任何人证实自己有罪"，但仍在第118条第1款[5]规定了"犯罪嫌疑人对侦查人员的提问，应当如实回答"。因而可以说，我国在不得强迫自证其罪的规定上很不彻底，坦白仍然是一种法定的义务。正如有论者所指出的那样，这是中国强调被告人的服从义务、拒绝被告人的诉讼主体资格的"义务本位主义的刑事诉讼模式"的产物。[6]采纳不得强迫自证其罪原则的主要目的是防止刑讯逼供。虽然我国法律是严禁刑讯逼供的，但在司法现实中刑讯逼供现象仍难以禁绝。刑讯逼供所得的口供可能是虚假的，容易造成冤假错案。[7]赵作海案、杜培武案等冤案的发生都与刑讯逼供有关。因而，只有在刑事诉讼法上确立彻底的不得强迫自证其罪原则，才能实现罪刑法定原则之"避免刑及无辜"的目标。

3. 存疑有利于被告原则是"罪刑法定原则"人权保障功能的程序法延伸

有利于被告人原则的确立是二战之后世界人权运动的发展对刑

---

[1] 孙长永：《沉默权制度研究》，法律出版社2001年版，第39页。

[2] 孙长永：《沉默权制度研究》，法律出版社2001年版，第51页。

[3] 参见樊崇义："沉默权与我国的刑事政策"，载《法学论坛》2001年第3期。

[4] 2018年《刑事诉讼法》第52条。

[5] 2018年《刑事诉讼法》第120条第1款。

[6] 参见陈瑞华："义务本位主义的刑事诉讼模式——论'坦白从宽、抗拒从严'政策的程序效应"，载《清华法学》2008年第1期。

[7] 参见杨宇冠："论不强迫自证其罪"，载《甘肃政法学院学报》2011年第6期。

事法律所产生的重大影响之一。在传统的刑事法律制度设计中，受刑事指控人（犯罪嫌疑人或者被告人）相对国家而言处于绝对弱势地位，这种双方权利严重失衡的制度设计具有忽视受刑事指控人权利的惯性，不符合保障人权的时代精神，因而必须顺应时代进行微调。引入有利于被告人原则，就是力图对传统的刑法制度设计进行适度矫正，建立起对抗辩双方大致平衡的对抗式刑事诉讼模式。有利于被告人原则对刑事实体法和刑事程序法同时进行了此种矫正。有利于被告人原则对刑事实体法的矫正体现在：由传统的绝对禁止刑法溯及既往转变为只禁止重法溯及既往，即允许有利于被告人的溯及既往；允许有利于被告人的类推。[1]有利于被告人原则在刑事诉讼法中通常称为"存疑有利于被告"原则，其对传统刑事诉讼法的矫正体现在：当事实在无罪与有罪之间存在疑问时，应当宣告无罪；当事实在重罪与轻罪之间存在疑问时，应确定为轻罪；当事实在一罪与数罪之间存在疑问时，应裁定为一罪；在一部分犯罪事实已经确定，而另一部分罪行事实存在疑问时，应当裁定存疑的那部分罪行不能成立；就从重处罚情节存在疑问时，应当否认从重处罚情节；等等。[2]针对"当事实在无罪与有罪之间存在疑问"的案件应当如何处理的问题，陈光中教授指出：此种疑案存在两种可能，可能是犯罪，也可能是无辜。不枉不纵是一种理想和追求，但处理案件时可能难以两全，这就涉及价值选择：是宁可冤枉好人而不放纵坏人，还是宁可放纵坏人也不冤枉好人。此时应当坚持疑罪从无，宁可放纵坏人也不能冤枉好人。[3]由此可见，在刑事诉讼法中坚持"存疑有利于被告原则"有助于避免冤案的发生，实现罪刑法定原则的人权保障功能。

（二）刑法面前人人平等原则与刑事诉讼法

我国经历了漫长的封建时代，特权思想至今仍有残余。基于这

---

〔1〕 参见赵秉志主编：《新刑法教程》，中国人民大学出版社1997年版，第51页。

〔2〕 参见张明楷："'存疑时有利于被告'原则的适用界限"，载《吉林大学社会科学学报》2002年第1期。

〔3〕 参见王爱军、陈宝成、袁烽："佘祥林案剖析：冤案折射传统司法思维之弊"，载《新京报》2005年4月10日，第A04版。

一历史特征，我国不但在根本大法《宪法》第33条第2款庄严地宣告了法律面前人人平等原则："中华人民共和国公民在法律面前一律平等。"还在一些部门法中再次重申了这一原则，以促使法律面前人人平等这一宪法原则的具体落实。《刑法》第4条规定了刑法面前人人平等原则："对任何人犯罪，在适用法律上一律平等。不允许任何人有超越法律的特权。"2012年《刑事诉讼法》第6条也规定："……对于一切公民，在适用法律上一律平等，在法律面前，不允许有任何特权。"2012年和2018年修正后的《刑事诉讼法》在以下方面有助于促进刑法面前人人平等原则的实现：

1. 扩大法律援助的范围维护辩护权平等

当今世界各国国内法乃至国际人权公约都把辩护权规定为被指控人的首要权利，并且规定应当建立了刑事辩护制度，帮助被指控人行使辩护权。联合国《公民权利和政治权利国际公约》第14条第3款第4项将辩护权和法律援助权规定为受刑事指控人应当平等享有的最低限度的权利：出席受审并亲自替自己辩护或经由他自己所选择的法律援助进行辩护；如果他没有法律援助，要通知他享有这种权利；在司法利益有此需要的案件中，为他指定法律援助，而在他没有足够能力偿付法律援助的案件中，不要他自己付费。刑事法律援助，是国家对因经济困难而没有法律帮助的当事人减、免费用为其提供法律帮助的一项制度。法律援助权也是为了更好地保护辩护权的实现。〔1〕辩护权的行使方式包括自行辩护、委托辩护和指定辩护三种。在大多数情况下，被指控人无法单纯以自行辩护的方式充分行使辩护权，而委托辩护则一般都需要向受托人支付报酬，对于一些经济困难的受指控人而言，可能面临因为无经济能力而无法充分行使辩护权的问题。为了避免辩护权因为贫富而不平等，各国刑事诉讼法大多规定了指定辩护这一刑事法律援助制度。我国现行刑事法律援助可以分为酌定援助（由本人及其近亲属向法律援助

---

〔1〕 参见陈兴良："为辩护权辩护——刑事法治视野中的辩护权"，载《法学》2004年第1期。

机构提出申请）和法定援助（由司法机关通知法律援助机构指派）两种，2012年修正后的《刑事诉讼法》扩大了二者的适用范围。（1）酌定援助适用范围的扩大。由以前的"公诉人出庭公诉的案件，被告人因经济困难或者其他原因没有委托辩护人"的被告人，扩大到"因经济困难或者其他原因没有委托辩护人"的所有犯罪嫌疑人和被告人。（2）法定援助适用范围的扩大。以前仅指没有委托辩护人的下列三类被告人：一是盲、聋、哑人；二是未成年人；三是可能被判处死刑的人。2012年修正后又增加了两类犯罪嫌疑人或者被告人：一是尚未完全丧失辨认或控制自己行为能力的精神病人；二是可能被判处无期徒刑的人。维护刑事诉讼法上的辩护权的平等，有助于实现刑法上的定罪平等和量刑平等。为了进一步保障犯罪嫌疑人、被告人平等地享有法律援助，2018年修正后的《刑事诉讼法》第36条增设了值班律师制度："法律援助机构可以在人民法院、看守所等场所派驻值班律师。犯罪嫌疑人、被告人没有委托辩护人，法律援助机构没有指派律师为其提供辩护的，由值班律师为犯罪嫌疑人、被告人提供法律咨询、程序选择建议、申请变更强制措施、对案件处理提出意见等法律帮助。人民法院、人民检察院、看守所应当告知犯罪嫌疑人、被告人有权约见值班律师，并为犯罪嫌疑人、被告人约见值班律师提供便利。"

2. 强化对被害人附带民事诉讼权益的平等保障

刑事法的人人平等原则，既包括受指控人之间、被害人之间的平等，也包括受指控人与被害人之间的平等。被害人作为犯罪的直接侵害对象和损失的第一承担者，在刑事诉讼法上的地位和权利曾经却被长期忽视。在1979年《刑事诉讼法》中，被害人不具有刑事诉讼当事人地位，这不但不利于社会纠纷的解决，还会引起新的矛盾和冲突。1996年《刑事诉讼法》对公诉案件中被害人的地位和权利作了重大的修正，第一次赋予被害人以当事人地位，并规定了其有权委托代理人参加诉讼、有权参加法庭调查和辩论、有权提起附带民事诉讼等一系列权利。2012年修正后的《刑事诉讼法》在以下两个方面强化了对被害人在附带民事诉讼的权益的保障：第一，提请主体的范围扩大。由原来的"被害人"扩大到"被害人的法定代理人、近亲属"。因为司法实践中,往往会遇到被害人无法行使诉讼权利的情形,附带民事诉讼程序的启动反而成为附带民事诉讼的关键问题。这样修改有利于保障被害人权益。第二,保全措施申请主体范围扩大到"原告人或者人民检察院"。2012年《刑事诉讼法》第100条[1]规定:"……附带民事诉讼原告人或者人民检察院可以申请人民法院采取保全措施……"

3. 加强对刑罚执行的程序监督,维护行刑平等

行刑平等是刑法面前人人平等原则的重要方面,但在减刑、假释、暂予监外执行等刑罚执行制度的实施过程中,服刑人或其亲属可能企图运用金钱、地位等手段享有法律之外的特权,不应减刑而减刑、不应假释而假释、不应暂予监外执行而监外执行。2012年《刑事诉讼法》进一步严格规范了暂予监外执行的决定、批准和及时收监的程序,为防止罪犯利用这一制度逃避刑罚,第257条第3款新增规定:"不符合暂予监外执行条件的罪犯通过贿赂等非法手段被暂予监外执行的,在监外执行的期间不计入执行刑期。罪犯在暂予监外执行期间脱逃的,脱逃的期间不计入执行刑期。"[2]2012年的修正强化了人民检察院对减刑、假释、暂予监外执行的监督。第255条新增规定:"监狱、看守所提出暂予监外执行的书面意见的,应当将书面意见的副本抄送人民检察院。人民检察院可以向决定或者批准机关提出书面意见。"[3]第262条第2款规定:"被判处管制、拘役、有期徒刑或者无期徒刑的罪犯,在执行期间确有悔改或者立功表现,应当依法予以减刑、假释的时候,由执行机关提出建议书,报请人民法院审核裁定,并将建议书副本抄送人民检察院。人民检察院可以向人民法院提出书面意见。"[4]孙小果案、巴图孟和案、王韵虹案、郭文思案等案件中暴露出来的"纸面服刑""提

---

[1] 2018年《刑事诉讼法》第102条。
[2] 2018年《刑事诉讼法》第268条第3款。
[3] 2018年《刑事诉讼法》第266条。
[4] 2018年《刑事诉讼法》第273条第2款。

'钱'出狱"现象，严重违反刑法面前人人平等原则，需要从完善相关监督机制等方面进行大力治理。

（三）罪责刑相适应原则与刑事诉讼法

针对封建社会刑罚恣意滥用的问题，资产阶级启蒙思想家极力倡导罪刑相称原则，如刑事古典学派的鼻祖、意大利刑法学家贝卡利亚就提出了著名的"罪刑阶梯"理论。他主张从最严重的直接毁灭社会的犯罪到最轻微的犯罪可以排列成一个由高到低的阶梯，而刑罚也应由重到轻作相应的阶梯排列。[1]但现代的罪责刑相适应原则不再单纯以报应刑论为基础，还以预防刑论为基础，强调刑罚的轻重与犯罪和刑事责任的相适应，与犯罪的相适应体现了报应刑论的要求，与刑事责任的相适应体现了预防刑（目的刑论）的要求，将社会危害性与人身危险性作为刑罚轻重的共同基础。这也体现了刑事古典学派与刑事实证学派的折衷与调和。1997年《刑法》第5条将罪责刑相适应原则规定为我国刑法的基本原则："刑罚的轻重，应当与犯罪分子所犯罪行和承担的刑事责任相适应。"罪责刑相适应原则的核心价值追求是正义，且具有非常明显的实体法色彩，以追求量刑的实质正义为目标。但罪责刑相适应原则所追求的实体正义的实现，离不开程序正义的保障。没有科学合理的刑事诉讼程序，势必无法实现罪责刑相适应的目标。2012年修正后的《刑事诉讼法》在定罪程序之外新增量刑程序，有助于罪责刑相适应的原则实现。在定罪与量刑的关系上，大陆法系认为定罪与量刑在程序上是不可分离的，采取定罪与量刑一体化的程序模式，即刑事法庭通过一个连续的审理程序，既解决被告人是否构成犯罪的问题，又解决有罪被告人的量刑问题。而英美法系则采取了定罪与量刑相分离的程序模式，定罪与量刑是完全相分离的两种审判程序。一般情况下，陪审团负责对公诉方指控的犯罪事实作出裁判，法官则在陪审团作出有罪裁断之后，在专门的"量刑听证程序"中负责裁决有罪被告

---

[1] 参见［意］贝卡利亚：《论犯罪与刑罚》，黄风译，中国大百科全书出版社1993年版，第66页。

人的量刑问题。[1]中国刑事司法的基本经验表明,在大多数被告人做出有罪供述的情况下,无罪辩护并不存在太大的空间,有关被告人是否构成犯罪的争议也没有人们想象得那么大,刑事审判通常所要解决的主要问题其实是量刑问题。[2]因而中国有必要建立相对独立的量刑程序,建立量刑程序是实现"轻罪轻责轻刑、重罪重责重刑,罚当其罪责"之罪责刑相适应原则的程序保障。脱离公正合理的量刑程序,罪责刑相适应原则只可能是空想。

三、刑法的效力范围与刑事诉讼法相关联的问题

（一）刑法空间效力与刑事诉讼法相关联的问题

刑法空间效力是指刑法对地和对人的效力问题,也就是要解决刑事管辖权问题。[3]刑事管辖权是国家主权的重要组成部分。我国刑法构建了以属地管辖原则为主,其他管辖原则为补充的刑事管辖权体制。具体而言,以属地原则解决国内犯（含在拟制领土上的犯罪）的管辖问题,以属人原则、保护原则与普遍原则解决国外犯的管辖问题。在刑法空间效力中,主要存在以下与刑事诉讼法有关联的问题:

1. 刑事管辖权与刑事诉讼法上的管辖权的关系

刑法上的刑事管辖权与刑事诉讼法上的管辖权既相联系也存在区别。二者的联系主要有:第一,都是国家司法主权的组成部分。有论者主张将国家管辖权分为立法管辖权和司法管辖权两大部分。[4]有论者明确主张将刑法上的刑事管辖权称之为刑事立法管辖权,将刑事诉讼法上的管辖权称之为刑事司法管辖权。[5]第二,前

---

[1] 参见陈瑞华:"定罪与量刑的程序关系模式",载《法律适用》2008年第4期。

[2] 参见陈瑞华:"论量刑程序的独立性———一种以量刑控制为中心的程序理论",载《中国法学》2009年第1期。

[3] 参见高铭暄、马克昌主编:《刑法学》,北京大学出版社、高等教育出版社2019年版,第30页。

[4] 参见[日]水上千之:《船舶国籍与方便旗船籍》,金贤淑译,大连海事大学出版社2000年版,第31页。

[5] 参见邵维国:"刑事管辖权含义辨析",载《广州大学学报（社会科学版）》2007年第11期。

者是后者存在的前提。即对某一犯罪具有刑法上的刑事管辖权是刑事诉讼法上有管辖权的基础。第三，刑事诉讼法上的管辖权是刑法上刑事管辖权的具体实现。二者的区别主要有：第一，权力的具体功能不同。刑法上的刑事管辖权的功能在于厘清本国的刑法与其他国家的刑法之间管辖权的界限；刑事诉讼法上的管辖权的功能在于厘清国内不同的司法机关之间、同一司法机关内部、不同地域的机关之间或者上下级机关之间在管辖权上的界限。第二，解决管辖权冲突的方法不同。刑法上的刑事管辖权的冲突，通过引渡、承认外国刑事裁判效力等途径解决。如果不承认外国刑事裁判的效力，还可以根据本国刑法另行追诉。刑事诉讼法上的管辖权冲突通过由主要犯罪地管辖等规则或者共同上级司法机关指定管辖等方法解决。

2. 属地管辖权中的刑事诉讼法问题

（1）对拟制领域犯罪的司法管辖。《刑法》第 6 条第 2 款规定："凡在中华人民共和国船舶或者航空器内犯罪的，也适用本法。"该条是指中华人民共和国船舶或者航空器位于中国领域外时，其上发生的犯罪适用中国刑法。第一，对域外中国船舶内犯罪的司法管辖。2020 年 2 月 20 日最高人民法院、最高人民检察院、中国海警局《关于海上刑事案件管辖等有关问题的通知》规定，在中华人民共和国领域外的中国船舶内的犯罪，由该船舶最初停泊的中国口岸所在地或者嫌疑人登陆地、入境地的海警机构立案管辖侦查，由该船舶最初停泊的中国口岸所在地或者被告人登陆地、入境地的人民法院审判管辖；当地未设置海警机构的，由有关海警局商同级人民检察院、人民法院指定管辖。[1]第二，对域外中国航空器内犯罪的司法管辖。2020 年 7 月 20 日《公安机关办理刑事案件程序规定》第 19 条规定："在中华人民共和国领域外的中国航空器内发生的刑事案件，由该航空器在中国最初降落地的公安机关管辖。"2021 年 1 月 26 日《最高人民法院关于适用〈中华人民共和国刑事诉讼法〉

---

[1] 2021 年 1 月 26 日《最高人民法院关于适用〈中华人民共和国刑事诉讼法〉的解释》第 7 条也规定："在中华人民共和国领域外的中国船舶内的犯罪，由该船舶最初停泊的中国口岸所在地或者被告人登陆地、入境地的人民法院管辖。"

的解释》第8条规定："在中华人民共和国领域外的中国航空器内的犯罪，由该航空器在中国最初降落地的人民法院管辖。"

（2）属地管辖例外情形的处理。《刑法》第6条第1款规定："凡在中华人民共和国领域内犯罪的，除法律有特别规定的以外，都适用本法。"其中的"除法律有特别规定的以外"就包括享有外交特权和豁免权的外国人在我国领域内的犯罪的情形。《刑法》第11条规定："享有外交特权和豁免权的外国人的刑事责任，通过外交途径解决。"《刑事诉讼法》第17条第2款也规定："对于享有外交特权和豁免权的外国人犯罪应当追究刑事责任的，通过外交途径解决。"2020年《公安机关办理刑事案件程序规定》第361条规定："犯罪嫌疑人为享有外交或者领事特权和豁免权的外国人的，应当层报公安部，同时通报同级人民政府外事办公室，由公安部商请外交部通过外交途径办理。"第371条第3款规定："我国政府已按照国际条约或者《中华人民共和国外交特权与豁免条例》的规定，对实施犯罪，但享有外交或者领事特权和豁免权的外国人宣布为不受欢迎的人，……无正当理由逾期不自动出境的，由公安部凭外交部公文指定该外国人所在地的省级公安机关负责执行或者监督执行。"

（3）犯罪地的认定。属地管辖原则适用的依据是犯罪地在中华人民共和国领域内。我国《刑法》第6条第3款规定："犯罪的行为或者结果有一项发生在中华人民共和国领域内的，就认为是在中华人民共和国领域内犯罪。"这一规定仅仅明确犯罪地包括犯罪行为地和犯罪结果地，对于犯罪地认定中的诸多复杂问题没有作出规定。2018年《刑事诉讼法》第25条规定："刑事案件由犯罪地的人民法院管辖……"此后的刑事诉讼法司法解释性文件对"犯罪地"作出了非常详细的规定。2021年《最高人民法院关于适用〈中华人民共和国刑事诉讼法〉的解释》第2条规定："犯罪地包括犯罪行为地和犯罪结果地。针对或者主要利用计算机网络实施的犯罪，犯罪地包括用于实施犯罪行为的网络服务使用的服务器所在地，网络服务提供者所在地，被侵害的信息网络系统及其管理者所在地，犯罪过程中被告人、被害人使用的信息网络系统所在地，以及被害人被侵害时所在地和被害人财产遭受损失地等。"2020年《公安机关办理刑事案件程序规定》第16条第1款规定:"犯罪地包括犯罪行为发生地和犯罪结果发生地。犯罪行为发生地,包括犯罪行为的实施地以及预备地、开始地、途经地、结束地等与犯罪行为有关的地点;犯罪行为有连续、持续或者继续状态的,犯罪行为连续、持续或者继续实施的地方都属于犯罪行为发生地。犯罪结果发生地,包括犯罪对象被侵害地、犯罪所得的实际取得地、藏匿地、转移地、使用地、销售地。"笔者认为,这些刑事诉讼法解释文件关于犯罪地的解释,对于《刑法》上第6条属地管辖规定中的犯罪地的理解具有参考价值。

3. 属人管辖权中的刑事诉讼法问题

《刑法》第7条规定了对在中华人民共和国领域外犯罪的中国公民的属人管辖。属人管辖所指的犯罪发生于国外,其司法管辖存在特殊性。(1)对基于属人管辖权的犯罪的立案管辖。2020年《公安机关办理刑事案件程序规定》第20条规定:"中国公民在中国驻外使、领馆内的犯罪,由其主管单位所在地或者原户籍地的公安机关管辖。中国公民在中华人民共和国领域外的犯罪,由其入境地、离境前居住地或者现居住地的公安机关管辖;被害人是中国公民的,也可由被害人离境前居住地或者现居住地的公安机关管辖。"(2)对基于属人管辖权的犯罪的审判管辖。2021年《最高人民法院关于适用〈中华人民共和国刑事诉讼法〉的解释》第9条规定:"中国公民在中国驻外使领馆内的犯罪,由其主管单位所在地或者原户籍地的人民法院管辖。"第10条规定:"中国公民在中华人民共和国领域外的犯罪,由其登陆地、入境地、离境前居住地或者现居住地的人民法院管辖;被害人是中国公民的,也可以由被害人离境前居住地或者现居住地的人民法院管辖。"

4. 保护管辖权中的刑事诉讼法问题

《刑法》第8条规定了对在中华人民共和国领域外针对中国国家或者公民犯罪的外国人的保护管辖。

(1)保护管辖的国内司法管辖的衔接。对于刑法上的保护管辖和国内司法管辖的衔接，刑事诉讼法司法解释作出了规定：第一，对基于保护管辖权的犯罪的立案管辖。2020年《公安机关办理刑事案件程序规定》第365条规定："外国人在中华人民共和国领域外对中华人民共和国国家或者公民犯罪，应当受刑罚处罚的，由该外国人入境地或者入境后居住地的县级以上公安机关立案侦查；该外国人未入境的，由被害人居住地的县级以上公安机关立案侦查；没有被害人或者是对中华人民共和国国家犯罪的，由公安部指定管辖。"第二，对基于保护管辖权的犯罪的审判管辖。2021年《最高人民法院关于适用〈中华人民共和国刑事诉讼法〉的解释》第11条规定："外国人在中华人民共和国领域外对中华人民共和国国家或者公民犯罪，根据《中华人民共和国刑法》应当受处罚的，由该外国人登陆地、入境地或者入境后居住地的人民法院管辖，也可以由被害人离境前居住地或者现居住地的人民法院管辖。"

（2）"按照犯罪地的法律不受处罚"的理解。我国《刑法》第8条规定："外国人在中华人民共和国领域外对中华人民共和国国家或者公民犯罪，而按本法规定的最低刑为三年以上有期徒刑的，可以适用本法，但是按照犯罪地的法律不受处罚的除外。"其中的"但是按照犯罪地的法律不受处罚的除外"就是对保护管辖的"双重犯罪"限制，即该行为不但根据我国刑法构成犯罪，根据行为地所在国家的刑法也构成犯罪。因为行为人通常只能根据行为所在地的法律作为行为规范，以避免出现对行为地刑法不认为是犯罪但根据我国刑法构成犯罪的行为进行追究的情况出现。我国司法机关在对基于保护管辖的犯罪案件进行侦查、起诉、审判时，必须对所追诉的行为根据行为地国刑法是否构成犯罪作出明确判断。但我国《刑法》第8条中的"按照犯罪地的法律不受处罚"的含义可能存在分歧，是仅指"按照犯罪地法律不构成犯罪"，还是也包括"按照犯罪地法律虽然构成犯罪但免除刑罚处罚"等情形在内？如《韩国刑法典》第6条规定："本法适用于在大韩民国领域外，对大韩民国或者大韩民国公民犯前条罪外之罪的外国人。但依照行为地法律不构成犯罪、免予起诉或者免除刑罚执行的,不在此限。"[1]笔者认为,应当仅限于"按照犯罪地法律不构成犯罪",不包括有罪免刑的情况,我国刑事诉讼法上已经取消了免予起诉制度,因而也谈不上包括该种情形在内。笔者认为,"处罚"一词确实不准确,容易导致歧义,是否包括保安处分,是否包括其他行政处罚?建议将来把《刑法》第8条中的"按照犯罪地的法律不受处罚的除外"修改为"按照犯罪地的法律不构成犯罪的除外"。

5. 普遍管辖权中的刑事诉讼法问题

《刑法》第9条规定了普遍管辖。对于刑法上的普遍管辖和国内司法管辖的衔接,刑事诉讼法司法解释作出了规定:(1)对基于普遍管辖权的犯罪的立案管辖。2020年《公安机关办理刑事案件程序规定》第364条规定:"外国人犯中华人民共和国缔结或者参加的国际条约规定的罪行后进入我国领域内的,由该外国人被抓获地的设区的市一级以上公安机关立案侦查。"(2)对基于普遍管辖权的犯罪的审判管辖。2021年《最高人民法院关于适用〈中华人民共和国刑事诉讼法〉的解释》第12条规定:"对中华人民共和国缔结或者参加的国际条约所规定的罪行,中华人民共和国在所承担条约义务的范围内行使刑事管辖权的,由被告人被抓获地、登陆地或者入境地的人民法院管辖。"

6. 外国刑事裁判效力中的刑事诉讼法问题

由于各国采取不同的刑事管辖权原则,因而可能会出现管辖权的冲突。刑事管辖权的冲突可能表现为积极冲突和消极冲突两种。积极冲突是指对同一犯罪行为两个或者两个以上的国家(或地区)的刑法有权管辖的情形;消极冲突是指对某一犯罪行为出现无任何国家(或地区)的刑法有权管辖的情形。在两个以上的国家对同一犯罪行为有刑事管辖权的情况下,可能会出现犯罪人在一国受到刑事处分后,另一国是否继续依据本国刑法予以追诉的问题。这实际

---

[1] 参见[韩]金永哲译:《韩国刑法典及单行刑法》,中国人民大学出版社1996年版,第2页。

就是出现刑事管辖权积极冲突的国家是否承认外国刑事判决效力的问题。我国《刑法》第 10 条规定:"凡在中华人民共和国领域外犯罪,依照本法应当负刑事责任的,虽然经过外国审判,仍然可以依照本法追究,但是在外国已经受过刑罚处罚的,可以免除或者减轻处罚。"由此可见,我国在此问题上采取消极承认主义,即不放弃自己的刑事管辖权,对虽然已经在国外被追诉的犯罪行为可以再行追诉,但将行为人已在国外受刑作为法定的刑罚从宽情节予以考虑。这实际上也是对外国刑事判决效力的一定程度上的变相承认,所以称之为消极承认。

(1) 是否违背"一事不再罚原则"或者"禁止双重危险原则"? 大陆法系上的"一事不再罚原则",是指任何一项已被生效裁判确定的或者解决的刑事案件不能重新成为法院审判的对象,从而确保刑事案件得到最终的处理和解决,实现法律实施的确定性、安定性和公平性,亦即"不论是有罪判决还是无罪判决,作出产生法律效力的判决后不允许对同一行为再启动新的程序"。[1]英美法系上的"禁止双重危险原则",是指"对任何人都不得因其同一犯罪而被不止一次地置于不利或不好的境地或者状态"。[2]笔者认为,大陆法系上的"一事不再罚原则"和英美法系上的"禁止双重危险原则"在本质上是相同的。一事不再罚原则作为国内刑事诉讼法上的一项原则,基本没有分歧,但能否适用于国家之间则存在争议。《公民权利和政治权利国际公约》第 14 条第 7 款也规定:"任何人已依一国的法律及刑事程序被最后定罪或宣告无罪者,不得就同一罪名再予审判或惩罚。"笔者认为,我国《刑法》第 10 条的规定在本质上不违背"一事不再罚原则",因为民商事法律冲突往往较小,因而承认外国法院或者仲裁组织的民商事裁判的效力已基本上成为各国的共识。但由于各国刑法立法的差异较大(如是否规定死刑

---

[1] 参见黄伯青:《国际刑事司法合作中的一事不再理原则研究》,上海人民出版社 2011 年版,第 8~9 页。

[2] 参见成凤明:《英国禁止双重危险规则研究》,知识产权出版社 2007 年版,第 5 页。

等),多数国家都会完全或者部分地不承认外国刑事裁判。在这种情况下,不加区分地承认外国刑事裁判的效力存在巨大的现实障碍。消极承认主义虽然原则上不承认外国刑事裁判的效力,但明确不能因此导致违背罪责刑相适应原则的畸重处罚(考虑和尊重行为人已在外国受刑罚处罚的事实),是兼顾现代法治理念和我国国际刑事司法合作现状的做法。

(2)"经过外国审判"和"在外国已经受过刑罚处罚"的含义。我国《刑法》第10条中有两个与刑事诉讼法密切相关的用语,需要准确理解其含义:第一,"经过外国审判"的含义,是指经过外国法院或者国际刑事司法机构的审判,无论该司法机构在审判之后所作出的判决是有罪判决还是无罪判决。第二,"在外国已经受过刑罚处罚"的含义,是指根据外国法院作出的生效判决,已经在外国全部或者部分地实际执行其刑罚。被判处缓刑且未被实际执行刑罚的,不属于"在外国已经受过刑罚处罚"。

(3)相应的国际刑事司法协助。《刑法》第10条所指的我国"仍然可以依照本法追究"的犯罪,可以是基于第6条(属地管辖)、第7条(属人管辖)、第8条(保护管辖)、第9条(普遍管辖)中的任何一条而有刑事管辖权的犯罪。这些犯罪通常都发生于中国领域外,要顺利按照我国法律进行追究,在证据收集等问题上离不开国际刑事司法协助。1996年6月6日公安部《关于我国公民在国外犯罪经外国审判后回国如何依法处理问题的批复》[1]第2条规定:"根据《中华人民共和国和乌克兰关于民事和刑事司法协助条约》的规定,我国可以请求乌克兰提供刑事司法协助,我司法机关可以请求乌克兰将证人证言、鉴定结果、被告人供述以及物证、书证等证据材料移交我国,然后,按照我国刑事诉讼法有关管辖的规定办理,并履行必要的法律手续。对于属于公安机关管辖的刑事案件,应当由公安机关立案侦查。公安机关根据乌克兰移交的证据材料,认为不需要继续侦查,可以结案的,可直接制作《起诉意见

---

[1] 公复字〔1996〕9号。

书》，移送人民检察院提起公诉。"

（二）刑法溯及力与刑事诉讼法相关联的问题

刑法溯及力，是指刑法生效以后对于其生效以前实施的行为是否适用的效力，如果适用，就有溯及力；如果不适用，就没有溯及力。在此问题上存在以下三个与刑事诉讼法相关联的问题：

1. 溯及力是否及于已决犯罪案件的立法模式差异

当今世界各国和地区的刑法在溯及力原则的立法上，基本上都奉行从旧兼从轻原则，规定对被告人有利的新刑法有溯及力，但在溯及力的适用范围上存在很大的差异。综观各国或地区刑法在溯及力问题上的规定，最核心的区别在于溯及力是否及于已决案件以及多大范围的已决案件。基于此种差异，可以将溯及力概念的不同界定概括为以下两种不同的立法模式：

（1）完全否定模式。在持这种主张的国家或地区的刑法中，认为溯及力的适用对象仅限于发生在新刑法生效前但新刑法生效后尚未处理或者正在处理的案件，将已经处理终结的案件排除在溯及力概念之外。对于已经按照旧法处理终结的案件，不能因为新刑法处理较轻而予以改判，这是我国刑法的立场。《刑法》第12条第2款明确规定："本法施行以前，依照当时的法律已经作出的生效判决，继续有效。"

（2）部分肯定模式。在持这种主张的国家或地区的刑法中，认为溯及力的适用对象不限于发生在新刑法生效前但新刑法生效后尚未处理或者正在处理的案件，还应包括部分已经处理终结的案件，但不能及于全部已经处理终结的案件。这就必须对所适用的已经处理终结的案件的范围作出必要的限定。基于对溯及力概念所适用的已决案件的具体范围的不同划分，在部分肯定模式下，存在不同的主张。具体包括：

第一，及于"新法认为无罪"的案件说。采取这一主张的国家或地区的刑法认为，新刑法的溯及力仅仅适用于新刑法不再认为是犯罪的已决案件，对于"从罪重变为罪轻"的已决案件不能适用。如《意大利刑法典》第2条第3款规定："任何人不得因根据后来的法律不构成犯罪的行为受到处罚；如果已经被定罪判罚，则终止刑罚的执行和有关的刑事后果。"该条第 5 款规定："如果行为实施时的法律与后来的法律不同，适用其规定对罪犯较为有利的法律，除非已经宣告了不可撤销的判决。"第 5 款的规定实际上排除了新法对属于"从罪重变为罪轻"的已决案件的适用可能性。[1]又如《韩国刑法典》第 1 条第 3 款规定："裁判确定后由于法律变更，其行为不构成犯罪的，免除其刑罚的执行。"[2]

第二，及于"新法认为无罪且刑罚未执行完毕"的案件说。采取这一主张的国家或地区的刑法认为，新刑法的溯及力仅仅适用于新刑法不再认为是犯罪的案件，对于仍然认为是犯罪只不过处罚较轻的案件或者虽然认为是无罪但刑罚已经执行完毕的案件不能适用。即只适用于"从有罪变为无罪"的案件，不适用于"从罪重变为罪轻"的案件，对于"从有罪变为无罪"的案件也必须是刑罚尚未执行完毕。如《法国刑法典》第 112-4 条规定："新法的即行适用对依据旧法完成之法律行为的有效性不产生影响。但是，已受刑罚宣判的行为，依据判决作出之后的法律不再具有刑事犯罪性质时，刑罚停止执行。"[3]又如我国台湾地区刑事相关规定第 2 条第 1 款规定："行为后法律有变更者，适用行为时之法律。但行为后之法律有利于行为人者，适用最有利于行为人之法律。"第 3 款规定"处罚或保安处分之裁判确定后，未执行或执行未完毕，而法律有变更，不处罚其行为或不施以保安处分者，免其刑或保安处分之执行。"

第三，及于"新法认为无罪"或者"刑罚未执行完毕"的案件说。这一主张与第一种主张的差别在于，本种观点将"刑罚未执行完毕"作为与"新法认为无罪"并列的判断新刑法是否具有溯及力的另外一个标准，不再是一个必须同时具备的标准。如《俄罗斯联

---

[1] 参见黄风译注：《最新意大利刑法典》，法律出版社 2007 年版，第 5~6 页。

[2] 参见［韩］金永哲译：《韩国刑法典及单行刑法》，中国人民大学出版社 1996 年版，第 1 页。

[3] 参见罗结珍译：《法国新刑法典》，中国法制出版社 2003 年版，第 5 页。

邦刑法典》第10条第1款规定："规定行为不构成犯罪、减轻刑罚或以其他方式改善犯罪人状况的刑事法律，有溯及既往的能力，即适用于在该法律生效之前实施相应行为的人，其中包括正在服刑或已经服刑完毕但有前科的人。……"该条第2款规定："如果犯罪人因犯罪行为正在服刑，而新的刑事法律对该行为规定了较轻的刑罚，则应在新刑事法律规定的限度内减轻刑罚。"[1]又如《泰国刑法典》第2条规定："行为的处罚，以行为时的法律规定为其犯罪和刑罚者为限。加予行为人的刑罚，应当依照法律的规定。如果行为后的法律不认为其行为是犯罪的，应当立即释放。如果终局判决有罪的，应当视为行为人自始没有因该罪判处罪刑。如果被执行刑罚的，应当立即终止执行。"该条规定的是"新法认为无罪"标准，属于这种情形的，不论刑罚是否执行完毕，都应当依据新法改判无罪。《泰国刑法典》第3条规定："行为后法律变更的，除其案件经确定判决外，适用有利于行为人的法律。但是案件经终局判决后：①原判决所处刑罚较裁判后的法律规定为重，而还没有执行，或者正在执行的，法院应当依案卷资料或者依行为人、法定代理人、监护人或检察官的请求，按后法重新确定其刑罚。……②行为人被判处死刑，但是依后法的法定刑，不至于判处死刑的，应当停止执行，并把宣告的死刑变更为后法所规定的最高刑。"该条规定的是"刑罚未执行完毕"标准。[2]中国澳门也采用这一立法模式。《澳门刑法典》第2条第2款规定："如按作出事实当时所生效之法律，该事实为可处罚者，而新法律将之自列举之违法行为中剔除，则该事实不予处罚；属此情况且已判刑者，即判刑已确定，判刑之执行及其刑事效果亦须终止。"同时，该条第4款规定："如作出可处罚之事实当时所生效之刑法规定与之后之法律所规定者不同，必须适用具体显示对行为人较有利之制度，但判刑已确定者，不在此限。"

（3）全部肯定模式。在持这种主张的国家或地区的刑法中，认

---

〔1〕 参见黄道秀译：《俄罗斯联邦刑法典》，中国法制出版社2004年版，第3页。
〔2〕 参见吴光侠译：《泰国刑法典》，中国人民公安大学出版社2004年版，第4页。

为溯及力的适用对象不但包括发生在新刑法生效前但新刑法生效后尚未处理或者正在处理的案件，还应包括所有已经处理终结的案件。如《西班牙刑法典》第 2 条第 1 项规定："在实施行为前未有法律规定的犯罪或者过失不受处罚。规定保安处分的法律亦无溯及力。"该条第 2 项规定："但是，即使已经最后宣判、罪犯已经服刑，有利于罪犯的刑法条款仍具有溯及力。"[1]

2. "判决尚未确定"的含义

我国《刑法》第 12 条第 2 款规定："本法施行以前，依照当时的法律已经作出的生效判决，继续有效。"该规定将"依照当时的法律已经作出生效判决"的行为排除在溯及力的适用范围之外。我国刑法理论的通说将刑法溯及力的适用范围限定于"刑法生效以前未经审判或者判决尚未确定的行为"。[2]

（1）"判决尚未确定"的行为的类型。判决尚未确定的行为，包括尚未进入刑事诉讼程序的行为、已经进入刑事诉讼程序但尚未进入审判程序的行为、已经进入审判程序但尚未作出判决和裁定的行为、已经作出判决和裁定但尚未生效的行为四种情形。值得进一步具体分析的是"已经作出判决和裁定但尚未生效的行为"。核心的问题是如何理解"判决和裁定但尚未生效"。根据我国刑事诉讼法的规定，生效判决和裁定包括以下类型：第一，最高人民法院审理的第一审刑事案件所作出的判决。第二，已过法定期限没有上诉、抗诉的判决和裁定。《刑事诉讼法》第 230 条规定："不服判决的上诉和抗诉的期限为十日，不服裁定的上诉和抗诉的期限为五日，从接到判决书、裁定书的第二日起算。"第三，维持原判的二审裁定等终审的判决和裁定。第四，地方各级人民法院依照《刑法》第 63 条第 2 款规定在法定刑以下判处刑罚（特别减轻）的判决或者裁定，经过最高人民法院核准后。第五，维持原判的死刑复核裁定。我国实行两审终审制，一个案件需经两级法院审判后方可宣告终结

---

[1] 参见潘灯译：《西班牙刑法典》，中国政法大学出版社 2004 年版，第 1 页。

[2] 参见高铭暄、马克昌主编：《刑法学》，北京大学出版社、高等教育出版社 2019 年版，第 34 页。

并发生法律效力。但对判处死刑的案件例外,经过两级法院审判后,如果二审法院维持原判,还应进入死刑复核程序,只有死刑复核程序维持死刑判决的,判决才生效。

(2) 溯及力不能及于适用审判监督程序的案件。审判监督程序,是指人民法院、人民检察院对已经发生法律效力的判决和裁定,发现在认定事实或适用法律上确有错误,依法提起并对案件进行重新审判的程序。[1]根据我国《刑法》第12条第2款的规定,对被告人有利的新刑法不能溯及适用于按照审判监督程序重新审理的案件。有关司法解释更是明确了这一立场,例如,1997年9月25日《最高人民法院关于适用刑法时间效力规定若干问题的解释》第10条规定:"按照审判监督程序重新审判的案件,适用行为时的法律。"

3. 建议溯及力适用范围扩大至行为已被除罪化的已决行为

笔者认为,在刑法溯及力是否及于已决案件问题上的前述三种立法模式无所谓优劣之分,都是各国或地区不同法制土壤、不同刑事政策立场的产物。问题的关键在于如何妥善协调有利于被告原则与维护刑事裁判的既判力的关系,在当代中国的国情条件下,笔者认为应当以维护刑事裁判的既判力为原则,但兼顾有利于被告人原则的贯彻,应当采取部分肯定模式中的"及于'新法认为无罪'的案件说"。具体而言:第一,对于由"罪重变为罪轻"的案件,不能纳入溯及力的适用范围。在存在溯及力问题的案件中,这类案件在数量上占绝大多数。在地域宽广、刑事案件数量巨大而且法制根基尚浅的我国,采取这一基本立场的是必要的,这是防止滥用诉权、申诉权而缠诉的现象,维护生效刑事裁判的权威,进而维持刑事司法体制平稳运行的保证。刑事司法的裁判的严肃性是确保刑法立法权威性的司法保障。在事实认定清楚、证据确实充分、程序合法的基础上,依据行为当时的法律所确立的定罪处刑标准所作出的刑事裁判就是正确的,原则上不能因为立法有了新的变化再对之加以变

---

[1] 参见陈光中主编:《刑事诉讼法》,北京大学出版社、高等教育出版社2016年版,第394页。

更。一个生效的刑事裁判,不仅对被告人等诉讼当事人具有法律约束力,而且对人民法院等司法机关自身也具有约束力,不能擅自变更。即使该生效刑事判决或裁定在认定事实或者适用法律上确有错误,按照审判监督程序进行重新审判的,也不能适用新的法律,而只能适用行为当时的法律进行处理,否则必将引起申诉的滥用,导致司法资源的浪费。第二,兼顾有利于被告人原则,对从"有罪变为无罪"的案件,应当纳入溯及力的适用范围。在出现按新刑法的规定其行为不再构成犯罪时,即使已经作出生效裁判,如果刑罚尚未执行完毕,应当予以释放,不再执行。这类案件的数量显然不多,允许新法溯及既往,既是重视人权保障的值得称道之举,也不会给刑事司法活动造成很大冲击。建议将《刑法》第12条第2款"本法施行以前,依照当时的法律已经作出的生效判决,继续有效"修改为"本法施行以前,依照当时的法律已经作出的生效判决,继续有效。但本法不再认为构成犯罪的,应当停止刑罚的执行"。

第三章 犯罪构成论中与刑事诉讼法相关联的问题

犯罪构成理论在刑法理论中居于中心地位。苏联刑法学家 A. H. 特拉伊宁指出："犯罪构成是刑事责任的唯一根据。"[1]在犯罪构成要件的认定中，主要有以下刑事诉讼关联问题。

一、犯罪客体与刑事诉讼法相关联的问题

(一) 犯罪客体的推定

在刑事诉讼法上，司法机关对犯罪构成要件的证明非常广泛地运用推定方式。推定被称为一种法律拟制，是在没有直接证据证实某一情况时，基于某些合理根据，直接判定某一事实存在的一种方法和机制。[2]2019 年 12 月 30 日最高人民检察院发布的《人民检察院刑事诉讼规则》第 401 条规定："在法庭审理中，下列事实不必提出证据进行证明：……（五）法律规定的推定事实；……"在犯罪客体的证明上也有推定的运用。犯罪客体是刑法所保护而被犯罪所侵害的社会关系或者权益。在我国的犯罪构成模式中，犯罪客体也是此罪与彼罪界限的重要标志。对于那些依靠犯罪客体区分此罪彼罪界限的行为，因为犯罪客体是只能通过抽象思维才能认识的事物的内在属性。为了减少司法人员个人认识的差异导致司法尺度不一，一些司法解释直接规定以推定方式认定犯罪客体，实现顺利区分此

---

[1] [苏] A. H. 特拉伊宁：《犯罪构成的一般学说》，薛秉忠等译，中国人民大学出版社 1958 年版，第 1 页。

[2] 参见龙宗智、梅岭："赃款去向与诉讼证明——对一起贪污案件的分析"，载陈兴良主编：《刑事法判解》，法律出版社 1999 年版，第 427 页。

罪彼罪的目标。例如，盗窃罪或者破坏易燃易爆设备罪的区分，在以油气管道为目标的盗窃案件中就需要从犯罪客体的角度进行判断。以打孔等方式从输油或者输气管道中窃取油气产品的行为，除了直接影响企业生产秩序、给油气企业造成巨大经济损失外，还极易引发环境破坏、人员伤亡等重大事故，影响经济发展、社会稳定以及国家能源安全供应。这种行为在构成盗窃罪的同时，还可能同时构成破坏易燃易爆设备罪。区分其行为此罪与彼罪界限的关键在于是否"危害公共安全"。2018年9月28日最高人民法院、最高人民检察院、公安部《关于办理盗窃油气、破坏油气设备等刑事案件适用法律若干问题的意见》对此作出了明确，在实施盗窃油气等行为过程中，破坏正在使用的油气设备，具有下列两种情形之一的，应当认定为《刑法》第118条规定的"危害公共安全"：第一，采用切割、打孔、撬砸、拆卸手段的，但是明显未危害公共安全的除外；第二，采用开、关等手段，足以引发火灾、爆炸等危险的。

（二）犯罪对象认定与刑事诉讼法相关联的问题

犯罪对象和犯罪客体是联系紧密的一对概念，犯罪对象是犯罪客体所指的权益的主体或者物质载体，因而我国刑法理论通常在犯罪客体中一并研究犯罪对象问题。在犯罪对象的认定中，存在司法鉴定、证明标准等诸多刑事诉讼法问题。

1. 犯罪对象的鉴定

鉴定意见是刑事诉讼的证据类型之一，是指国家专门机关就案件的专门性问题，指派或聘请具有专门知识的人进行鉴定后作出的判断性意见。司法实践中，经常需要运用这类鉴定意见对犯罪对象作出认定。例如：

（1）国家秘密的鉴定。为境外窃取、刺探、收买、非法提供国家秘密罪的犯罪对象是国家秘密。根据司法解释，[1]"审理为境外窃取、刺探、收买、非法提供国家秘密案件，需要对有关事项是否

---

[1] 2001年1月17日《最高人民法院关于审理为境外窃取、刺探、收买、非法提供国家秘密、情报案件具体应用法律若干问题的解释》第7条。

属于国家秘密以及属于何种密级进行鉴定的,由国家保密工作部门或者省、自治区、直辖市保密工作部门鉴定。"

(2) 假药和劣药的鉴定。假药是生产、销售、提供假药罪的犯罪对象,劣药是生产、销售、提供劣药罪的犯罪对象。根据司法解释,[1]刑法第141条、第142条规定的"假药""劣药",依照《中华人民共和国药品管理法》的规定认定。对于《中华人民共和国药品管理法》第98条第2款第2项、第4项及第3款第3项至第6项规定的假药、劣药,能够根据现场查获的原料、包装,结合犯罪嫌疑人、被告人供述等证据材料作出判断的,可以由地市级以上药品监督管理部门出具认定意见。对于依据《中华人民共和国药品管理法》第98条第2款、第3款的其他规定认定假药、劣药,或者是否属于第98条第2款第2项、第3款第6项规定的假药、劣药存在争议的,应当由省级以上药品监督管理部门设置或者确定的药品检验机构进行检验,出具质量检验结论。司法机关根据认定意见、检验结论,结合其他证据作出认定。

(3) 仿真枪的鉴定。仿真枪可能属于一般的禁止或者限制进口的物品,也可能属于枪支。根据司法解释,[2]走私国家禁止或者限制进出口的仿真枪……构成犯罪的,依照刑法第151条第3款的规定,以走私国家禁止进出口的货物、物品罪定罪处罚……走私的仿真枪经鉴定为枪支,构成犯罪的,依照刑法第151条第1款的规定,以走私武器罪定罪处罚。

(4) 计算机信息系统等的鉴定。国家事务、国防建设、尖端科学技术领域的计算机信息系统是非法侵入计算机信息系统罪的犯罪对象;专门用于侵入、非法控制计算机信息系统的程序、工具是提供侵入、非法控制计算机信息系统程序、工具罪的犯罪对象;计算机病毒等破坏性程序是破坏计算机信息系统罪的犯罪对象。根据司

---

[1] 2022年3月3日《最高人民法院、最高人民检察院关于办理危害药品安全刑事案件适用法律若干问题的解释》第19条。

[2] 2014年8月12日《最高人民法院、最高人民检察院关于办理走私刑事案件适用法律若干问题的解释》第5条。

法解释,〔1〕对于是否属于刑法第 285 条、第 286 条规定的"国家事务、国防建设、尖端科学技术领域的计算机信息系统""专门用于侵入、非法控制计算机信息系统的程序、工具""计算机病毒等破坏性程序"难以确定的,应当委托省级以上负责计算机信息系统安全保护管理工作的部门检验。司法机关根据检验结论,并结合案件具体情况认定。

(5) 文物的鉴定。文物是走私文物罪、故意损毁文物罪、倒卖文物罪等犯罪的犯罪对象。根据司法解释,〔2〕"在行为人实施有关行为前,文物行政部门已对涉案文物及其等级作出认定的,可以直接对有关案件事实作出认定。对案件涉及的有关文物鉴定、价值认定等专门性问题难以确定的,由司法鉴定机构出具鉴定意见,或者由国务院文物行政部门指定的机构出具报告。其中,对于文物价值,也可以由有关价格认证机构作出价格认证并出具报告。"

(6) 毒品的鉴定。毒品是毒品犯罪的犯罪对象。在实践中,毒品的种类和纯度往往都需要进行司法鉴定。第一,毒品种类的鉴定。《刑法》第 347 条规定的走私、贩卖、运输、制造毒品罪和第 348 条规定的非法持有毒品罪将毒品分为鸦片、海洛因或者甲基苯丙胺、其他毒品 3 大类,规定了不同的定罪量刑数量标准。司法解释进一步对刑法立法中的"其他毒品"细分为二亚甲基双氧安非他明(MDMA)等苯丙胺类毒品(甲基苯丙胺除外)等五类,规定了不同的定罪量刑数量标准。〔3〕因而在实践中需要对毒品的种类进行鉴定。第二,毒品的含量或者纯度的鉴定。虽然《刑法》第 357 条第 2 款规定:"毒品的数量以查证属实的走私、贩卖、运输、制造、非法持有毒品的数量计算,不以纯度折算。"但司法解释规定,可能判处死刑的毒

---

〔1〕 2011 年 8 月 1 日《最高人民法院、最高人民检察院关于办理危害计算机信息系统安全刑事案件应用法律若干问题的解释》第 10 条。

〔2〕 2015 年 12 月 30 日《最高人民法院、最高人民检察院关于办理妨害文物管理等刑事案件适用法律若干问题的解释》第 15 条。

〔3〕 2007 年 12 月 18 日最高人民法院、最高人民检察院、公安部《办理毒品犯罪案件适用法律若干问题的意见》。

品犯罪案件,毒品鉴定结论中应有含量鉴定的结论。[1]2008年12月1日《全国部分法院审理毒品犯罪案件工作座谈会纪要》也规定,鉴于大量掺假毒品和成分复杂的新类型毒品不断出现,为做到罪刑相当、罚当其罪,保证毒品案件的审判质量,并考虑目前毒品鉴定的条件和现状,对可能判处被告人死刑的毒品犯罪案件,应当根据2007年12月颁布的最高人民法院、最高人民检察院、公安部《办理毒品犯罪案件适用法律若干问题的意见》,作出毒品含量鉴定;对涉案毒品可能大量掺假或者系成分复杂的新类型毒品的,亦应当作出毒品含量鉴定。对于含有两种以上毒品成分的毒品混合物,应进一步作成分鉴定,确定所含的不同毒品成分及比例……

2. 犯罪对象的推定

在通常情况下,犯罪对象应当有物证等实物予以证明,但在特殊情况下可以通过其他间接证据进行推定。

(1)有毒、有害食品的推定。2012年1月9日《最高人民法院、最高人民检察院、公安部关于依法严惩"地沟油"犯罪活动的通知》规定,对于利用"地沟油"生产的"食用油",已经销售出去没有实物,但是有证据证明系被查实生产、销售有毒、有害食品犯罪事实的上线提供的,依照刑法第144条销售有毒、有害食品罪的规定追究刑事责任。

(2)毒品的推定。2005年4月25日《最高人民检察院公诉厅毒品犯罪案件公诉证据标准指导意见(试行)》规定,在毒品、制毒物品等物证灭失的情况下,仅有犯罪嫌疑人、被告人自己的供述,不能定罪;但是,当犯罪嫌疑人、被告人的供述与同案犯的供述吻合,并且完全排除诱供、刑讯逼供、串供等情形,能够相互印证的口供可以作为定罪的证据。

二、犯罪客观方面与刑事诉讼法相关联的问题

犯罪客观方面是指危害行为、危害结果、危害行为与危害结果

---

[1] 2007年12月18日最高人民法院、最高人民检察院、公安部《办理毒品犯罪案件适用法律若干问题的意见》。

之间的因果关系、危害行为的时间、危害行为的地点、危害行为的方法等客观外在事实特征。在犯罪客观方面的认定中，存在举证责任、证明标准等诸多刑事诉讼法问题。

（一）危害行为与刑事诉讼法相关联的问题

1. 刑法将扰乱刑事诉讼活动的行为规定为犯罪

刑事诉讼包括侦查、审查起诉、审判、执行等环节。刑法直接将下列妨害刑事诉讼活动的行为规定为犯罪，为刑事诉讼活动的正常进行提供有力的保障：刑讯逼供；[1]暴力取证；[2]伪证；[3]辩护人、诉讼代理人毁灭证据、伪造证据、妨害作证；[4]妨害作证；[5]帮助毁灭、伪造证据；[6]泄露不应公开的案件信息；[7]披露、报道不应公开的案件信息；[8]打击报复证人；[9]扰乱法庭秩序；[10]窝藏、包庇；[11]拒绝提供间谍犯罪、恐怖主义犯罪、极端主

---

[1] 司法工作人员对犯罪嫌疑人、被告人实行刑讯逼供（《刑法》第247条）。

[2] 司法工作人员使用暴力逼取证人证言（《刑法》第247条）。

[3] 在刑事诉讼中，证人、鉴定人、记录人、翻译人对与案件有重要关系的情节，故意作虚假证明、鉴定、记录、翻译，意图陷害他人或者隐匿罪证（《刑法》第305条）。

[4] 在刑事诉讼中，辩护人、诉讼代理人毁灭、伪造证据，帮助当事人毁灭、伪造证据，威胁、引诱证人违背事实改变证言或者作伪证（《刑法》第306条）。

[5] 以暴力、威胁、贿买等方法阻止证人作证或者指使他人作伪证（《刑法》第307条第1款）。

[6] 帮助当事人毁灭、伪造证据，情节严重（《刑法》第307条第2款）。

[7] 司法工作人员、辩护人、诉讼代理人或者其他诉讼参与人，泄露依法不公开审理的案件中不应当公开的信息，造成信息公开传播或者其他严重后果（《刑法》第308条之一第1款）。

[8] 公开披露、报道依法不公开审理的案件中不应当公开的信息，情节严重的（《刑法》第308条之一第3款）。

[9] 对证人进行打击报复（《刑法》第308条）。

[10] 有下列扰乱法庭秩序情形之一的：①聚众哄闹、冲击法庭的；②殴打司法工作人员或者诉讼参与人的；③侮辱、诽谤、威胁司法工作人员或者诉讼参与人，不听法庭制止，严重扰乱法庭秩序的；④有毁坏法庭设施，抢夺、损毁诉讼文书、证据等扰乱法庭秩序行为，情节严重的（刑法第309条）。

[11] 明知是犯罪的人而为其提供隐藏处所、财物，帮助其逃匿或者作假证明包庇的（《刑法》第310条）。

义犯罪证据;[1]掩饰、隐瞒犯罪所得、犯罪所得收益;[2]非法处置查封、扣押、冻结的财产;[3]脱逃;[4]徇私枉法;[5]徇私舞弊减刑、假释、暂予监外执行;[6]等等。

2. 刑事诉讼法与不作为犯罪的作为义务来源

不作为是危害行为的特殊表现行为。不作为犯罪的核心问题是作为义务来源。刑事诉讼法有不少赋予一定主体必须实施一定行为的法律义务的规定,违背这些义务,必须刑法同时将其明确规定为犯罪行为类型的,才可以构成不作为犯罪。

(1) 如实供述的义务。《刑事诉讼法》第 120 条第 1 款规定:"……犯罪嫌疑人对侦查人员的提问,应当如实回答……"该赋予犯罪嫌疑人如实供述的义务。虽然我国刑事诉讼法规定了犯罪嫌疑人的如实供述义务,但并未对不履行这一义务的行为(包括拒绝供述或者虚假供述)设定法律制裁,刑法上也没有对之设定相应的不作为犯罪。我国当今的刑事法治实践对曾经奉行的"坦白从宽,抗拒从严"刑事司法政策进行了扬弃:第一,抛弃"抗拒从严"政策。"抗拒从严"因为有悖于"任何人不得被强迫自证其罪"的司法原则和"人有不控告自己的自由"的现代司法理念已被放弃。第二,强化"坦白从宽"政策。"坦白从宽"是符合现代法治精神的,也是世界多数国家通行的做法。其一,刑法实现了"坦白从宽"的法定化。2011 年 2 月 25 日《刑法修正案(八)》在《刑法》第 67

---

[1] 明知他人有间谍犯罪或者恐怖主义、极端主义犯罪行为,在司法机关向其调查有关情况、收集有关证据时,拒绝提供,情节严重的(《刑法》第 311 条)。

[2] 明知是犯罪所得及其产生的收益而予以窝藏、转移、收购、代为销售或者以其他方法掩饰、隐瞒(《刑法》第 312 条第 1 款)。

[3] 隐藏、转移、变卖、故意毁损已被司法机关查封、扣押、冻结的财产,情节严重的(《刑法》第 314 条)。

[4] 依法被关押的罪犯、被告人、犯罪嫌疑人脱逃(《刑法》第 316 条第 1 款)。

[5] 司法工作人员徇私枉法、徇情枉法,对明知是无罪的人而使他受追诉、对明知是有罪的人而故意包庇不使他受追诉,或者在刑事审判活动中故意违背事实和法律作枉法裁判(《刑法》第 399 条第 1 款)。

[6] 司法工作人员徇私舞弊,对不符合减刑、假释、暂予监外执行条件的罪犯,予以减刑、假释或者暂予监外执行(《刑法》第 401 条)。

条中增加1款作为第3款:"犯罪嫌疑人虽不具有前两款规定的自首情节,但是如实供述自己罪行的,可以从轻处罚;因其如实供述自己罪行,避免特别严重后果发生的,可以减轻处罚。"这是中国正式将"坦白从宽"这一司法政策立法化。其二,刑事诉讼法确立了认罪认罚从宽制度。2018年修正后的《刑事诉讼法》正式将认罪认罚从宽制度立法化,将"坦白从宽"政策推向新的高度和广度。

(2)作证义务。《刑事诉讼法》第62条第1款规定:"凡是知道案件情况的人,都有作证的义务。"第2款规定:"生理上、精神上有缺陷或者年幼,不能辨别是非、不能正确表达的人,不能作证人。"《刑事诉讼法》第125条规定:"询问证人,应当告知他应当如实地提供证据、证言和有意作伪证或者隐匿罪证要负的法律责任。"这些规定赋予知道案件情况的证人作证的义务。刑事诉讼法规定了拒绝作证的法律责任,其第193条第2款规定:"证人没有正当理由拒绝出庭或者出庭后拒绝作证的,予以训诫,情节严重的,经院长批准,处以十日以下的拘留……"需要指出的是,拒绝作证和作伪证在性质上有所区别,拒绝作证是不作为,作伪证是作为。刑法规定了伪证罪,但并没有将拒绝作证一律规定为犯罪,只把拒绝就所明知的他人间谍犯罪或者恐怖主义、极端主义犯罪行为拒绝作证规定为犯罪。2015年《刑法修正案(九)》修正后的《刑法》第311条规定了拒绝提供间谍犯罪、恐怖主义犯罪、极端主义犯罪证据罪:"明知他人有间谍犯罪或者恐怖主义、极端主义犯罪行为,在司法机关向其调查有关情况、收集有关证据时,拒绝提供,情节严重的,处三年以下有期徒刑、拘役或者管制。"根据这一规定,拒绝提供间谍犯罪、恐怖主义犯罪、极端主义犯罪证据的行为,具体包括在司法机关向其调查有关情况拒绝提供情况和在司法机关向其收集有关证据时拒绝提供证据两种类型。前者"拒绝提供情况"应当是指提供证人证言的情况,后者"拒绝提供证据"是指提供物证等实物证据。

(3)交出证据的义务。《刑事诉讼法》第54条第1款规定:"人民法院、人民检察院和公安机关有权向有关单位和个人收集、调取证据。有关单位和个人应当如实提供证据。"《刑事诉讼法》第

137条规定："任何单位和个人，有义务按照人民检察院和公安机关的要求，交出可以证明犯罪嫌疑人有罪或者无罪的物证、书证、视听资料等证据。"该规定赋予了单位和个人交出物证等实物证据的义务。根据《刑法》第311条的规定，明知他人有间谍犯罪或者恐怖主义、极端主义犯罪行为，在司法机关向其调查有关情况收集有关证据时，拒绝提供，情节严重的，可以构成拒绝提供间谍犯罪、恐怖主义犯罪、极端主义犯罪证据罪。

（4）报告犯罪的义务。《刑事诉讼法》第110条第1款规定："任何单位和个人发现有犯罪事实或者犯罪嫌疑人，有权利也有义务向公安机关、人民检察院或者人民法院报案或者举报。"该规定课以单位和个人向司法机关报告犯罪的义务。《刑事诉讼法》第48条规定："辩护律师对在执业活动中知悉的委托人的有关情况和信息，有权予以保密。但是，辩护律师在执业活动中知悉委托人或者其他人，准备或者正在实施危害国家安全、公共安全以及严重危害他人人身安全的犯罪的，应当及时告知司法机关。"该规定兼顾律师保守委托人秘密的职业义务，将律师报告在执业活动中知悉的犯罪的义务限定为危害国家安全、公共安全以及严重危害他人人身安全的犯罪。这里的不报告犯罪是指在司法机关没有向其调查情况时不主动向司法机关报告犯罪，与司法机关向其调查有关情况时拒绝提供情况不同。明知他人有间谍犯罪或者恐怖主义、极端主义犯罪行为，在司法机关向其调查有关情况时，拒绝提供，情节严重的，可以构成拒绝提供间谍犯罪、恐怖主义犯罪、极端主义犯罪证据罪。我国刑法并未将不主动报告犯罪规定为不作为犯罪，因而不履行报告犯罪义务的行为没有刑事责任的问题。

（5）全面收集证据的义务。《刑事诉讼法》第52条规定："审判人员、检察人员、侦查人员必须依照法定程序，收集能够证实犯罪嫌疑人、被告人有罪或者无罪、犯罪情节轻重的各种证据……"第115条规定："公安机关对已经立案的刑事案件，应当进行侦查，收集、调取犯罪嫌疑人有罪或者无罪、罪轻或者罪重的证据材料……"这些规定课以审判人员、检察人员、侦查人员全面收集证据的义务，不能对证据视而不见不予收集。如果司法工作人员徇私枉法、徇情枉法，以不收集能够证实犯罪嫌疑人、被告人无罪的有利证据的手段对明知是无罪的人而使他受追诉，或者以不收集能够证实犯罪嫌疑人、被告人有罪的不利证据的手段对明知是有罪的人而故意包庇不使他受追诉的，可以构成不作为的徇私枉法罪。

（6）保护证人及其近亲属的义务。《刑事诉讼法》第63条第1款规定："人民法院、人民检察院和公安机关应当保障证人及其近亲属的安全。"第64条第1款规定："对于危害国家安全犯罪、恐怖活动犯罪、黑社会性质的组织犯罪、毒品犯罪等案件，证人、鉴定人、被害人因在诉讼中作证，本人或者其近亲属的人身安全面临危险的，人民法院、人民检察院和公安机关应当采取以下一项或者多项保护措施：（一）不公开真实姓名、住址和工作单位等个人信息；（二）采取不暴露外貌、真实声音等出庭作证措施；（三）禁止特定的人员接触证人、鉴定人、被害人及其近亲属；（四）对人身和住宅采取专门性保护措施；（五）其他必要的保护措施。"这些规定课以人民法院、人民检察院、公安机关保护证人及其近亲属的义务。如果这些机关的有关工作人员怠于履行该义务，导致证人及其近亲属受到侵害等严重后果的，可能构成玩忽职守罪等不作为犯罪。

（7）释放在押人员义务。刑事诉讼法对在押犯罪嫌疑人、被告人和罪犯的释放作出了规定。第一，被刑事拘留人的释放。公安机关对被拘留的人，在发现不应当拘留的时候，必须立即释放，发给释放证明。[1]公安机关对被拘留的犯罪嫌疑人审查后，发现具有应当撤销案件情形之一的，应当释放被拘留人，发给释放证明书；需要行政处理的，依法予以处理或者移送有关部门。[2]公安机关决定撤销案件或者对犯罪嫌疑人终止侦查时，原犯罪嫌疑人在押的，应当立即释放，发给释放证明书。[3]对于提请人民检察院批准逮捕但人民检察院决定不批准的已被刑事拘留人，公安机关在收到不批准

---

[1] 2018年《刑事诉讼法》第86条。
[2] 2020年《公安机关办理刑事案件程序规定》第131条。
[3] 2020年《公安机关办理刑事案件程序规定》第187条第2款。

逮捕决定书后，应当立即释放，发给释放证明书，并在执行完毕后三日以内将执行回执送达作出不批准逮捕决定的人民检察院。[1]第二，被逮捕人的释放。对被逮捕人，在发现不应当逮捕的时候，经县级以上公安机关负责人批准，制作释放通知书，送看守所和原批准逮捕的人民检察院。看守所凭释放通知书立即释放被逮捕人，并发给释放证明书。[2]第三，对法定期限内不能办结的案件的在押犯罪嫌疑人、被告人的释放。犯罪嫌疑人、被告人被羁押的案件，不能在本法规定的侦查羁押、审查起诉、一审、二审期限内办结的，对犯罪嫌疑人、被告人应当予以释放；需要继续查证、审理的，对犯罪嫌疑人、被告人可以取保候审或者监视居住。[3]第四，对拘留、逮捕法定期限届满的在押犯罪嫌疑人、被告人的释放。人民法院、人民检察院或者公安机关对被采取强制措施法定期限届满的犯罪嫌疑人、被告人，应当予以释放、解除取保候审、监视居住或者依法变更强制措施。[4]第五，对被不起诉的在押人员的释放。人民检察院作出不起诉决定的，如果被不起诉人在押，公安机关应当立即办理释放手续。[5]第六，对被宣告无罪或者免除刑事处罚的在押人员的释放。对人民法院作出无罪或者免除刑事处罚的判决，如果被告人在押，公安机关在收到相应的法律文书后应当立即办理释放手续；对人民法院建议给予行政处理的，应当依照有关规定处理或者移送有关部门。[6]第七，对被假释犯的假释。人民法院裁定假释

---

[1] 2018年《刑事诉讼法》第91条第3款；2020年《公安机关办理刑事案件程序规定》第140条。

[2] 2018年《刑事诉讼法》第94条；2020年《公安机关办理刑事案件程序规定》第144条。

[3] 2018年《刑事诉讼法》第98条。

[4] 2018年《刑事诉讼法》第99条。

[5] 2018年《刑事诉讼法》第178条；2020年《公安机关办理刑事案件程序规定》第293条第1款。

[6] 2018年《刑事诉讼法》第260条；2020年《公安机关办理刑事案件程序规定》第298条第2款。

的，监狱应当按期假释并发给假释证明书。[1]第八，对在押罪犯的释放。判处有期徒刑、拘役的罪犯，执行期满，应当由执行机关发给释放证明书。[2]其中，对被判处有期徒刑由看守所代为执行和被判处拘役的罪犯，执行期间如果没有再犯新罪，执行期满，看守所应当发给刑满释放证明书。[3]对于由监狱执行的刑罚，如果罪犯服刑期满，监狱应当按期释放并发给释放证明书。[4]如果不履行上述释放义务的，致使在押人员被超期关押的，可能构成不作为的非法拘禁罪。例如，李某非法拘禁案。2002年9月1日，河南省灵宝市公安局阳店派出所接群众报案，反映阳店镇西水头村发生聚众哄抢案件，阳店派出所安排警务区负责办理此案，并于2002年9月24日对犯罪嫌疑人建某依法刑事拘留，后由所长李某交由民警郭某（以非法拘禁罪被判免予刑事处罚）具体承办此案，2002年9月30日，灵宝市公安局向灵宝市人民检察院提请批准逮捕建某，灵宝市人民检察院审查后认为，建某聚众哄抢一案事实不清应退回补查。灵宝市公安局补充侦查后再次报捕，2002年12月5日，灵宝市人民检察院作出不批准逮捕决定。在接到不批准逮捕决定后，承办人郭某没有依法提出具体意见，向被告人李某汇报。被告人李某作为所长，没有依照刑事诉讼法的规定，责成承办人对建某依法立即释放或变更强制措施，而是先向局里汇报，后又同意将建某报劳教，并于2002年12月26日向三门峡市劳动教养委员会呈请对建某劳动教养。2003年1月14日，建某劳动教养呈报未被批准。次日，灵宝市人民检察院向灵宝市公安局发出《纠正违法通知书》，指出犯罪嫌疑人建某的刑事拘留羁押期限已超过了法定期限，应对其尽快报捕或变更强制措施。李某接到灵宝市人民检察院《纠正违法通知书》后，于2月8日再次派承办人将案件送灵宝市人民检察院报捕。2月19日，灵宝市人民检察院未予批捕，将案卷退回。但李某仍未

---

[1] 2012年《中华人民共和国监狱法》（以下简称《监狱法》）第33条第1款。
[2] 2018年《刑事诉讼法》第264条第5款。
[3] 2020年《公安机关办理刑事案件程序规定》第303条。
[4] 2012年《监狱法》第35条。

将建某释放，直至3月6日，郭某被检察机关采取强制措施，建某才被释放。2003年8月19日，灵宝市人民法院审理后认为，被告人李某身为派出所所长，执行公务时，不能正确履行自己的工作职责，致使他人被超期羁押，非法剥夺了他人的人身自由，其行为已构成非法拘禁罪。宣判后，李某提起上诉，三门峡市中级人民法院审理后认为事实不清，发回一审法院重审。2004年4月15日，灵宝市人民法院仍然判决李某构成非法拘禁罪。李某再次上诉，2004年7月7日二审法院驳回上诉，维持原判。[1]

3. 危害行为认定中的鉴定

司法实践中，经常需要运用鉴定意见这种证据类型对危害行为作出认定。例如：

（1）醉酒驾驶的鉴定。《刑法》第133条之一将"醉酒驾驶机动车"规定为危险驾驶罪的行为方式，需要依据鉴定意见进行认定。根据司法解释，[2]"血液酒精含量检验鉴定意见是认定犯罪嫌疑人是否醉酒的依据。犯罪嫌疑人经呼气酒精含量检验达到本意见第一条规定的醉酒标准，[3]在抽取血样之前脱逃的，可以以呼气酒精含量检验结果作为认定其醉酒的依据。犯罪嫌疑人在公安机关依法检查时，为逃避法律追究，在呼气酒精含量检验或者抽取血样前又饮酒，经检验其血液酒精含量达到本意见第一条规定的醉酒标准的，应当认定为醉酒。"

（2）破坏性采矿的鉴定。违反《中华人民共和国矿产资源法》的规定，采取破坏性的开采方法开采矿产资源，是《刑法》第343条第2款规定的破坏性采矿罪的危害行为。根据司法解释："对案件所涉的有关专门性问题难以确定的，依据下列机构出具的鉴定意见或者报告，结合其他证据作出认定：……（二）省级以上人

---

[1] 最高人民法院中国应用法学研究所编：《人民法院案例选》（2005年第2辑），人民法院出版社2006年版，第54~58页。

[2] 2013年12月18日《最高人民法院、最高人民检察院、公安部关于办理醉酒驾驶机动车刑事案件适用法律若干问题的意见》。

[3] 血液酒精含量达到80毫克/100毫升以上。

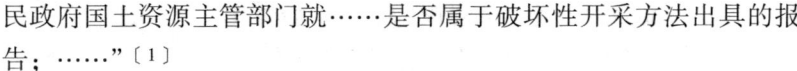

民政府国土资源主管部门就……是否属于破坏性开采方法出具的报告；……"[1]

4. 危害行为有无认定中的推定

是否具有危害行为是犯罪客观方面认定的关键所在。不具有危害行为的，就不构成犯罪。在司法实践中，危害行为的有无有时候也需要运用推定方式来认定。例如，1997年《刑法》第217条将"未经著作权人许可，复制发行其文字作品"和"未经录音录像制作者许可，复制发行其制作的录音录像"规定为侵犯著作权罪的危害行为。2020年9月12日《最高人民法院、最高人民检察院关于办理侵犯知识产权刑事案件具体应用法律若干问题的解释（三）》第2条第2款规定："在涉案作品、录音制品种类众多且权利人分散的案件中，有证据证明涉案复制品系非法出版、复制发行，且出版者、复制发行者不能提供获得著作权人、录音制作者许可的相关证据材料的，可以认定为刑法第二百一十七条规定的'未经著作权人许可''未经录音制作者许可'。但是，有证据证明权利人放弃权利、涉案作品的著作权或者录音制品的有关权利不受我国著作权法保护、权利保护期限已经届满的除外。"

5. 危害行为类型界限的推定

在司法实践中，不同犯罪之间的危害行为的界限有时也容易混淆。司法实践中经常需要运用推定方式认定其界限，这种情况在带有兜底性罪名的类罪中最为常见。主要有：

（1）假币犯罪行为之间界限的认定。2001年1月21日最高人民法院印发的《全国法院审理金融犯罪案件工作座谈会纪要》规定："……明知是伪造的货币而持有，数额较大，根据现有证据不能认定行为人是为了进行其他假币犯罪的，以持有假币罪定罪处罚；如果有证据证明其持有的假币已构成其他假币犯罪的，应当以其他假币犯罪定罪处罚。"

---

[1] 2016年11月28日《最高人民法院、最高人民检察院关于办理非法采矿、破坏性采矿刑事案件适用法律若干问题的解释》第14条。

（2）毒品犯罪行为之间界限的认定。2000年4月4日最高人民法院印发的《全国法院审理毒品犯罪案件工作座谈会纪要》[1]曾经规定："非法持有毒品达到刑法第三百四十八条规定的构成犯罪的数量标准，没有证据证明实施了走私、贩卖、运输、制造毒品等犯罪行为的，以非法持有毒品罪定罪。"2015年5月18日最高人民法院印发的《全国法院毒品犯罪审判工作座谈会纪要》[2]规定："吸毒者在购买、存储毒品过程中被查获，没有证据证明其是为了实施贩卖毒品等其他犯罪，毒品数量达到刑法第三百四十八条规定的最低数量标准的，以非法持有毒品罪定罪处罚。吸毒者在运输毒品过程中被查获，没有证据证明其是为了实施贩卖毒品等其他犯罪，毒品数量达到较大以上的，以运输毒品罪定罪处罚……购毒者接收贩毒者通过物流寄递方式交付的毒品，没有证据证明其是为了实施贩卖毒品等其他犯罪，毒品数量达到刑法第三百四十八条规定的最低数量标准的，一般以非法持有毒品罪定罪处罚。代收者明知是物流寄递的毒品而代购毒者接收，没有证据证明其与购毒者有实施贩卖、运输毒品等犯罪的共同故意，毒品数量达到刑法第三百四十八条规定的最低数量标准的，对代收者以非法持有毒品罪定罪处罚。"

（3）对国家秘密为对象的犯罪行为之间界限的认定。《刑法》第282条第2款规定了非法持有国家绝密、机密文件、资料、物品罪："非法持有属于国家绝密、机密的文件、资料或者其他物品，拒不说明来源与用途的，处三年以下有期徒刑、拘役或者管制。"对于非法持有属于国家绝密、机密的文件、资料或者其他物品拒不说明来源与用途的人，如果控方有证据能够证明其实施了较重的为境外窃取、刺探、收买、非法提供国家秘密、情报罪或者非法获取国家秘密罪等犯罪的，则应当以处罚较重的其他犯罪论处；如果没有证据证明其实施了更为严重的犯罪的，则只能以非法持有国家绝密、机密文件、资料、物品罪论处。

---

[1] 也称《南宁会议纪要》。
[2] 也称《武汉会议纪要》。

(4) 非法集资类犯罪行为之间界限的认定。刑法中涉及非法集资的罪名共计七个，分别是《刑法》第 160 条规定的欺诈发行证券罪、第 174 条第 1 款规定的擅自设立金融机构罪、第 176 条规定的非法吸收公众存款罪、第 179 条规定的擅自发行股票、公司、企业债券罪、第 192 条规定的集资诈骗罪、第 224 条之一规定的组织、领导传销活动罪以及第 225 条规定的非法经营罪。其中，擅自设立金融机构（商业银行）可以视为是非法集资的准备行为，或者说是广义上的非法集资行为；非法吸收公众存款，欺诈发行证券，擅自发行股票、债券，组织、领导传销活动，非法证券、基金当中的非法经营 5 个罪名属于刑法上处理非法集资犯罪的主体罪名；在 5 个主体罪名中，非法吸收公众存款罪具有基础性意义，属于非法集资犯罪的一般法规定，其他 4 个罪名则属特别法规定；集资诈骗罪是非法集资犯罪的加重罪名。[1] 如果有证据证明构成集资诈骗罪等较重犯罪的则以较重犯罪论处，否则就以处罚较轻的兜底性的非法吸收公众存款罪论处。

(5) 信用卡犯罪行为之间界限的认定。当今信用卡犯罪呈现出集团化、分工专业化的特点，制作、运输、销售各个环节往往都有专业的犯罪组织承担，各个环节又相对独立，甚至在许多环节上是纯粹的"代工（代为生产）"关系。1997 年《刑法》第 177 条规定"伪造信用卡"的行为以伪造金融票证罪论处；第 196 条第 1 款规定，有下列情形之一，进行信用卡诈骗活动，数额较大的，以信用卡诈骗罪论处：使用伪造的信用卡的；使用作废的信用卡的；冒用他人信用卡的。1997 年《刑法》的上述立法针对信用卡犯罪各个环节的特点在犯罪构成上细化不够，规定还不够周密。执法部门反映，在查办案件过程中发现，为了逃避打击，从事伪造信用卡的犯罪组织之间形成了细致的分工。从空白信用卡的印制、运输、买卖，到写入信用卡磁条信息制作假卡，再到运输、出售，各个环节往往

---

[1] 参见刘为波："《关于审理非法集资刑事案件具体应用法律若干问题的解释》的理解与适用"，载《人民司法》2011 年第 5 期。

由不同的犯罪组织的人员承担。除了在伪造和使用环节查获的案件以外，对其他环节抓获的人员，如持有大量伪造的信用卡或者伪造的空白信用卡的人员，除非证明行为人参与了这些信用卡的伪造或者已经用于诈骗，而以伪造金融票证罪或者信用卡诈骗罪的共同犯罪论处，否则无法以犯罪论处；但行为人之间的共同犯罪故意往往又很难查证。[1]为此，2005年2月28日《中华人民共和国刑法修正案（五）》新增了具有兜底性质的妨害信用卡管理罪，规定将下列两种持有行为以妨害信用卡管理罪论处：明知是伪造的信用卡而持有、运输的，或者明知是伪造的空白信用卡而持有、运输，数量较大的；非法持有他人信用卡，数量较大的。至此，伪造金融票证罪、妨害信用卡管理罪、信用卡诈骗罪3个罪名，已经完整地涵盖了伪造信用卡→持有伪造的信用卡→使用伪造的信用卡诈骗3个环节。伪造金融票证罪和信用卡诈骗罪的法定最高刑均为无期徒刑，而兜底性质的妨害信用卡管理罪的法定最高刑仅为10年有期徒刑。因而，对于查获持有伪造信用卡的案件的定性，应当根据所掌握证据的充足程度来作不同的定性，如果有证据证明持有人参与了信用卡的伪造或者已经将这些信用卡用于诈骗的，则以较重的伪造金融票证罪和信用卡诈骗罪论处；如果证据达不到这一证明程度的，则只能以妨害信用卡管理罪论处。

（6）巨额财产来源不明罪与贪污贿赂犯罪行为界限的认定。《刑法》第395条第1款规定了巨额财产来源不明罪："国家工作人员的财产、支出明显超过合法收入，差额巨大的，可以责令该国家工作人员说明来源，不能说明来源的，差额部分以非法所得论，处五年以下有期徒刑或者拘役；差额特别巨大的，处五年以上十年以下有期徒刑。财产的差额部分予以追缴。"1988年1月《全国人民代表大会常务委员会关于惩治贪污罪贿赂罪的补充规定》新增了这一犯罪，1997年修订新《刑法》保留了此罪名，2009年2月28日

---

[1] 参见黄太云：《立法解读：刑法修正案及刑法立法解释》，人民法院出版社2006年版，第86页。

《刑法修正案（七）》将该罪的法定最高刑由 5 年有期徒刑加重到 10 年有期徒刑。多年来，该罪的合理性受到不少质疑。主要有两个方面：一是不利于反腐败工作的深入开展。巨额财产来源不明罪的法定刑明显轻于贪污罪、受贿罪，贪污受贿的国家工作人员往往会避重就轻，拒不交代自己贪污受贿等犯罪行为，司法机关又无法查明其贪污罪、受贿罪的证据，只好以巨额财产来源不明罪定罪处罚，这无异于为腐败分子提供了一个法律上的"避难所"，甚至是在变相"鼓励"犯罪分子同司法机关相对抗，而那些想自首坦白的人在不利的后果面前只好望而却步了。因而认为巨额财产来源不明罪已经沦落成为贪官污吏开脱罪责、逃避严惩的"挡箭牌""避风港""避难所""法律漏斗"，甚至已经异化为贪官污吏面临刑事追究时竞相登陆的"安全岛"。[1]二是不符合刑事诉讼的无罪推定原则。在刑事诉讼中，应当由控方举证；犯罪嫌疑人和被告人没有自证其无罪的义务。巨额财产来源不明罪将"国家工作人员不能说明合法来源"作为犯罪成立条件，实际上是要求国家工作人员自证其无罪，不符合刑事诉讼的举证责任分配原则。[2]

笔者认为，该罪的存在有其合理根据：第一，该罪并不违背无罪推定原则。正如有论者所指出的那样，课以国家工作人员财产来源说明义务，是基于权利义务一致性原则的要求，国家工作人员享有一般公民所不具有的权力也就应当负有更高的义务，财产来源报告义务就是与其权力对应的义务。[3]因而巨额财产来源不明罪中将"说明其来源合法"设定为国家工作人员的义务，并无不当。第二，并不能得出该罪不利于反腐败的结论。如果不设置巨额财产来源不明罪，而没有证据证明所涉财产是行为人的贪污或者受贿所得的，将不能以犯罪论处了。在立法上将来源不明的财产以立法的形式推

---

〔1〕 参见查庆九："这条刑律何以尴尬？"，载《法制日报》2001 年 6 月 3 日，第 2 版。

〔2〕 参见罗同昱："立法的遗憾 浅析巨额财产来源不明罪"，载《中国律师》2002 年第 10 期。

〔3〕 参见时延安："巨额财产来源不明罪的法理研析"，载《法学》2002 年第 3 期。

定以贪污罪或者受贿罪,也存在值得商榷之处,这也有违背无罪推定原则之嫌。因而,基于证据收集存在困难的司法现实,在立法上规定巨额财产来源不明罪这一兜底性质的罪名,不但不会妨碍反腐败,反而是严密反腐败刑事法网的重要措施。第三,其他国家和地区以及国际公约也有巨额财产来源不明罪的立法例。1988 年《印度防止腐败法》第 13 条规定:"在下列情况下,公务员即被视为犯罪……如果其本人拥有在其在职期间的某一段时间内拥有与其公开收入不相称的钱财,而他又不能令人满意地作出解释。"[1]我国香港《防止贿赂条例》第 10 条就规定了"来历不明财产的管有"罪:任何现任或曾任行政长官或订明人员的人—(a)维持高于与其现在或过去的公职薪俸相称的生活水平;或(b)控制与其现在或过去的公职薪俸不相称的金钱资源或财产,除非就其如何能维持该生活水平或就该等金钱资源或财产如何归其控制向法庭作出圆满解释,否则即属犯罪。2003 年 10 月 31 日通过的《联合国反腐败公约》第 20 条要求各成员国将"资产非法增加"规定为犯罪:"在不违背本国宪法和本国法律制度基本原则的情况下,各缔约国均应当考虑采取必要的立法和其他措施,将下述故意实施的行为规定为犯罪:资产非法增加,即公职人员的资产显著增加,而本人无法以其合法收入作出合理解释。"公约所谓的资产非法增加罪与我国刑法上的巨额财产来源不明罪类似。2011 年 11 月 23 日我国台湾地区对"贪污治罪条例"进行了修正,新增财产来源不明罪:公务员犯贪污罪等罪嫌,检察官于侦查中,发现公务员本人及其配偶、未成年子女自公务员涉嫌犯罪时及其后 3 年内,有财产增加与收入明显不相当时,得命本人就来源可疑之财产提出说明,无正当理由未为说明、无法提出合理说明或说明不实者,处 5 年以下有期徒刑、拘役或科或并科不明来源财产额度以下之罚金。[2]

(二) 危害结果与刑事诉讼法相关联的问题

我国刑法上的危害结果通常是指法益侵害的实害结果。而德日

---

[1] 陈兴良主编:《刑法疏议》,中国人民公安大学出版社 1997 年版,第 78 页。
[2] 新增"贪污治罪条例"第 6—1 条。

刑法学上的"结果"是指对法益的侵害与法益侵害的危险。[1]其差异在于德日刑法上将危险也视为结果的一种特殊形态。笔者认为，二者并无本质差异，法益侵害的危险是介于行为和实害结果之间的一种非典型模糊状态，既可以认为是行为发展的高级阶段，也可以界定为结果的初级阶段。本书赞同在结果中讨论法益侵害的危险。危害结果的认定中，主要应当注意以下刑事诉讼法关联问题：

1. 危险犯认定中的推定

危险犯是指以发生法益侵害的危险为要件的犯罪。具体又可以分为抽象危险犯和具体危险犯。关于抽象危险犯和具体危险犯的区分标准，是否需要司法具体认定说是一种有力的学说。在司法认定中，抽象危险犯不需要证明危险的存在，这种危险的存在是被推定的，只要行为人实施了危害行为，就当然地对法益造成了危险。而具体危险犯则需要在司法认定中判断是否造成了法益侵害的现实危险。例如，日本刑法上的放火犯罪包括对现住建筑物等放火罪（第108条）、对非现住建筑物等放火罪（第109条）、对建筑物等以外之物放火罪（第110条）。其中的对现住建筑物等放火罪属于抽象危险犯，另外两个犯罪属于具体危险犯。我国刑法中，也有抽象危险犯的立法，如醉驾型危险驾驶罪（在道路上醉酒驾驶机动车）和超员、超速行驶型危险驾驶罪（从事校车业务或者旅客运输，严重超过额定乘员载客，或者严重超过规定时速行驶）等。

2. 危害结果的鉴定

司法实践中，经常需要运用鉴定意见这种证据类型对危害结果作出认定。例如：

（1）人体伤害结果的鉴定。人体伤害结果是影响罪与非罪或者刑罚轻重的重要标准。例如，根据司法解释，[2]"已满十四周岁不满十六周岁的人使用轻微暴力或者威胁，强行索要其他未成年人随身携带的生活、学习用品或者钱财数量不大，且未造成被害人轻微

---

[1] 参见张明楷编著：《外国刑法纲要》，清华大学出版社2007年版，第110页。
[2] 2006年1月11日《最高人民法院关于审理未成年人刑事案件具体应用法律若干问题的解释》第7条第1款。

伤以上或者不敢正常到校学习、生活等危害后果的，不认为是犯罪"。由此可见，在这种情况下，是否造成轻微伤以上的人体伤害结果是区分其行为构成犯罪还是不构成犯罪的重要标准之一。造成轻伤结果是构成故意伤害罪的要件。造成重伤结果是构成过失重伤罪的要件。上述"轻微伤""轻伤""重伤"需要运用鉴定意见进行认定。具体而言，司法机关应当委托有资质的专门机构依据2013年8月30日最高人民法院、最高人民检察院、公安部、国家安全部、司法部发布的《人体损伤程度鉴定标准》作出鉴定。

（2）严重食源性疾病的鉴定。足以造成严重食物中毒事故或者其他严重食源性疾病，是《刑法》第143条规定的生产、销售不符合安全标准的食品罪的结果要件。根据司法解释，[1]"'足以造成严重食物中毒事故或者其他严重食源性疾病'……难以确定的，司法机关可以依据鉴定意见、检验报告、地市级以上相关行政主管部门组织出具的书面意见，结合其他证据作出认定。必要时，专门性问题由省级以上相关行政主管部门组织出具书面意见。"

3. 危害结果的推定

犯罪数额或者犯罪数量是危害结果的重要表现形式。但在司法实践中因为各种原因，准确查实犯罪数额或者犯罪数量可能会存在很大的困难。有的司法解释规定在特殊情况下可采取推定的方式认定犯罪数额或者犯罪数量。例如：

（1）出售假币罪犯罪数额的推定。2001年1月21日最高人民法院印发的《全国法院审理金融犯罪案件工作座谈会纪要》规定："……在出售假币时被抓获的，除现场查获的假币应认定为出售假币的犯罪数额外，现场之外在行为人住所或者其他藏匿地查获的假币，亦应认定为出售假币的犯罪数额。但有证据证实后者是行为人有实施其他假币犯罪的除外。"

（2）电信诈骗犯罪数额的推定。2018年11月9日最高人民检

---

[1] 2021年12月30日发布的《最高人民法院、最高人民检察院关于办理危害食品安全刑事案件适用法律若干问题的解释》第24条。

察院印发的《检察机关办理电信网络诈骗案件指引》规定:"对于确因客观原因无法查实全部被害人,尽管有证据证明该账户系用于电信网络诈骗犯罪,且犯罪嫌疑人无法说明款项合法来源的,也不能简单将账户内的款项全部推定为'犯罪数额'。要根据在案其他证据,认定犯罪集团是否有其他收入来源,'违法所得'有无其他可能性。如果证据足以证实'违法所得'的排他性,则可以将'违法所得'均认定为犯罪数额。"

(3)贩卖毒品罪犯罪数量的推定。以贩养吸者所涉及的毒品中,有的是用于个人吸食的毒品、有的是用于贩卖的毒品,有的属于有证据证明用于贩卖的毒品、有的属于因此被一并查获的毒品,其犯罪数量的认定具有一定的特殊性。2008年12月1日《全国部分法院审理毒品犯罪案件工作座谈会纪要》规定:"对于以贩养吸的被告人,其被查获的毒品数量应认定为其犯罪的数量,但量刑时应考虑被告人吸食毒品的情节,酌情处理;被告人购买了一定数量的毒品后,部分已被其吸食的,应当按能够证明的贩卖数量及查获的毒品数量认定其贩毒的数量,已被吸食部分不计入在内。"这一规定明确原则上将被查获的毒品一并认定为贩卖毒品的数量。

(三)因果关系与刑事诉讼法相关联的问题

因果关系是危害行为和危害结果之间的因果关系的简称。对于以结果为必备构成要件的犯罪,因果关系的证明关系到罪与非罪的区分;对于以结果为刑罚加重条件的犯罪,因果关系的证明关系到罪轻与罪重的区分。因果关系的具体发展进程非常复杂,很多的机理甚至目前在自然科学上都无法作出说明,但法学上又必须解决因果关系的证明问题,以便在法定期限内对行为的法律责任作出决定。在司法实践中通常需要运用推定等方式来证明因果关系。德日刑法在环境犯罪等公害犯罪因果关系上有疫学的因果关系理论。我国的司法实践中也有因果关系推定的做法。

1. 德日刑法上的疫学的因果关系

疫学的因果关系,是指在原因是如何引起结果的详细机理不明确的场合,根据疫学上的统计方法,在经过大量观察,判明原因和结果之间有引起和被引起的一定的可能性的场合,就可以认可的条件关系。[1]疫学是研究疾病的流行、群体发生疾病的原因和特征,制定预防对策的医学分支学科。疫学以多数群体为对象,通过调查疾病的发生状态,探讨该疾病的存在原因、扩散过程及预防方法。其对原因的解明有助于刑法上的因果关系的认定。根据疫学理论,符合以下4个条件就可以肯定某种因子与疾病之间具有因果关系:第一,该因子是在发病的一定期间之前起作用的因子;第二,该因子的作用程度越显著,患病率就越高;第三,该因子的分布消长与疫学观察记载的流行特征并不矛盾;第四,该因子作为原因起作用,与生物学并不矛盾。[2]学界在能否采取疫学上的因果关系理论作为刑法上的因果关系的判断规则的问题上存在争议。否定论认为,在原因和结果之间引起关系的详细机理并不明确的场合,如果仍然要认可条件关系,有违尽量保护被告人利益"疑罪从轻"的刑事原则。[3]肯定论认为,根据证据法则予以必要限定的疫学因果关系判断是可以被接受的。行为和结果之间的因果关系在自然科学上不能被证实,但根据疫学的证明,"没有超出合理怀疑的限度"时,可以认定因果关系的存在。[4]笔者认为,肯定说兼顾了降低因果关系证明难度有效惩治公害犯罪的现实需要和保障被告人人权的法治原则,是可取的。

2. 我国刑法上因果关系的推定

(1)食品、药品犯罪因果关系的推定。《刑法》第143条规定:"生产、销售不符合食品安全标准的食品,足以造成严重食物中毒事故或者其他严重食源性疾病的,处三年以下有期徒刑或者拘役,并处罚金;对人体健康造成严重危害或者有其他严重情节的,处三年以上七年以下有期徒刑,并处罚金;后果特别严重的,处七年以上有期徒刑或者无期徒刑,并处罚金或者没收财产。"在司法实践中,司法机关需要证明生产、销售不符合食品安全标准的食品的行

---

[1] 参见黎宏:《日本刑法精义》,法律出版社2008年版,第109页。
[2] 参见张明楷编著:《外国刑法纲要》,清华大学出版社2007年版,第130页。
[3] 参见黎宏:《日本刑法精义》,法律出版社2008年版,第109页。
[4] 参见黎宏:《日本刑法精义》,法律出版社2008年版,第109~110页。

为和"对人体健康造成严重危害"或者"后果特别严重"之间的因果关系。刑法第 144 条规定："在生产、销售的食品中掺入有毒、有害的非食品原料的，或者销售明知掺有有毒、有害的非食品原料的食品的，处五年以下有期徒刑，并处罚金；对人体健康造成严重危害或者有其他严重情节的，处五年以上十年以下有期徒刑，并处罚金；致人死亡或者有其他特别严重情节的，依照本法第一百四十一条的规定处罚。"在司法实践中，司法机关需要证明生产、销售有毒、有害食品的行为和"对人体健康造成严重危害"或者"致人死亡"之间的因果关系。刑法司法解释没有对上述因果关系的证明问题作出规定，民法司法解释对食品、药品民事侵权因果关系的证明规则作出了规定。2020 年 12 月 29 日《最高人民法院关于审理食品药品纠纷案件适用法律若干问题的规定》第 5 条第 2 款规定："消费者举证证明因食用食品或者使用药品受到损害，初步证明损害与食用食品或者使用药品存在因果关系，并请求食品、药品的生产者、销售者承担侵权责任的，人民法院应予支持，但食品、药品的生产者、销售者能证明损害不是因产品不符合质量标准造成的除外。"笔者认为，在食品、药品犯罪案件中，检察机关举证证明受害人因食用食品或者使用药品受到损害，初步证明损害与食用食品或者使用药品存在因果关系，并请求对食品、药品的生产者、销售者追究刑事责任的，人民法院应予支持，但食品、药品的生产者、销售者能证明损害不是因产品不符合质量标准造成的除外。

（2）违规披露重要信息罪因果关系的推定。《刑法》第 161 条规定了违规披露、不披露重要信息罪："依法负有信息披露义务的公司、企业向股东和社会公众提供虚假的或者隐瞒重要事实的财务会计报告，或者对依法应当披露的其他重要信息不按照规定披露，严重损害股东或者其他人利益，或者有其他严重情节的，对其直接负责的主管人员和其他直接责任人员，处五年以下有期徒刑或者拘役，并处或者单处罚金……"在实践中，检察机关需要证明"违规披露、不披露重要信息的行为"和"严重损害股东或者其他人利益"之间的因果关系。刑法司法解释没有对上述因果关系的证明问题作出规定,民法司法解释对违规披露信息因果关系的证明规则作出了规定。根据2003年1月9日《最高人民法院关于审理证券市场因虚假陈述引发的民事赔偿案件的若干规定》第18条规定,投资人具有以下情形的,人民法院应当认定虚假陈述与损害结果之间存在因果关系:(1)投资人所投资的是与虚假陈述直接关联的证券;(2)投资人在虚假陈述实施日及以后,至揭露日或者更正日之前买入该证券;(3)投资人在虚假陈述揭露日或者更正日及以后,因卖出该证券发生亏损,或者因持续持有该证券而产生亏损。披露虚假信息是违规披露重要信息罪的行为方式,在刑事案件中,其因果关系的证明可以参照该司法解释的规则进行推定。

(3)污染环境罪因果关系的推定。《刑法》第338条规定了污染环境罪:"违反国家规定,排放、倾倒或者处置有放射性的废物、含传染病病原体的废物、有毒物质或者其他有害物质,严重污染环境的,处三年以下有期徒刑或者拘役,并处或者单处罚金;情节严重的,处三年以上七年以下有期徒刑,并处罚金……"在司法实践中,检察机关需要证明"违反国家规定排放、倾倒或者处置有害物质"和"严重污染环境"之间的因果关系。为了降低该因果关系在实践中的证明难度,司法解释规定,[1]"实施《刑法》第三百三十八条规定的行为,具有下列情形之一的,应当认定为'严重污染环境':(一)在饮用水水源一级保护区、自然保护区核心区排放、倾倒、处置有放射性的废物、含传染病病原体的废物、有毒物质的;(二)非法排放、倾倒、处置危险废物3吨以上的;(三)排放、倾倒、处置含铅汞、镉、铬、砷、铊、锑的污染物,超过国家或者地方污染物排放标准3倍以上的;(四)排放、倾倒、处置含镍、铜、锌、银、钒、锰、钴的污染物,超过国家或者地方污染物排放标准十倍以上的;(五)通过暗管、渗井、渗坑、裂隙、溶洞、灌注等逃避监督的方式排放、倾倒、处置有放射性的废物、含传染病病原

---

[1] 2016年12月23日《最高人民法院、最高人民检察院关于办理环境污染刑事案件适用法律若干问题的解释》第1条。

体的废物、有毒物质的；（六）二年内曾因违反国家规定，排放、倾倒、处置有放射性的废物、含传染病病原体的废物、有毒物质受过两次以上行政处罚，又实施前列行为的；（七）重点排污单位篡改、伪造自动监测数据或者干扰自动监测设施，排放化学需氧量、氨氮、二氧化硫、氮氧化物等污染物的；（八）违法减少防治污染设施运行指出一百万元以上的；（九）违法所得成为致使公私财产损失三十万元以上的；（十）造成生态环境严重损害的；（十一）致使乡镇以上集中式饮用水水源取水中断十二小时以上的；（十二）致使基本农田、防护林地、特种用途林地五亩以上，其他农用地十亩以上，其他土地二十亩以上基本功能丧失或者遭受永久性破坏的；（十三）致使森林或者其他林木死亡五十立方米以上，或者幼树死亡两千五百株以上的；（十四）致使疏散、转移群众五千人以上的；（十五）致使三十人以上中毒的；（十六）致使三人以上轻伤、轻度残疾或者器官组织损伤导致一般功能障碍的；（十七）致使一人以上重伤、中度残疾或者器官组织损伤导致严重功能障碍的；（十八）其他严重污染环境的情形。"笔者认为，上述司法解释的规定只是部分解决了因果关系的证明问题。但并没有对因果关系即其中的"致使"如何证明作出规定。笔者认为，可以借鉴民法司法解释的相关规定来证明环境犯罪的上述因果关系。2020年12月29日《最高人民法院关于审理环境侵权责任纠纷案件适用法律若干问题的解释》第6条规定："被侵权人根据民法典第七编第七章规定请求赔偿的，应当提供证明以下事实的证据材料：（一）侵权人排放了污染物或者破坏了生态；（二）被侵权人的损害；（三）侵权人排放的污染物或者其次生污染物、破坏生态行为与损害之间具有关联性。"第7条规定："侵权人举证证明下列情形之一的，人民法院应当认定其污染环境、破坏生态行为与损害之间不存在因果关系：（一）排放污染物、破坏生态行为没有造成该损害可能的；（二）排放的可造成该损害的污染物未到达该损害发生地的；（三）该损害于排放污染物、破坏生态行为实施之前已发生的；（四）其他可以认定污染环境、破坏生态行为与损害之间不存在因果关系的情形。"

三、犯罪主体与刑事诉讼法相关联的问题

我国刑法上的犯罪主体包括自然人和单位两类。在自然人犯罪主体中,刑事责任能力是必备构成要素,身份是选择性构成要素。在犯罪主体中有以下与刑事诉讼法相关联的问题。

(一) 刑事责任年龄与刑事诉讼法相关联的问题

刑事责任能力包括辨认能力和控制能力两个方面。年龄是影响刑事责任能力的重要因素。在刑事责任年龄中有以下与刑事诉讼法相关联的问题:

1. 未成年人犯罪"教育为主、惩罚为辅"原则的共同贯彻

刑法和刑事诉讼法都把"教育为主、惩罚为辅"作为处理未成年犯罪的原则。刑法上对未成年人犯罪的责任年龄、从宽处罚原则等作出了规定。2006年1月11日《最高人民法院关于审理未成年人刑事案件具体应用法律若干问题的解释》就明确指出,为正确审理未成年人刑事案件,贯彻"教育为主,惩罚为辅"的原则,根据刑法等有关法律的规定,就审理未成年人刑事案件具体应用法律的若干问题作出解释。《刑事诉讼法》第277条第1款规定:"对犯罪的未成年人实行教育、感化、挽救的方针,坚持教育为主、惩罚为辅的原则。"与刑法上的未成年人犯罪从宽处罚原则相对应,刑事诉讼法在以下方面突出了对未成年人诉讼权利的保障:第一,规定对犯罪的未成年人实行教育、感化、挽救的方针,坚持教育为主、惩罚为辅的原则。第二,人民法院、人民检察院和公安机关办理未成年人刑事案件,应当保障未成年人行使其诉讼权利,保障未成年人得到法律帮助,并由熟悉未成年人身心特点的审判人员、检察人员、侦查人员承办。第三,未成年犯罪嫌疑人、被告人没有委托辩护人的,人民法院、人民检察院、公安机关应当通知法律援助机构指派律师为其提供辩护。第四,对未成年犯罪嫌疑人、被告人应当严格限制适用逮捕措施。人民检察院审查批准逮捕和人民法院决定逮捕,应当讯问未成年犯罪嫌疑人、被告人,听取辩护律师的意见。对被拘留、逮捕和执行刑罚的未成年人与成年人应当分别关押、分别管理、分别教育。第五,对于未成年人刑事案件,在讯问和审判

的时候，应当通知未成年犯罪嫌疑人、被告人的法定代理人到场。无法通知、法定代理人不能到场或者法定代理人是共犯的，也可以通知未成年犯罪嫌疑人、被告人的其他成年亲属，所在学校、单位、居住地基层组织或者未成年人保护组织的代表到场，并将有关情况记录在案。到场的法定代理人可以代为行使未成年犯罪嫌疑人、被告人的诉讼权利。第六，对于未成年人涉嫌刑法分则第四章、第五章、第六章规定的犯罪，可能判处1年有期徒刑以下刑罚，符合起诉条件，但有悔罪表现的，人民检察院可以作出附条件不起诉的决定。第七，规定所有"审判时未满18周岁"的被告人均不得公开审理。第八，公安机关、人民检察院、人民法院办理未成年人刑事案件，根据情况可以对未成年犯罪嫌疑人、被告人的成长经历、犯罪原因、监护教育等情况进行调查。第九，犯罪的时候不满18周岁，被判处5年有期徒刑以下刑罚的，应当对相关犯罪记录予以封存。

2. 未成年人责任能力的推定

刑事责任能力中的辨认能力是指心理学上的认知能力，控制能力是指心理学上的意志能力。可见刑事责任能力本质上是心理能力。犯罪嫌疑人、被告人的刑事责任能力问题，不可能完全留给个案中由控方具体举证。否则，控辩双方将把大量的时间用于刑事责任能力有无、大小的交锋上，会导致诉讼程序久拖不决，严重影响诉讼效率。现代各国和地区刑法立法普遍采取推定方式减轻控方在未成年人刑事责任能力上的举证责任。

（1）未成年人责任能力的绝对推定。即立法规定自然人达到一定年龄就推定其具有刑事责任能力或者说没有达到一定年龄就推定其不具有刑事责任能力，这种推定是绝对推定，即不允许在司法认定中以年龄为由举证推翻立法的推定。我国即采取这种绝对推定方式。根据2020年《刑法修正案（十一）》修正后的《刑法》第17条的规定，未满12周岁的人，推定对任何犯罪都不具有刑事责任能力；已满12周岁不满14周岁的人，推定对"故意杀人、故意伤害罪，致人死亡或者以特别残忍手段致人重伤造成严重残疾，情节恶劣"的犯罪具有刑事责任能力，对其他犯罪不具有刑事责任能力；

已满 14 周岁不满 16 周岁的人，推定对故意杀人、故意伤害致人重伤或者死亡、强奸、抢劫、贩卖毒品、放火、爆炸、投放危险物质罪具有刑事责任能力，对其他犯罪不具有刑事责任能力；已满 16 周岁的人，推定对刑法中的所有犯罪具有刑事责任能力。

（2）未成年人责任能力的相对推定。有的国家和地区的刑法在年龄与刑事责任能力的关系问题上存在着两种效力不同的法律推定：一种是绝对推定，另一种是相对推定，二者的区别在于是否允许在个案的诉讼过程中提出反证推翻法律的推定。对完全无刑事责任年龄阶段和完全有刑事责任年龄阶段采取绝对推定，即在诉讼过程中，控辩双方对处于这两个年龄阶段的被告人刑事责任能力的有无不能再以年龄为由提出与法律推定不同的主张。而对相对刑事责任年龄阶段则采取相对推定，即法律原则上推定处于相对刑事责任年龄阶段的被告人不具有刑事责任能力，但允许控方在诉讼过程中提出被告人具有刑事责任能力的反证而推翻法律上的这种推定，如果控方的反证能够成立，则被告人被认定为具有刑事责任能力，反之，如果控方的反证不能成立，则被告人被认定为不具有刑事责任能力。英国、意大利、泰国、印度、新加坡和我国香港地区等就采取这种模式。在英国，对 10 岁以上（含 10 岁）不满 14 岁的儿童，被推定为无实施犯罪行为的能力。但是与不满 10 岁不同，这一推定不再是绝对的，可以用证据进行反驳。如果控方能证明这一年龄段的行为人"在实施不法行为时有犯罪的明知"，即能证明被告人了解其行为在法律上是错误的，或者至少了解这一行为在道德上是错误的，就可以否定未成年这一辩护理由的成立。具体而言，控方可以通过被告人以前实施过某种同类犯罪的事实来证明这种犯罪的明知，尤其是如果他曾被认定犯有此罪的话；甚至可以通过被告人的家庭背景等情况来证明。[1]在意大利，根据《意大利刑法典》第 97 条和第 98 条的规定，犯罪的最低刑事责任年龄原则上为 14 岁，

---

[1] 参见［英］J·W·塞西尔·特纳：《肯尼刑法原理》，王国庆等译，华夏出版社 1989 年版，第 85~86 页。

第三章 犯罪构成论中与刑事诉讼法相关联的问题

但已满14周岁不满18周岁的人如果不具有理解和意思能力的,则不构成犯罪。是否具有理解和意思能力,授权法官根据具体情况在个案中逐案作出判断。即处于这一年龄段的被告人可以通过证明其不具有理解和意思能力而否定其刑事责任能力,从而对抗控方的有罪指控,推翻立法的责任能力推定。[1]在泰国,根据《泰国刑法典》第75条的规定,对于14岁以上未满17岁的未成年人犯罪的,法院应当考虑其责任感和其他个人的因素,以决定是否定罪处刑。可见,对于这一年龄阶段的被告人应当具体确定其刑事责任能力的有无,如果辩方能推翻立法的推定,就认定为没有刑事责任。[2]根据《印度刑法典》第83条[3]和《新加坡共和国刑法典》第83条[4]的规定,7岁以上不满12岁的儿童,在不具有判断所实施的行为的性质是否错误或违法的情况下所实施的行为,不构成犯罪。可见,在印度和新加坡刑法中,已满7岁不满12岁是相对的辩护事由,只有控方证明行为人有能力判断其所实施的行为的性质是错误或者违法的,行为人才负刑事责任。在我国香港地区,根据《少年犯条例》的规定,在香港地区的刑事相关规定中,已满7岁但未满14岁的儿童负不完全的刑事责任,即原则上不负刑事责任,但如果控方有证据证明其对所实施的行为具有辨别能力的,应承担刑事责任。[5]

3. 未成年之认定时间节点

《中华人民共和国未成年人保护法》(以下简称《未成年人保护法》)第2条规定,未成年人是指未满18周岁的人。刑法和刑事诉讼法上也采取相同的标准,都对未成年人规定了一些特殊的优待遇。例如,我国《刑法》第17条的规定,对依法追究刑事责任的不满18周岁的人,应当从轻或者减轻处罚。《刑事诉讼法》第277条第

---

[1] 参见黄风译注:《最新意大利刑法典》,法律出版社2007年版,第39页。

[2] 参见吴光侠译:《泰国刑法典》,中国人民公安大学出版社2004年版,第17~18页。

[3] 参见赵炳寿等译:《印度刑法典》,四川大学出版社1988年版,第17页。

[4] 参见刘涛、柯良栋译:《新加坡刑法》,北京大学出版社2006年版,第14页。

[5] 参见赵秉志主编:《香港刑法纲要》,北京大学出版社1996年版,第17页。

2款规定,人民法院、人民检察院和公安机关办理未成年人刑事案件,应当保障未成年人行使其诉讼权利,保障未成年人得到法律帮助,并由熟悉未成年人身心特点的审判人员、检察人员、侦查人员承办。但两法在未成年人犯罪之"未成年人"认定的时间节点上存在分歧:应当以行为实施之时的年龄为准还是以作出司法决定之时的年龄为准?

(1)刑法司法解释的立场。在未成年之认定时间节点上,刑法司法解释曾经存在前后不一致的规定。第一,行为时标准。《刑法》第17条关于未成年人刑事责任能力的规定采取的是行为时标准。2006年《最高人民法院关于审理未成年人刑事案件具体应用法律若干问题的解释》也采取行为时标准,第1条规定:"本解释所称未成年人刑事案件,是指被告人实施被指控的犯罪时已满十四周岁不满十八周岁的案件。"第18条第3款规定"未成年罪犯在服刑期间已经成年的,对其减刑、假释"仍可适用未成年人适度从宽的规定。第二,决定时标准。2012年1月17日《最高人民法院关于办理减刑、假释案件具体应用法律若干问题的规定》放弃了上述立场,改采作出决定时标准,认为未成年人减刑适度放宽的立法规定,不宜贯彻于罪犯刑罚执行的全过程,而应限定为减刑时不满18周岁的罪犯。该解释第19条第3款明确规定:"……未成年罪犯,是指减刑时不满十八周岁的罪犯。"第三,服刑期间标准。2016年11月14日《最高人民法院关于办理减刑、假释案件具体应用法律的规定》即对"未成年罪犯"的含义作出明确解释,但其第19条规定,"对在报请减刑前的服刑期间不满十八周岁"的罪犯,在痛改表现、减刑幅度、减刑起始时间、间隔时间的掌握上适当从宽。这其实创设了第三种未成年人以过时间节点,既非行为时标准,也非决定时标准,而是及消减刑前的服刑期间标准。只要罪犯在开始服刑时未满18周岁,即使作出减刑决出时已满18周岁也能享受未成年罪犯的特殊处遇;只要罪犯在开始服刑时已满18周岁,即使犯罪时未满18周岁,也不能享受未成罪犯的特殊处遇。

(2)刑事诉讼法司法解释的立场。在未成年之认定时间节点上,刑事诉讼法司法解释虽然都采取区别对待的立场,但前后的规定不太一致。第一，实体采取行为时标准，程序问题采取决定时[1]标准。2007年2月8日最高人民检察院发布的《人民检察院办理未成年人刑事案件的规定》就采取这一主张。其第46条规定："本规定所称未成年人刑事案件，是指犯罪嫌疑人、被告人实施涉嫌犯罪行为时已满十四周岁、未满十八周岁的刑事案件，但在有关未成年人诉讼权利和体现对未成年人程序上特殊保护的条文中所称的未成年人，是指在诉讼过程中已满十四周岁、未满十八周岁的人。"这一司法解释显然主张在实体问题上采取行为时标准，但在程序问题上（特殊诉讼权利）采取决定时标准。第二，由司法机关酌情决定。2019年《人民检察院刑事诉讼规则》第489条规定："本节所称未成年人刑事案件，是指犯罪嫌疑人实施涉嫌犯罪行为时已满十四周岁、未满十八周岁的刑事案件。本节第四百六十条、[2]第四百六十五条、[3]第四百六十六条[4]、第四百六十七条[5]、第四百六十八条[6]所称的未成年犯罪嫌疑人，是指在诉讼过程中未满十八周岁的人。犯罪嫌疑人实施涉嫌犯罪行为时未满十八周岁，在诉讼过程中已满十八周岁的，人民检察院可以根据案件的具体情况适用上述规定。"这一司法解释针对犯罪嫌疑人或者被告人"行为时未成年人但决定时已成年"的情形，规定由人民检察院"根据案件的具体情况"决定。

（3）评析。笔者认为，"实体问题采取行为时标准，程序问题采取决定时标准"是可取的。刑法上采取行为时标准是罪刑法定原则之"刑法原则上没有溯及力"的要求，但刑事诉讼法上的程序性规

---

[1] 因为刑事诉讼过程中公安机关、检察机关都有可能就未成年人特殊诉讼权利问题作出决定，但因为其不是审判机关，因而不能称之为"裁判时标准"，所以改称"决定时标准"。——笔者注。

[2] 关于保障未成年犯罪嫌疑人委托辩护人权利的规定。——笔者注。

[3] 关于人民检察院讯问未成年犯罪嫌疑人、证人、被害人的规定。——笔者注。

[4] 关于讯问未成年犯罪嫌疑人时原则上不得使用戒具的规定。——笔者注。

[5] 关于未成年犯罪嫌疑人认罪认罚的人民检察院应当告知本人及其法定代理人享有的诉讼权利和认罪认罚的法律规定，并听取、记录未成年犯罪嫌疑人及其法定代理人、辩护人、被害人及其诉讼代理人的意见的规定。——笔者注。

[6] 关于认罪认罚的未成年犯罪嫌疑人签署认罪认罚具结书的规定。——笔者注。

定则应当采取作出决定时标准。在司法实践中，犯罪嫌疑人、被告人在行为时未成年，但在进行刑事追诉时已成年的情形非常多见，对此种情形一律适用未成年人的优待往往是极不合理的。例如，行为人17周岁时犯故意杀人等重罪，潜逃18年后被抓获，如果仍然允许其享有未成年人的程序权利显然是不合理的。

4. 年龄存疑时的推定

我国刑法规定了12周岁、14周岁、16周岁、18周岁、75周岁5个与刑事责任能力有关的临界年龄。这些临界年龄的准确查明事关刑法的准确适用，与犯罪嫌疑人、被告人的不同法律处遇有重大干系。2020年《公安机关办理刑事案件程序规定》第321条规定："公安机关办理未成年人刑事案件时，应当重点查清未成年犯罪嫌疑人实施犯罪行为时是否已满十四周岁、十六周岁、十八周岁的临界年龄。"有关的司法解释性文件对出现年龄认定存疑情况时的推定规则作出了规定，大多确定了存疑作有利于犯罪嫌疑人、被告人认定的原则。主要包括：

（1）无户籍登记人年龄存疑的推定。1997年11月24日《公安部法制司关于如何确定无户籍登记的犯罪嫌疑人年龄的答复》规定："根据目前的技术水平，还无法对犯罪嫌疑人的年龄作出精确的鉴定，对25岁以内青少年的年龄鉴定结论误差范围通常在±2岁以内，只能反映犯罪嫌疑人的年龄段（如14岁以上18岁以下）。从保护青少年的合法权益和'教育、感化、挽救'的刑事政策出发，在实际认定时，应将鉴定反映的该犯罪嫌疑人年龄段的下限即可能的最低年龄视为犯罪嫌疑人的年龄。"

（2）骨龄鉴定年龄存疑时的推定。2000年2月21日《最高人民检察院关于"骨龄鉴定"能否作为确定刑事责任年龄证据使用的批复》规定："犯罪嫌疑人不讲真实姓名、住址，年龄不明的，可以委托进行骨龄鉴定或其他科学鉴定，经审查，鉴定结论能够准确确定犯罪嫌疑人实施犯罪行为时的年龄的，可以作为判断犯罪嫌疑人年龄的证据使用。如果鉴定结论不能准确确定犯罪嫌疑人实施犯罪行为时的年龄，而且鉴定结论又表明犯罪嫌疑人年龄在刑法规定的应负刑事责任年龄上下的,应当依法慎重处理。"

(3)审判中年龄存疑时的推定。2006年1月11日《最高人民法院关于审理未成年人刑事案件具体应用法律若干问题的解释》第4条规定:"对于没有充分证据证明被告人实施被指控的犯罪时已经达到法定刑事责任年龄且确实无法查明的,应当推定其没有达到相应法定刑事责任年龄。相关证据足以证明被告人实施被指控的犯罪时已经达到法定刑事责任年龄,但是无法准确查明被告人具体出生日期的,应当认定其达到相应法定刑事责任年龄。"2021年1月26日《最高人民法院关于适用〈中华人民共和国刑事诉讼法〉的解释》第146条规定:"审查被告人实施被指控的犯罪时或者审判时是否达到相应法定责任年龄,应当根据户籍证明、出生证明文件、学籍卡、人口普查登记、无利害关系人的证言等证据综合判断。证明被告人已满十二周岁、十四周岁、十六周岁、十八周岁或者不满七十五周岁的证据不足的,应当作出有利于被告人的认定。"

(二)精神病人刑事责任能力与刑事诉讼法相关联的问题

《刑法》第18条第1款规定:"精神病人在不能辨认或者不能控制自己行为的时候造成危害结果,经法定程序鉴定确认的,不负刑事责任……"刑事诉讼法及其相关的司法解释性文件对精神病司法鉴定作出了规定,值得注意的有以下两个方面:

1. 鉴定启动权

我国刑事诉讼法将精神病的司法鉴定启动权授予了司法机关。对当事人及其代理人、辩护人"申请司法鉴定"的权利没有作出明确规定,只规定了其对司法机关鉴定意见不服的情况下"申请补充鉴定或者重新鉴定"的权利。在邱兴华故意杀人案[1]中,社会舆

---

[1] 2006年7月14日晚,邱兴华因与道观管理人员发生矛盾,趁道观内管理人员和香客熟睡之机,持斧头、弯刀,将陕西汉阴县铁瓦殿内熊万成、工作人员和香客等10人杀害,手段极为残忍。后邱兴华烧殿潜逃,2006年8月19日,邱兴华被抓获归案。10月19日,安康中院审理后当庭作出一审判决:以故意杀人罪和抢劫罪数罪并罚,决定判处邱兴华死刑,剥夺政治权利终身。邱兴华以有精神病史为由向二审法院上诉。2006年12月28日上午,陕西省高级人民法院开庭审理,法庭当庭宣布驳回上诉,维持一审死刑判决。邱兴华随即被执行死刑。

论对被告人邱兴华是否有精神病存在重大分歧。司法机关没有批准邱兴华妻子及二审辩护人的精神病鉴定申请，也自始至终没有主动决定对邱兴华进行精神病司法鉴定。为此有论者对精神病司法鉴定启动权制度提出了批评，主张赋予当事人及其代理人以司法鉴定启动权。[1]当时施行的1996年《刑事诉讼法》在"侦查措施"之下的第119条规定："为了查明案情，需要解决案件中某些专门性问题的时候，应当指派、聘请有专门知识的人进行鉴定。"第121条规定："侦查机关应当将用作证据的鉴定结论告知犯罪嫌疑人、被害人。如果犯罪嫌疑人、被害人提出申请，可以补充鉴定或者重新鉴定。"2012年和2018年对《刑事诉讼法》的两次修正都没有对上述规定作出修正。但2012年修正后的《刑事诉讼法》新增了"依法不负刑事责任的精神病人的强制医疗程序"，这就意味着司法机关必须对该类案件的犯罪嫌疑人、被告人进行精神病司法鉴定。2012年《公安机关办理刑事案件程序规定》第331条[2]规定："公安机关发现实施暴力行为，危害公共安全或者严重危害公民人身安全的犯罪嫌疑人，可能属于依法不负刑事责任的精神病人的，应当对其进行精神病鉴定。"笔者认为，立法机关之所以没有修改的一个重要原因在于担心精神病鉴定启动权一旦由依司法机关决定启动变成依当事人申请启动，辩方可能会滥用这一启动权作为拖延诉讼进程的诉讼策略，导致刑事案件陷入控辩双方围绕司法鉴定的长期对抗中，从而久拖不决，极大地影响诉讼效率。

2. 鉴定标准

根据1989年7月11日最高人民法院、最高人民检察院、公安部、司法部、卫生部发布的《精神疾病司法鉴定暂行规定》第19条规定："刑事案件被鉴定人责任能力的评定：被鉴定人实施危害行为时，经鉴定患有精神疾病，由于严重的精神活动障碍，致使不能辨认或者不能控制自己行为的，为无刑事责任能力。被鉴定人实

---

[1] 参见陈学权："刑事司法鉴定中的程序正义——邱兴华案对中国刑事司法鉴定制度的启示"，载《中国司法鉴定》2007年第4期。

[2] 2020年《公安机关办理刑事案件程序规定》第342条。

施危害行为时,经鉴定属于下列情况之一的,为具有责任能力:1.具有精神疾病的既往史,但实施危害行为时并无精神异常;2.精神疾病的间歇期,精神症状已经完全消失。"

(三) 单位犯罪与刑事诉讼法相关联的问题

在单位犯罪的追诉程序中,可能因为一些特殊原因导致对单位或者单位直接责任人员的追诉出现障碍。在刑事诉讼法上确定追诉对象时应当注意以下5种特殊情形:

1. 犯罪单位在追诉时已被合并

人民检察院起诉时该犯罪企业已被合并到一个新的企业的,仍应依法追究原犯罪企业及其直接负责的主管人员和其他直接责任人员的刑事责任。人民法院审判时,对被告单位应列原犯罪企业名称,但应注明已被并入新的企业,对被告单位所判处的罚金数额以其并入新的企业的财产及收益为限。[1]审判期间,被告单位合并、分立的,应当将原单位列为被告单位,并注明合并、分立情况。对被告单位所判处的罚金以其在新单位的财产及收益为限。[2]

2. 犯罪单位在追诉时已被撤销、注销、吊销执照或者宣告破产

在起诉之前,涉嫌犯罪的单位被撤销、注销、吊销营业执照或者宣告破产的。对这类案件,应当根据刑法关于单位犯罪的相关规定,对实施犯罪行为的该单位直接负责的主管人员和其他直接责任人员追究刑事责任,对该单位不再追诉。[3]审判期间,被告单位被吊销营业执照、宣告破产但尚未完成清算、注销登记的,应当继续审理;被告单位被撤销、注销的,对单位犯罪直接负责的主管人员和其他直接责任人员应当继续审理。[4]

---

[1] 1998年11月18日《最高人民法院研究室关于企业犯罪后被合并应当如何追究刑事责任问题的答复》。

[2] 2021年1月26日《最高人民法院关于适用〈中华人民共和国刑事诉讼法〉的解释》第345条。

[3] 2002年7月9日《最高人民检察院关于涉嫌犯罪单位被撤销、注销、吊销营业执照或者宣告破产的应如何进行追诉问题的批复》。

[4] 2021年1月26日《最高人民法院关于适用〈中华人民共和国刑事诉讼法〉的解释》第344条。

3. 对未作为单位犯罪起诉的单位犯罪案件的处理

对于应当认定为单位犯罪的案件，检察机关只作为自然人犯罪案件起诉的，人民法院应及时与检察机关协商，建议检察机关对犯罪单位补充起诉。检察机关不补充起诉的，人民法院仍应依法审理，对被起诉的自然人根据指控的犯罪事实、证据及庭审查明的事实，依法按单位犯罪中的直接负责的主管人员或者其他直接责任人员追究刑事责任，并应引用刑法分则关于单位犯罪追究直接负责的主管人员和其他直接责任人员刑事责任的有关条款。[1]

4. 直接责任人员均无法归案或者没有合适诉讼代表人出庭的单位犯罪的追诉

对直接负责的主管人员和其他直接责任人员均无法归案的单位走私犯罪案件，只要单位走私犯罪的事实清楚、证据确实充分，且能够确定诉讼代表人代表单位参与刑事诉讼活动的，可以先行追究该单位的刑事责任。被告单位没有合适人选作为诉讼代表人出庭的，因不具备追究该单位刑事责任的诉讼条件，可按照单位犯罪的条款先行追究单位犯罪中直接负责的主管人员或者其他直接责任人员的刑事责任。[2]

5. 对只追诉上级单位遗漏分支机构的案件的处理

在涉互联网金融犯罪案件中，对符合追诉条件的分支机构（包括具有独立法人资格的和不具有独立法人资格）及其所属单位，公安机关均没有作为犯罪嫌疑单位移送审查起诉，仅将其所属单位的上级单位作为犯罪嫌疑单位移送审查起诉的，对相关分支机构涉案人员可以区分以下情形处理：（1）有证据证明被立案的上级单位（比如总公司）在业务、财务、人事等方面对下属单位及其分支机构进行实际控制，下属单位及其分支机构涉案人员可以作为被移送

---

[1] 2001年1月21日最高人民法院印发的《全国法院审理金融犯罪案件工作座谈会纪要》；2021年1月26日最高人民法院发布《最高人民法院关于适用〈中华人民共和国刑事诉讼法〉的解释》第340条。

[2] 2002年7月8日《最高人民法院、最高人民检察院、海关总署关于办理走私刑事案件适用法律若干问题的意见》。

审查起诉的上级单位的"其他直接责任人员"追究刑事责任。在证明实际控制关系时,应当收集、运用公司决策、管理、考核等相关文件,OA系统等电子数据,资金往来记录等证据。对不同地区同一单位的分支机构涉案人员起诉时,证明实际控制关系的证据体系、证明标准应基本一致。(2)据现有证据无法证明被立案的上级单位与下属单位及其分支机构之间存在实际控制关系的,对符合单位犯罪构成要件的下属单位或分支机构应当补充起诉,下属单位及其分支机构已不具备补充起诉条件的,可以将下属单位及其分支机构的涉案犯罪嫌疑人直接起诉。[1]

四、犯罪主观方面与刑事诉讼法相关联的问题

犯罪主观方面的功能是贯彻过错责任原则。在人类社会的早期,结果责任盛行,往往只要行为在客观上造成了一定的损害,人们就不考察其主观上是否存在过错、是故意还是过失,一律追究刑事责任等法律责任。随着心理学日益成为一门科学,人们开始认识到结果责任的缺陷,确立了过错责任原则。可见在刑法史上,刑事责任原则的发展经历了一个从古代的结果责任到近现代的过错责任的演变过程。罪过是犯罪主观方面的必备构成要素,犯罪目的是犯罪主观方面的选择性构成要素。犯罪主观方面中主要有以下与刑事诉讼法相关联的问题。

(一)故意的推定

犯罪故意,是指行为人明知自己的行为会发生危害社会的结果,并且希望或者放任这种结果发生的一种主观心理态度。在司法实践中,故意的认定往往也需要运用推定方式。

1. 犯罪故意有无的推定

非法吸收公众存款罪的主观方面是故意,但在有关互联网金融犯罪案件中认定具有一定的难度。有关司法解释性文件规定:在非法吸收公众存款罪中,原则上认定主观故意并不要求以明知法律的

---

[1] 2017年6月2日《最高人民检察院关于办理涉互联网金融犯罪案件有关问题座谈会纪要》。

禁止性规定为要件，特别是具备一定涉金融活动相关从业经历、专业背景或在犯罪活动中担任一定管理职务的犯罪嫌疑人，应当知晓相关金融法律管理规定，如果有证据证明其实际从事的行为应当批准而未经批准，行为在客观上具有非法性，原则上就可以认定其具有非法吸收公众存款的主观故意。对于无相关职业经历、专业背景，且从业时间短暂，在单位犯罪中层级较低，纯属执行单位领导指令的犯罪嫌疑人提出辩解的，如确实无其他证据证明其具有主观故意的，可以不作为犯罪处理。另外，实践中还存在犯罪嫌疑人提出因信赖行政主管部门出具的相关意见而陷入错误认识的辩解。如果上述辩解确有证据证明，不应作为犯罪处理，但应当对行政主管部门出具的相关意见及其出具过程进行查证，如存在以下情形之一，仍应认定犯罪嫌疑人具有非法吸收公众存款的主观故意：（1）行政主管部门出具意见所涉及的行为与犯罪嫌疑人实际从事的行为不一致的；（2）行政主管部门出具的意见未对是否存在非法吸收公众存款问题进行合法性审查，仅对其他合法性问题进行审查的；（3）犯罪嫌疑人在行政主管部门出具意见时故意隐瞒事实、弄虚作假的；（4）犯罪嫌疑人与出具意见的行政主管部门的工作人员存在利益输送行为的；（5）犯罪嫌疑人存在其他影响和干扰行政主管部门出具意见公正性的情形。对于犯罪嫌疑人提出因信赖专家学者、律师等专业人士、主流新闻媒体宣传或有关行政主管部门工作人员的个人意见而陷入错误认识的辩解，不能作为犯罪嫌疑人判断自身行为合法性的根据和排除主观故意的理由。[1]

2. 不同犯罪故意内容的推定

家庭暴力案件需准确区分遗弃罪与故意杀人罪，要根据被告人的主观故意、所实施行为的时间与地点、是否立即造成被害人死亡，以及被害人对被告人的依赖程度等进行综合判断。对于只是为了逃避扶养义务，并不希望或者放任被害人死亡，将生活不能自理的被

---

[1] 2017年6月2日《最高人民检察院关于办理涉互联网金融犯罪案件有关问题座谈会纪要》。

害人弃置在福利院、医院、派出所等单位或者广场、车站等行人较多的场所,希望被害人得到他人救助的,一般以遗弃罪定罪处罚。对于希望或者放任被害人死亡,不履行必要的扶养义务,致使被害人因缺乏生活照料而死亡,或者将生活不能自理的被害人带至荒山野岭等人迹罕至的场所遗弃,使被害人难以得到他人救助的,应当以故意杀人罪定罪处罚。[1]所实施行为的时间与地点、是否立即造成被害人死亡以及被害人对被告人的依赖程度等客观事实,是推定行为人主观故意内容是遗弃还是故意杀人从而区分此罪与彼罪的关键。

(二) 明知的推定

明知既是犯罪故意的认识因素,即《刑法》第14条第1款中的"明知自己的行为会发生危害社会的结果";也是过于自信过失的认识因素,即《刑法》第15条第1款中的"应当预见自己的行为可能发生危害社会的结果"。在犯罪故意认定的司法实践中,我国以往的司法解释将"明知"解释为包括知道和应当知道两种情形。刑法学界有人对将"应当知道"认定为"明知"提出了质疑,认为这有可能混淆故意和过失的界限。笔者认为,司法解释的表述其实并无大的问题,但其实语境已经从刑事实体法转换到刑事证据法中。在司法认定中,明知包括"确实明知"和"应当明知"。"确实明知",是指行为人承认存在明知,客观证据也证明行为人存在明知。"应当明知",是指行为人不承认存在明知,但基于客观证据可合理推定其存在明知。很多司法解释或者司法解释性文件都规定采取推定方式认定被告人存在"应当明知"。主要包括以下情形:

1. 非法持有宣扬恐怖主义、极端主义物品罪明知的推定

非法持有宣扬恐怖主义、极端主义物品罪,[2]是指明知是宣扬恐怖主义、极端主义的图书、音频视频资料或者其他物品而非法持

---

[1] 2015年3月2日《最高人民法院、最高人民检察院、公安部、司法部关于依法办理家庭暴力犯罪案件的意见》。

[2] 2015年《刑法修正案(九)》新增的《刑法》第120条之六。

有的行为。根据司法解释,[1]非法持有宣扬恐怖主义、极端主义物品罪主观故意中的"明知",应当根据案件具体情况,以行为人实施的客观行为为基础,结合其一贯表现,具体行为、程度、手段、事后态度,以及年龄、认知和受教育程度、所从事的职业等综合审查判断。具有下列情形之一,行为人不能做出合理解释的,可以认定其"明知",但有证据证明确属被蒙骗的除外:(1)曾因实施恐怖活动、极端主义违法犯罪被追究刑事责任,或者2年内受过行政处罚,或者被责令改正后又实施的;(2)在执法人员检查时,有逃跑、丢弃携带物品或者逃避、抗拒检查等行为,在其携带、藏匿或者丢弃的物品中查获宣扬恐怖主义、极端主义的物品的;(3)采用伪装、隐匿、暗语、手势、代号等隐蔽方式制作、散发、持有宣扬恐怖主义、极端主义的物品的;(4)以虚假身份、地址或者其他虚假方式办理托运,寄递手续,在托运、寄递的物品中查获宣扬恐怖主义、极端主义的物品的;(5)有其他证据足以证明行为人应当知道的情形。

2. 走私罪中明知的推定

走私罪包括走私武器、弹药罪、走私核材料罪、走私假币罪、走私文物罪、走私贵重金属罪、走私珍贵动物、珍贵动物制品罪、走私国家禁止进出口的货物、物品罪、走私淫秽物品罪、走私废物罪、走私普通货物、物品罪10个具体罪名。走私罪都是故意犯罪,主观方面都要求行为人对犯罪对象有明知。根据司法解释,[2]走私主观故意中的"明知"是指行为人知道或者应当知道所从事的行为是走私行为。具有下列情形之一的,可以认定为"明知",但有证据证明确属被蒙骗的除外:(1)逃避海关监管,运输、携带、邮寄国家禁止进出境的货物、物品的;(2)用特制的设备或者运输工具走私货物、物品的;(3)未经海关同意,在非设关的码头、海(河)岸、陆路边境等地点,运输(驳载)、收购或者贩卖非法进出境货

---

[1] 2018年3月16日《最高人民法院、最高人民检察院、公安部、司法部关于办理恐怖活动和极端主义犯罪案件适用法律若干问题的意见》。

[2] 2002年7月8日《最高人民法院、最高人民检察院、海关总署关于办理走私刑事案件适用法律若干问题的意见》。

物、物品的；(4) 提供虚假的合同、发票、证明等商业单证委托他人办理通关手续的；(5) 以明显低于货物正常进（出）口的应缴税额委托他人代理进（出）口业务的；(6) 曾因同一种走私行为受过刑事处罚或者行政处罚的；(7) 其他有证据证明的情形。

3. 销售假冒注册商标的商品罪中明知的推定

销售假冒注册商标的商品罪，是指销售明知是假冒注册商标的商品，违法所得数额较大或者有其他严重情节的行为。[1]销售假冒注册商标的商品罪主观方面要求对行为对象是假冒注册商标的商品存在明知。有关司法解释性文件对关于销售明知是假冒烟用注册商标的烟草制品行为中的"明知"问题作出了规定。"明知"，是指知道或应当知道。有下列情形之一的，可以认定为"明知"：(1) 以明显低于市场价格进货的；(2) 以明显低于市场价格销售的；(3) 销售假冒烟用注册商标的烟草制品被发现后转移、销毁物证或者提供虚假证明、虚假情况的；(4) 其他可以认定为明知的情形。[2]

4. 性侵幼女犯罪中明知的推定

在以幼女为对象的强奸罪、猥亵儿童罪等犯罪中，行为人主观方面是否对被害人是幼女存在明知是案件认定的难点和关键。有关司法解释性文件规定了明知的推定规则：知道或者应当知道对方是不满14周岁的幼女而实施奸淫等性侵害行为的，应当认定行为人"明知"对方是幼女。对于不满12周岁的被害人实施奸淫等性侵害行为的，应当认定行为人"明知"对方是幼女。对于已满12周岁不满14周岁的被害人，从其身体发育状况、言谈举止、衣着特征、生活作息规律等观察可能是幼女而实施奸淫等性侵害行为的，应当认定行为人"明知"对方是幼女。[3]该规定使用了两种不同的推定规

---

[1] 《刑法》第214条。2020年《刑法修正案（十一）》修改之前为"销售明知是假冒注册商标的商品，销售金额数额较大的……"。

[2] 2003年12月23日最高人民法院、最高人民检察院、公安部、国家烟草专卖局印发的《关于办理假冒伪劣烟草制品等刑事案件适用法律问题座谈会纪要》。

[3] 2013年10月24日《最高人民法院、最高人民检察院、公安部、司法部关于依法惩治性侵害未成年人犯罪的意见》第19条。

则：（1）绝对推定。对不满12周岁的被害人实施奸淫等性侵害行为的，一律推定行为人存在"明知"。这是绝对推定，不允许反证。（2）相对推定。对已满12周岁不满14周岁的被害人实施性侵害行为的，原则上推定行为人有明知，但辩方可以基于被害人身体发育状况、言谈举止、衣着特征、生活作息规律等提出反证。反证得以成立是指极其特殊的例外情况，具体可从以下3个方面把握：一是必须确有证据或者合理依据证明行为人根本不可能知道被害人是幼女；二是行为人已经足够谨慎行事，但仍然对幼女年龄产生了误认，即使其他正常人处在行为人的场合，也难以避免这种错误判断；三是客观上被害人身体发育状况、言谈举止、衣着、生活作息规律等特征确实更像已满14周岁。比如与发育较早、貌似成人、虚报年龄的已满12周岁不满14周岁的幼女在谈恋爱和正常交往过程中，双方自愿发生了性行为，确有证据证实行为人不可能知道对方是幼女的，才可以采纳其不明知的辩解，但应特别严格掌握。[1]

5. 拐卖儿童罪出卖目的的推定

拐卖儿童罪的犯罪主体通常是父母以外的其他人，但实践中也出现了父母出卖亲生子女的极端案件。有关司法解释规定，"以非法获利为目的"出卖亲生子女的，应当以拐卖妇女、儿童罪论处。[2]"以非法获利为目的"其实就是《刑法》第240条规定的拐卖儿童罪之"出卖目的"的特殊表现形式。司法实践中的难点问题是，如何区分父母借送养之名出卖亲生子女与民间送养行为的界限。司法解释性文件规定，区分的关键在于行为人是否具有非法获利的目的。应当通过审查将子女"送"人的背景和原因、有无收取钱财及收取钱财的多少、对方是否具有抚养目的及有无抚养能力等事实，综合判断行为人是否具有非法获利的目的。具有下列情形之一的，可以认定属于出卖亲生子女，应当以拐卖妇女、儿童罪论处：

---

[1] 参见周峰等："《关于依法惩治性侵害未成年人犯罪的意见》的理解与适用"，载《人民司法》2014年第1期。

[2] 2010年3月15日最高人民法院、最高人民检察院、公安部、司法部《关于依法惩治拐卖妇女儿童犯罪的意见》第17条第2款。

(1) 将生育作为非法获利手段,生育后即出卖子女的;(2) 明知对方不具有抚养目的,或者根本不考虑对方是否具有抚养目的,为收取钱财将子女"送"给他人的;(3) 为收取明显不属于"营养费""感谢费"的巨额钱财将子女"送"给他人的;(4) 其他足以反映行为人具有非法获利目的的"送养"行为的。[1]如果认定非法获利目的的证据存疑的,应当本着存疑有利于被告人的原则,根据案件的具体情况,或者认定为遗弃罪,或者作无罪处理。[2]

6. 毒品犯罪中明知的推定

毒品犯罪都是故意犯罪,要求行为人对行为对象是毒品存在明知。判断被告人对涉案毒品是否明知,不能仅凭被告人供述,而应当依据被告人实施毒品犯罪行为的过程、方式、毒品被查获时的情形等证据,结合被告人的年龄、阅历、智力等情况,进行综合分析判断。我国签署和批准的《联合国禁止非法贩运麻醉药品和精神药物公约》第3条第1款规定了各种毒品的故意犯罪,其中第3款规定:"构成本条第1款所列罪行的知情、故意或目的等要素,可根据客观事实情况加以判断。"根据有关司法解释性文件,具有下列情形之一,被告人不能做出合理解释的,可以认定其"明知"是毒品,但有证据证明确属被蒙骗的除外:(1) 执法人员在口岸、机场、车站、港口和其他检查站点检查时,要求行为人申报为他人携带的物品和其他疑似毒品物,并告知其法律责任,而行为人未如实申报,在其携带的物品中查获毒品的;(2) 以伪报、藏匿、伪装等蒙蔽手段,逃避海关、边防等检查,在其携带、运输、邮寄的物品中查获毒品的;(3) 执法人员检查时,有逃跑、丢弃携带物品或者逃避、抗拒检查等行为,在其携带或者丢弃的物品中查获毒品的;(4) 体内或者贴身隐秘处藏匿毒品的;(5) 为获取不同寻常的高额、不等值报酬为他人携带、运输物品,从中查获毒品的;(6) 采

---

〔1〕 2010年3月15日最高人民法院、最高人民检察院、公安部、司法部《关于依法惩治拐卖妇女儿童犯罪的意见》第17条。

〔2〕 参见周峰等:"《关于依法惩治拐卖妇女儿童犯罪的意见》的理解与适用",载《人民司法》2010年第9期。

用高度隐蔽的方式携带、运输物品，从中查获毒品的；（7）采用高度隐蔽的方式交接物品，明显违背合法物品惯常交接方式，从中查获毒品的；（8）行程路线故意绕开检查站点，在其携带、运输的物品中查获毒品的；（9）以虚假身份或者地址办理托运手续，在其托运的物品中查获毒品的；（10）有其他证据足以认定行为人应当知道。[1]在明知的具体判断中，应当注意以下问题：一是判断是否明知应当以客观实际情况为依据。尽管明知是行为人知道或者应当知道行为对象是毒品的心理状态，但是判断被告人主观是否明知，不能仅凭被告人是否承认，而应当综合考虑案件中的各种客观实际情况，依据实施毒品犯罪行为的过程、行为方式、毒品被查获时的情形和环境等证据，结合被告人的年龄、阅历、智力及掌握相关知识情况，进行综合分析判断。二是用作推定前提的基础事实必须有确凿的证据证明。首先要查明行为人携带、运输的东西确实是毒品，同时行为人有反常行为表现。三是依照上述规定认定的明知，允许行为人提出反证加以推翻。由于推定明知不是以确凿证据证明的，而是根据基础事实与待证事实的常态联系，运用情理判断和逻辑推理得出的，有可能出现例外情况。如果行为人能做出合理解释，有证据证明确实受蒙骗，其辩解有事实依据或者合乎情理，就不能认定其明知是毒品。[2]

7. 制毒物品犯罪中明知的推定

非法生产、买卖、运输制毒物品、走私制毒物品罪[3]是故意犯罪，要求行为人对犯罪对象是制毒物品存在明知。有关司法解释规定了其明知的推定规则：对于走私或者非法买卖制毒物品行为，

---

〔1〕 2008年12月1日最高人民法院印发的《全国部分法院审理毒品犯罪案件工作座谈会纪要》（大连会议纪要）。

〔2〕 参见高贵君等："《全国部分法院审理毒品犯罪案件工作座谈会纪要》的理解与适用"，载《人民司法》2009年第3期。

〔3〕 2015年《刑法修正案（九）》对《刑法》第350条进行修正后，2015年10月30日《最高人民法院、最高人民检察院关于执行〈中华人民共和国刑法〉确定罪名的补充规定（六）》决定取消原来的走私制毒物品罪和非法买卖制毒物品罪两个罪名，将其合并修正为非法生产、买卖、运输制毒物品、走私制毒物品罪一个罪名。

有下列情形之一，且查获了易制毒化学品，结合犯罪嫌疑人、被告人的供述和其他证据，经综合审查判断，可以认定其"明知"是制毒物品而走私或者非法买卖，但有证据证明确属被蒙骗的除外：（1）改变产品形状、包装或者使用虚假标签、商标等产品标志的；（2）以藏匿、夹带或者其他隐蔽方式运输、携带易制毒化学品逃避检查的；（3）抗拒检查或者在检查时丢弃货物逃跑的；（4）以伪报、藏匿、伪装等蒙蔽手段逃避海关、边防等检查的；（5）选择不设海关或者边防检查站的路段绕行出入境的；（6）以虚假身份、地址办理托运、邮寄手续的；（7）以其他方法隐瞒真相，逃避对易制毒化学品依法监管的。[1]

需要注意的是，在推定"应当明知"时应当注意：（1）不能仅凭被告人是否承认，应当以客观实际情况为依据。应当结合行为人的一贯表现，具体行为、程度、手段、事后态度，以及年龄、认知和受教育程度、所从事的职业等综合判断。（2）用作推定前提的基础事实必须有确凿的证据证明。（3）推定的明知，原则上允许行为人提出反证加以推翻。由于推定明知不是以确凿证据证明的，而是根据基础事实与待证事实的常态联系，运用情理判断和逻辑推理得出的，有可能出现例外情况。如果行为人能做出合理解释，有证据证明确实受蒙骗，其辩解有事实依据或者合乎情理，就不能认定其明知。但也有不许反证的情况。如2013年《最高人民法院、最高人民检察院、公安部、司法部关于依法惩治性侵害未成年人犯罪的意见》第19条第2款规定的"对于不满十二周岁的被害人实施奸淫等性侵害行为的，应当认定行为人'明知'对方是幼女"。

（三）犯罪目的的推定

犯罪目的是犯罪主观方面的选择性要素。有的犯罪的主观方面要件除了故意之外，还需要具备特定的犯罪目的。目的犯是指以特定的犯罪目的作为必备的犯罪构成要件的犯罪。在我国刑法学界，

---

[1] 2009年6月23日《最高人民法院、最高人民检察院、公安部关于办理制毒物品犯罪案件适用法律若干问题的意见》。

有学者主张把刑法上的目的犯分为法定目的犯和非法定目的犯两种：法定目的犯是指刑法条文直接对作为犯罪构成要件的犯罪目的作出明确的规定，非法定目的犯是指并不在条文中规定某一犯罪所需的特殊目的，而需要法官根据一定的原则予以补充，典型的例子是刑法关于盗窃、抢劫、诈骗和抢夺等罪的规定。[1]在我国刑法学界，对于犯罪构成的属性，存在法律说、罪状说、概念说、理论说、事实说、法律+理论说等多种观点，[2]法律说认为，犯罪构成是刑法所规定的或依照、根据刑法确定的成立犯罪的标准、规格。[3]笔者认为，主张犯罪构成法定性的法律说才是可取的。犯罪构成的法定性是作为我国刑法最高原则的罪刑法定原则的最基本要求。笔者认为，目的犯可以分为两类：(1) 无需明确在刑法条文中列明的以一定的犯罪目的为构成要件的目的犯。如盗窃、诈骗、侵占等犯罪，"以非法占有为目的"是这类行为主观方面的必有含义。在这一类目的犯中，作为构成要件的犯罪目的对纳入刑法评价视野的客观方面的犯罪行为的范围没有限定性作用，只是起到补充说明和强调作用，没有这种目的，就谈不上盗窃、诈骗、侵占的存在。(2) 必须在刑法条文中列明的以一定的犯罪目的为构成要件的目的犯。与前一类目的犯不同，这类目的犯所要求的特定犯罪目的对纳入刑法评价视野的客观方面的犯罪行为的范围能起到限定作用，如《刑法》第217条规定的侵犯著作权罪必须"以营利为目的"，我们知道，侵犯著作权的行为可能出于各种目的，除了营利目的外，还可能是损害他人声誉等目的，之所以规定"以营利为目的"，就是为了限制一下纳入刑法调整范围的侵犯著作权行为的范围。但这两类目的犯的犯罪目的都是法定的犯罪构成要件，即都具有法定性，只不过法律在

---

〔1〕 参见刘艳红："论非法定目的犯的构成要件构造及其适用"，载《法律科学（西北政法学院学报）》2002年第5期。

〔2〕 参见肖中华：《犯罪构成及其关系论》，中国人民大学出版社2000年版，第70~74页。

〔3〕 参见高铭暄主编：《刑法学原理》，中国人民大学出版社1993年版，第444页；马克昌主编：《犯罪通论》，武汉大学出版社1991年版，第65~66页；张明楷：《刑法学》（上），法律出版社2016年版，第115页。

立法技术上有所区别而已,有的必须明确列明,有的则为了立法的简约不再列明(题中应有之意)。[1]在犯罪目的的司法认定中,几乎都要根据行为表现等客观事实来推定其存在。我国有不少司法解释性文件对犯罪目的的推定作出了明确规定。

1. 金融诈骗罪非法占有目的的一般推定规则

金融诈骗犯罪都是以非法占有为目的的犯罪。在司法实践中,认定是否具有非法占有的目的,应当坚持主客观相一致的原则,既要避免单纯根据损失结果客观归罪,也不能仅凭被告人自己的供述,而应当根据案件具体情况具体分析。根据司法实践,对于行为人通过诈骗的方法非法获取资金,造成数额较大资金不能归还,并具有下列情形之一的,可以认定为具有非法占有的目的:第一,明知没有归还能力而大量骗取资金的;第二,非法获取资金后逃跑的;第三,肆意挥霍骗取资金的;第四,使用骗取的资金进行违法犯罪活动的;第五,抽逃、转移资金、隐匿财产,以逃避返还资金的;第六,隐匿、销毁账目,或者搞假破产、假倒闭,以逃避返还资金的;第七,其他非法占有资金、拒不返还的行为。但是,在处理具体案件的时候,对于有证据证明行为人不具有非法占有目的的,不能单纯以财产不能归还就按金融诈骗罪处罚。[2]

2. 集资诈骗罪非法占有目的的推定规则

集资诈骗罪是金融诈骗罪中具有涉众型特征的一种常见多发犯罪。其"非法占有目的"认定在司法实践中较为频繁,具体疑难问题较多。

(1)普通集资诈骗罪非法占有目的的推定规则。有关司法解释规定,使用诈骗方法非法集资,具有下列情形之一的,可以认定为"以非法占有为目的":第一,集资后不用于生产经营活动或者用于

---

[1] 在金融诈骗罪中一些犯罪列明"以非法占有为目的",而另外一些未列明,这种立法不统一的做法值得检讨,笔者认为,对诈骗型犯罪的"以非法占有为目的"要件,因为是"诈骗"行为的应有含义,要么都不列明,要么都列明,以视强调。

[2] 2001年1月21日最高人民法院印发的《全国法院审理金融犯罪案件工作座谈会纪要》。

生产经营活动与筹集资金规模明显不成比例,致使集资款不能返还的;第二,肆意挥霍集资款,致使集资款不能返还的;第三,携带集资款逃匿的;第四,将集资款用于违法犯罪活动的;第五,抽逃、转移资金、隐匿财产,逃避返还资金的;第六,隐匿、销毁账目,或者搞假破产、假倒闭,逃避返还资金的;第七,拒不交代资金去向,逃避返还资金的;第八,其他可以认定非法占有目的的情形。[1]

（2）涉互联网集资诈骗罪非法占有目的的推定规则。在信息网络时代,集资诈骗犯罪也与互联网结合起来。相对于线下的集资诈骗罪,涉互联网集资诈骗罪非法占有目的的认定具有一定的特殊性。有关司法解释规定:以非法占有为目的,使用诈骗方法非法集资,是集资诈骗罪的本质特征。是否具有非法占有目的,是区分非法吸收公众存款罪和集资诈骗罪的关键要件,对此要重点围绕融资项目真实性、资金去向、归还能力等事实进行综合判断。犯罪嫌疑人存在以下情形之一的,原则上可以认定具有非法占有目的:第一,大部分资金未用于生产经营活动,或名义上投入生产经营但又通过各种方式抽逃转移资金的;第二,资金使用成本过高,生产经营活动的盈利能力不具有支付全部本息的现实可能性的;第三,对资金使用的决策极度不负责任或肆意挥霍造成资金缺口较大的;第四,归还本息主要通过借新还旧来实现的;第五,其他依照有关司法解释可以认定为非法占有目的的情形。[2]具体而言,认定是否具有非法占有目的,应当坚持主客观相一致的原则,既要避免以诈骗方法的认定替代非法占有目的的认定,又要避免单纯根据损失结果客观归罪,同时也不能仅凭行为人自己的供述,而是应当根据案件具体情况具体分析。对于因经营不善、市场风险等意志以外的原因,造成较大数额的集资款不能返还的,不应当认定为集资诈骗罪;对于行为人使用诈骗方法非法集资,上述规定5种情形之一,致使数额较

---

[1] 2010年12月13日《最高人民法院关于审理非法集资刑事案件具体应用法律若干问题的解释》第4条第2款。

[2] 2017年6月2日《最高人民检察院关于办理涉互联网金融犯罪案件有关问题座谈会纪要》。

大集资款不能返还或者逃避返还，即使行为人不予供认的，也可以认定为集资诈骗罪。[1]

3. 信用卡诈骗罪非法占有目的的推定规则

有关司法解释规定，对于是否以非法占有为目的，应当综合持卡人信用记录、还款能力和意愿、申领和透支信用卡的状况、透支资金的用途、透支后的表现、未按规定还款的原因等情节作出判断。不得单纯依据持卡人未按规定还款的事实认定非法占有目的。具有以下情形之一的，应当认定为《刑法》第196条第2款规定的"以非法占有为目的"，但有证据证明持卡人确实不具有非法占有目的的除外：(1) 明知没有还款能力而大量透支，无法归还的；(2) 使用虚假资信证明申领信用卡后透支，无法归还的；(3) 透支后通过逃匿、改变联系方式等手段，逃避银行催收的；(4) 抽逃、转移资金，隐匿财产，逃避还款的；(5) 使用透支的资金进行犯罪活动的；(6) 其他非法占有资金，拒不归还的情形。[2]对于实践中有的持卡人因短期资金周转不灵或者因客观原因无法及时还款的情形，持卡人只要按照发卡行要求的最低还款额进行还款，或者向发卡行说明情况，积极设法归还，则可以排除其非法占有的目的。[3]

(四) 严格责任犯罪

在奴隶制和封建制刑法中，都曾存在过不问主观心态的结果责任，由结果责任到过错责任是近代法治进步的重要标志。无犯意则无犯人（Non reu nisi mens sit rea）是英国人在确立过错责任原则之后用拉丁语表述的法律格言之一。[4]但是，出于社会公共政策等因

---

[1] 参见刘为波："《关于审理非法集资刑事案件具体应用法律若干问题的解释》的理解与适用"，载《人民司法》2011年第5期。

[2] 2018年11月28日《最高人民法院、最高人民检察院关于办理妨害信用卡管理刑事案件具体应用法律若干问题的解释》第6条。

[3] 参见刘涛："《关于办理妨害信用卡管理刑事案件具体应用法律若干问题的解释》的理解与适用"，载《人民司法》2010年第1期。

[4] 参见张明楷：《刑法格言的展开》，北京大学出版社2013年版，第345～374页。

素的考虑，过错责任原则不断被突破，首先是在民事责任领域出现了严格责任，这在目前大陆法系、英美法系各国和地区都已非常普遍；英美法系国家则走得更远，将严格责任进一步引入了刑事责任领域，承认严格责任犯罪的存在。在我国刑法理论上，对我国刑法立法上是否已经存在严格责任犯罪以及是否应当引入严格责任犯罪存在很大的争议。

1. 严格责任的含义辨析

在外国刑法理论上，对于严格责任的概念也没有一个一致的说法。有人认为严格责任就是无罪过责任，即法律许可对某些缺乏犯罪心态的行为追究刑事责任。[1]也有学者认为，严格责任是一种不问主观过错的刑事责任。[2]笔者认为，后一种理解是准确的，严格责任并非行为人主观上一定没有过错，只是在刑事诉讼中不去具体认定是否存在过错以及何种过错类型。笔者赞同刘仁文教授对严格责任的概念所作的如下界定：严格责任，是指一种不问主观过错的刑事责任。即对某些犯罪的构成不要求一般犯罪构成的主观要件，只要行为人的行为符合法律规定，或者导致了法律规定的某种结果，就可以对其进行起诉或者定罪处罚。[3]笔者认为，严格责任（strict responsibility）与绝对责任（absolute responsibility）、无过错责任（responsibility without fault）不是相同的概念。其中绝对责任和无过错责任是从实体法意义上而言的：绝对责任，是指不管行为人主观上是否有过错以及过错的具体形式如何，行为人都要承担刑事责任，和结果责任无异，在行为人客观上无过错时，违反过错责任原则；无过错责任，是指在行为人主观上没有过错的情况下也需要承担刑事责任，自然违反过错责任原则。严格责任则是从程序法意义上而言的，并非指控方不需要对行为人主观上存在过错进行具体证明，

---

[1] 参见储槐植：《美国刑法》，北京大学出版社1996年版，第86页。

[2] 参见［英］鲁珀特·克罗斯、菲利普·A.琼斯：《英国刑法导论》，赵秉志等译，中国人民大学出版社1991年版，第77~78页；［美］道格拉斯·N·胡萨克：《刑法哲学》，谢望原等译，中国人民公安大学出版社1994年版，第137页。

[3] 参见刘仁文：《严格责任论》，中国政法大学出版社2000年版，第22页。

只有其有客观行为就推定其有过错,但允许行为人反证推翻推定。因此,严格责任并不是和过错责任相对应的概念。

2. 严格责任犯罪的刑事政策基础

具体而言,英美法系刑法上承认严格责任犯罪主要是基于以下3个方面的刑事政策考虑:

第一,是保证某些维护公众重大利益的法律得以实施的需要。在实践中,有一些犯罪(如公害犯罪)对公众利益具有很大的危害性,而对这些犯罪来说,要证明其主观上具有犯罪意图(故意或过失)往往是非常困难的,如果把犯罪意图规定为必备的犯罪构成要件,绝大多数案件都会因控方无法否认其无犯罪意图的抗辩而逃避处罚,这就会导致这些与公众重大利益密切相关的法律形同虚设而无法实施,这不符合公众利益。

第二,是更有效地预防特定犯罪的需要。因为某些犯罪与公众的重大利益紧密相关,法律将其规定为无罪过犯罪,能有效地防止这些犯罪发生,因为这些犯罪没有任何基于罪过进行无罪辩护的余地,相比规定要求罪过的犯罪的法律而言,更能使有关人员更加恪尽职守,更加注意避免这些犯罪发生。

第三,是节约诉讼资源的需要。这与第一点是密切相关的。由于控方查明被告人是否具有犯罪意图以及具有何种具体的犯罪心理非常困难,而裁判法院、地方法院的工作任务十分繁重,因而,将这些难以认定犯罪意图的犯罪规定为无罪过犯罪,减轻了控方的证明责任而节约了有限的诉讼资源,有利于提高司法效率。

3. 中国刑法中是否应当引入严格责任

对于我国刑法上是否应当引入严格责任的概念以及我国刑法立法是否已经存在严格责任犯罪,理论上存在不同的看法。

(1)肯定说。这种主张认为我国刑法立法应当引入严格责任犯罪,甚至有论者认为我国刑法立法事实上已经规定了严格责任犯罪。有论者认为,英国刑法上的严格责任是控方对于犯罪行为的一个或几个要素不需要证明相应犯意的责任,存在制定法和普通法上的辩护理由,体现了立法者与被告方在举证责任上的博弈,是一种强调效率又兼顾公正的法律制度。立法技术上引入可反驳推定不乏为借鉴严格责任有效而可行的手段。[1]有论者认为，无论是1979年《刑法》还是1997年《刑法》，以及在此期间颁布的一些单行刑事法规，都涉及严格责任的适用，这说明在刑法领域，我国在坚持主客观相统一原则的前提下，肯定了严格责任的价值。[2]有论者认为，危险驾驶罪属于严格责任犯罪。危险驾驶罪适用严格责任具有重要的价值与意义，能够有效地实现个人权利保障与社会公共利益保护的协调和平衡，提高诉讼效率，充分体现刑法预防犯罪的机能。[3]有论者认为，严格责任犯罪确实引发了不少问题，但国外为解决严格责任犯罪引发的各种问题提出了替代、限制或改造的方案。这些方案对于我们正确对待严格责任犯罪具有启示意义。[4]也有观点主张专门针对环境犯罪引入严格责任。如有论者认为，考虑到环境污染与自然资源破坏的严峻现状，以及环境犯罪行为本身所具有的特殊性、复杂性、专业性特征，坚持在环境犯罪中适用严格责任制度具有现实与理论层面的可行性，不仅可以有效缓解环境危机，增加潜在环境犯罪行为人的犯罪成本，还能够降低公诉机关的举证难度，提高司法工作效率。但严格责任制度在司法适用过程中要受到一定条件的限制，只有在企业作为犯罪主体的污染型环境犯罪中才可以适用严格责任。[5]有论者认为，我国刑法应当引入相对严格责任，严格责任的适用应限制在污染环境罪之中；严格保证被告人的辩护权，强化对辩护理由是否成立的判断；严格遵循刑法基本原则，确

---

[1] 参见周新："英国刑法严格责任的构造与借鉴"，载《政治与法律》2011年第2期。

[2] 参见张中："浅析我国刑法中的严格责任"，载《研究生法学》1999年第2期。

[3] 参见扈晓芹："严格责任适用下的危险驾驶罪认定"，载《宁夏社会科学》2012年第6期。

[4] 参见赖早兴："美国刑法中的严格责任犯罪：争议、解决方案及其启示"，载《环球法律评论》2018年第3期。

[5] 参见李佩遥："论严格责任适用于我国环境犯罪的可行性"，载《社会科学家》2019年第11期。

保司法公正。[1]有论者认为，无过错责任与刑法主客观相一致相违背，属于绝对责任，不应当适用于环境犯罪当中；现代意义上的严格责任属于过错推定责任，污染型环境犯罪中可以适用之。[2]有论者认为，在我国环境刑法中不宜大范围适用严格责任，而严格责任对自然环境主体价值的重视和对刑法目的实现的促进作用则决定了在我国环境刑法中严格责任仍具有一定的适用空间。我国环境刑法中严格责任适用的罪型条件应为污染环境犯罪，刑度条件应为可能判处定罪免刑或者定罪轻刑的环境犯罪。[3]

（2）否定说。这种主张反对我国刑法引入严格责任的概念，也否定我国刑法立法已经规定了严格责任。有论者认为，我国刑法不应该确立严格责任制度，理由有四：严格责任制度的确立会违背刑法正义；严格责任制度会破坏我国犯罪构成的合理架构，造成犯罪构成理论的混乱；相对严格责任制度违背了无罪推定原则；英美法系国家所规定的绝大多数严格责任犯罪，在我国只认为是一般的行政违法行为或民事违法行为。[4]有论者认为不应将持有型犯罪、巨额财产来源不明罪和奸淫幼女犯罪这几种主观方面争议较大的犯罪作为我国刑法立法已有严格责任犯罪的例证，对这些即便是控诉方主观罪过证明责任相对较轻的罪名，也不能用严格责任制度进行解释。[5]

4. 中国刑法应当建立基于过错责任原则的罪过推定规则

笔者认为，在此问题上应当采取兼顾传统法治原则和现实司法

---

[1] 参见郑祖星："环境犯罪中相对严格责任的引入与适用"，载《江西社会科学》2021年第1期。

[2] 参见曾粤兴、周兆进："环境犯罪严格责任研究"，载《宁夏社会科学》2015年第1期。

[3] 参见侯艳芳："我国环境刑法中严格责任适用新论"，载《法学论坛》2015年第5期。

[4] 参见欧锦雄："刑法上严格责任之否定"，载《杭州商学院学报》2004年第3期。

[5] 参见于佳佳："我国刑法中严格责任之否定"，载《法治论丛》2006年第4期。

需要的折衷立场。

（1）应当坚持过错责任原则。但无论如何理解，实行严格责任都可能出现对无罪过的行为追究刑事责任的情况。2003年1月17日，最高人民法院发布的《最高人民法院关于行为人不明知是不满十四周岁的幼女，双方自愿发生性关系是否构成强奸罪问题的批复》指出："行为人明知是不满十四周岁的幼女而与其发生性关系，不论幼女是否自愿，均应依照刑法第二百三十六条第二款的规定，以强奸罪定罪处罚；行为人确实不知对方是不满十四周岁的幼女，双方自愿发生性关系，未造成严重后果，情节显著轻微的，不认为是犯罪。"这一司法解释公布后，未在刑法学界引起多大的关注，却引起了法理学界一些学者的高度重视。法理学家苏力教授就撰文对该解释提出了不同的意见，认为我国《刑法》第236条第2款"奸淫不满十四周岁的幼女的，以强奸论"的规定就是严格责任的规定。〔1〕笔者认为，基于公平原则对无过错的行为追究民事责任、〔2〕予以行政处罚的行政违法行为不以过错责任为要件。〔3〕该理论目前在法理上已经没有障碍，但把严格责任引入事关剥夺公民自由等重大法益的刑法领域是违背主客观相统一原则的，有导致客观归罪的危险，也不符合刑法的人权保障机能，应坚决予以反对。

（2）建立合理的罪过推定规则。我国刑法坚持主客观相统一原则，要求对包括主观罪过在内的构成要件要素进行证明。刑事诉讼法上也奉行实质真实原则，要求对任何犯罪事实的认定都要达到事实清楚、证据确实、充分的程度，即使被告人作出了有罪供述，法

---

〔1〕 参见苏力："司法解释、公共政策和最高法院——从最高法院有关'奸淫幼女'的司法解释切入"，载《法学》2003年第8期。

〔2〕 《中华人民共和国民法典》（以下简称《民法》）第1165条规定："行为人因过错侵害他人民事权益造成损害的，应当承担侵权责任。依照法律规定推定行为人有过错，其不能证明自己没有过错的，应当承担侵权责任。"第1166条规定："行为人造成他人民事权益损害，不论行为人有无过错，法律规定应当承担侵权责任的，依照其规定。"

〔3〕 《中华人民共和国行政处罚法》（以下简称《行政处罚法》）没有规定过错责任原则。

院仍要结合全案证据来判定被告人的犯罪事实是否可以得到证明。在上述两个基本原则的作用下,源自英美法的推定制度在中国刑事法中没有生长空间。立法在设置刑法上的构成要件时,偏重构成要件的严密性,忽视构成要件事实的可证明性。"明知""以非法占有为目的"等主观方面要素的可证明性在司法实践中最为突出。[1]但司法解释已经开始引入基于一定的客观事实推定主观要素的尝试,缓解了司法机关对主观要件的证明困难。避免了主观任意性的泛滥,统一了司法尺度。事实证明这是一种解决坚持过错责任原则和满足司法现实需要的可行办法。当然推定规则的构建还有许多需要斟酌、完善的地方。

---

[1] 参见陈瑞华:《刑事证据法学》,北京大学出版社2014年版,第340页。

第四章 正当行为论中与刑事诉讼法相关联的问题

正当行为是指客观上造成一定的损害结果，形式上符合犯罪的某些构成要件，但实际上不具有社会危害性或者对社会利大于弊，因而被认为不具有刑事违法性的行为。在德日刑法上通常被称为违法阻却事由、违法性阻却事由或者正当化事由，[1]在正当行为论中，法令行为是与刑事诉讼法密切相关的正当行为类型。法令行为，是指直接根据成文法律或命令的规定，作为权利或者义务而实施的行为。[2]刑事诉讼法上的法令行为的主体通常是国家司法工作人员，但也可以是普通公民。司法机关工作人员在刑事诉讼活动中，依据《刑事诉讼法》等法律的规定，享有实施相关司法行为、采取相关司法措施的权力，这是刑事诉讼顺利进行的重要保证。但是正如英国学者阿克顿（John Acton）所言"权力导致腐败，绝对权力绝对导致腐败。（Power tends to corrupt, and absolute power corrupts absolutely.）"[3]所以，"要加强对权力运行的制约和监督，把权力关进制度的笼子里"。[4]2012年《刑事诉讼法》和2018年《刑事诉讼法》及有关的司法解释等，针对司法机关在刑事诉讼中的法令行为作出了更为具体的规定。需要注意的是，同其他的正当行为类

---

[1] 参见张明楷编著：《外国刑法纲要》，清华大学出版社2007年版，第150页。
[2] 参见马克昌：《比较刑法原理：外国刑法学总论》，武汉大学出版社2002年版，第399页。
[3] 李泽厚："应是'绝对权力绝对导致腐败'"，载《读书》2001年第6期。
[4] 习近平总书记在中国共产党第十八届中央纪律检查委员会第二次全体会议上的讲话。

型一样，法令行为的成立都必须符合一定的成立条件，否则就不能阻却违法性而是滥用职权或者权利的违法行为，应当承担乃至包括刑事责任在内的各种法律责任。与刑事诉讼法有关的法令行为主要包括以下四类：

一、扭送行为的正当化条件

我国《刑事诉讼法》第84条赋予普通公民扭送犯罪嫌疑人的权利。公民依据该规定实施扭送行为，属于法令行为，符合相应的条件的，阻却违法性。有的国家在刑法中明确规定了这种正当行为类型。例如，《加拿大刑事法典》第25条明确规定，私人如果基于合理理由，于执行或实施法律中，经法律要求或许可为一定之行为，其行为以及为此而使用之必要武力，应视为正当。[1]《俄罗斯联邦刑法典》第38条规定："为了将犯罪人押解到权力机关或为了制止犯罪人实施新的犯罪的可能而在拘捕犯罪人时对犯罪人造成损害，如果不可能用其他手段拘捕犯罪人而且也没有超过为达此目的所必需的方法，则不是犯罪。如果采取的方法显然与被拘捕人所实施犯罪的社会危害性的性质和程度及与拘捕犯罪人时的情况不相当，而对被拘捕人造成显然过分的，并非情势所致的损害，则是超过拘捕犯罪人所必需的方法。只有在故意造成损害的情况下，才应对超过拘捕犯罪人所必需的方法造成的损害承担刑事责任。"[2]《白俄罗斯共和国刑法典》第35条规定："在犯罪人试图或者可能逃避侦查或者审判时，为了将其移交有权机关或者阻止其实施新的犯罪而对其进行抓捕而对其造成损害的，如果没有抓捕该人的其他手段并且未超过该手段所必需之程度的，不是犯罪行为。如果所采取的手段与被抓捕人所实施犯罪之社会危害的性质和程度以及抓捕时的情势明显不相当，在非因紧急避险的情况下对其造成明显过分的并非情势

---

[1] 参见卞建林等译：《加拿大刑事法典》，中国政法大学出版社1999年版，第26页。

[2] 黄道秀译：《俄罗斯联邦刑法典》，中国法制出版社2004年版，第14~15页。

所致的损害的,是抓捕犯罪人所必须手段的过当。只有在故意地剥夺生命或者造成严重或较重的身体伤害的情况下,这种过当行为才承担刑事责任。抓捕犯罪人的权利,既可以是获得特别授权的人,也可以是被害人或者其他公民。"〔1〕《哈萨克斯坦共和国刑法典》第33条也有类似规定。〔2〕扭送行为的正当化条件如下:

（一）对象条件

为了使公民正确行使扭送权利,也考虑到公民的扭送是在没有任何批准和决定程序的情况下进行的,从保障公民权利的角度出发,刑事诉讼法对公民扭送的对象范围进行了严格的限制,对于需要通过侦查活动收集证据和审查后才能确定是否可以作为犯罪嫌疑人进行追究的,一般不要求公民进行扭送。根据《刑事诉讼法》第84条的规定,扭送只能适用于下列4种对象:（1）正在实行犯罪或者在犯罪后即时被发觉的人。对于只是认为可能实施犯罪的人,应当向司法机关控告、举报,由司法机关决定如何处理。（2）通缉在案的人。（3）越狱逃跑的人。（4）正在被追捕的人。

（二）限制条件

公民扭送行为也要受到一定的限制。主要有:（1）手段不能超过必要限度。只能采取未超过抓捕扭送所必需的约束自由的手段,不能对被扭送人造成非必要的人身损害。更不能实施侮辱、虐待等行为。（2）应当尽快移交司法机关处理。即应当立即扭送公安机关、人民检察院或者人民法院处理。在控制住扭送对象后,如果无正当理由延迟移交的,其行为性质就可能转化为非法拘禁行为。

二、采取刑事强制措施行为的正当化条件

刑事强制措施,是指侦查、检察和审判机关为保证刑事诉讼的顺利进行,依法对犯罪嫌疑人、被告人所采取的在一定期限内暂时

---

〔1〕 陈志军译:《白俄罗斯共和国刑法典》,中国政法大学出版社2016年版,第19~20页。

〔2〕 参见陈志军译:《哈萨克斯坦共和国刑法典》,中国政法大学出版社2016年版,第24页。

第四章 正当行为论中与刑事诉讼法相关联的问题

限制或剥夺其人身自由的法定的强制方法。[1]我国的刑事诉讼法规定的刑事强制措施包括拘传、取保候审、监视居住、拘留、逮捕5种。每一种刑事强制措施都有其适用条件，司法机关及其工作人员应当按照法定条件和程序适用刑事强制措施，才能成为刑法上的正当行为。违法滥用刑事强制措施的行为可能构成非法拘禁罪、滥用职权罪等犯罪。

(一) 拘传的正当化条件

拘传，是指公安机关、人民检察院、人民法院对于未被羁押的犯罪嫌疑人、被告人，依法强制（包括使用戒具）其到案接受讯问的一种强制方法。这是最轻的一种刑事强制措施。需要注意的是，拘留本是刑事诉讼法针对现行犯等紧急情况授权侦查机关采取的一种临时性应急措施，但在现行犯的处理实践中，基层侦查机关很少直接使用刑事拘留，而通常代之以前述的留置盘问、治安传唤、刑事传唤、拘传或者没有合法明确的询问等到案措施，拘留实质上已经变异为立案后、逮捕前的一种羁押措施。[2]拘传的正当化条件如下：

1. 前提条件

拘传通常在传唤以后才适用。传唤是指司法机关使用传票通知犯罪嫌疑人、被告人在指定的时间自行到指定的地点接受讯问。传唤与拘传的目的都是要求犯罪嫌疑人、被告人接受讯问，但传唤是自动到案，不是强制措施。实践中，一般是在经传唤后犯罪嫌疑人、被告人无正当理由不到案时才适用拘传。但是，如果不拘传，犯罪嫌疑人、被告人可能逃跑或者走漏消息的，也可以不经传唤，直接拘传犯罪嫌疑人、被告人。

2. 报批条件

拘传应当由案件的承办人提出申请，填写《呈请拘传报告书》

---

[1] 参见龙宗智、杨建广主编：《刑事诉讼法》，高等教育出版社2007年版，第256页。

[2] 参见周长军："现行犯案件的初查措施：反思性研究——以新《刑事诉讼法》第117条对传唤、拘传的修改为切入"，载《法学论坛》2012年第3期。

并经本部门负责人审核后,由县级以上公安局局长、人民检察院检察长、人民法院院长批准,签发拘传证(法院称拘传票)。

3. 地点条件

拘传应当在被拘传人所在市、县公安机关执法办案场所进行讯问。如果犯罪嫌疑人的工作单位与居住地不在同一市、县的,拘传应当在犯罪嫌疑人的工作单位所在的市、县进行;特殊情况下,也可以在犯罪嫌疑人居住地所在的市、县内进行。

4. 令状条件

拘传应当向被拘传人出示拘传证,并责令其在拘传证上签名、捺指印。执行拘传的司法人员不得少于2人。抗拒拘传的,可以使用戒具强制到案。被拘传人到案后,应当责令其在拘传证上填写到案时间;拘传结束后,应当由其在拘传证上填写拘传结束时间。被拘传人拒绝填写的,司法人员应当在拘传证上注明。

5. 期限条件

拘传持续的时间不得超过12小时;案情特别重大、复杂,需要采取拘留、逮捕措施的,拘传持续的时间不得超过24小时。不得以连续拘传的形式变相拘禁犯罪嫌疑人。应当保证被拘传人的饮食和必要的休息时间。拘传期限届满,未作出采取其他强制措施决定的,应当立即结束拘传。对于非法拘传行为,应当追究行政法律责任甚至刑事责任。在实践中就存在以连续拘传的形式变相延长控制犯罪嫌疑人期限的现象。[1]例如,孔某与金某为邻居。2002年12月某日,孔某与金某因门前排水问题发生争执,继而酿成殴斗。在殴斗过程中,孔某头部受伤,经法医鉴定为轻伤。公安机关在调查处理的过程中,对金某实施连续传唤,限制其人身自由达8天之久。后因金某的行为不构成犯罪,被无罪释放。该案中侦查机关以连续传唤的方式非法限制公民的人身自由,侵犯了公民的合法权益,应当承担法律责任。

---

[1] 参见陈卫东主编:《刑事诉讼法实施问题调研报告》,中国方正出版社2001年版,第9页;孙长永:"比较法视野中的刑事强制措施",载《法学研究》2005年第1期。

(二) 取保候审的正当化条件

取保候审,是指在刑事诉讼过程中,由犯罪嫌疑人、被告人或者法律规定的其他有权人员提出申请,经公安机关、人民检察院、人民法院同意后,责令犯罪嫌疑人、被告人提出保证人或者交纳保证金,保证犯罪嫌疑人、被告人不逃避或妨碍侦查、起诉和审判,并随传随到的一种强制措施。取保候审的正当化条件如下:

1. 对象条件

对具有下列情形之一的犯罪嫌疑人、被告人,可以取保候审:(1) 可能判处管制、拘役或者独立适用附加刑的。管制是不剥夺人身自由的刑罚,拘役的刑期在 6 个月以下。可能独立适用罚金、剥夺政治权利等附加刑的犯罪,也都是较轻的罪行。可能判处这些刑罚的犯罪嫌疑人、被告人,涉嫌的罪行较轻,不羁押通常不会发生社会危险性。(2) 可能判处有期徒刑以上刑罚,采取取保候审不致发生社会危险性的。对于交通肇事罪等过失犯罪,初犯、偶犯等主观恶性较小的故意犯罪,虽然可能判处有期徒刑以上刑罚,但不羁押不致发生社会危险性的,也可以取保候审。这里的"社会危险性"主要是指《刑事诉讼法》第 81 条第 1 款规定的可能实施新的犯罪,有危害国家安全、公共安全或者社会秩序的现实危险,可能毁灭、伪造证据,干扰证人作证或者串供,可能对被害人、举报人、控告人实施打击报复,企图自杀或者逃跑等情形。判断犯罪嫌疑人、被告人是否具有社会危险性,应当根据犯罪嫌疑人、被告人涉嫌犯罪的性质、情节、认罪认罚等情况综合考虑。(3) 患有严重疾病、生活不能自理,怀孕或者正在哺乳自己婴儿的妇女,采取取保候审不致发生社会危险性的。具体包括 3 种情况:一是患有严重疾病;二是因为年老、残疾等原因生活不能自理;三是怀孕或者正在哺乳自己婴儿的妇女。这一规定体现了人道主义精神。(4) 羁押期限届满,案件尚未办结,需要取保候审的。"羁押期限"包括刑事诉讼法规定的侦查羁押、审查起诉、一审、二审等期限。"尚未办结"是指需要继续侦查、审查起诉或者审判。《刑事诉讼法》第 98 条规定,犯罪嫌疑人、被告人被羁押的案件,不能在本法规定的侦查羁押、审查起诉、一审、二审期限内办结的，对犯罪嫌疑人、被告人应当予以释放；需要继续查证、审理的，对犯罪嫌疑人、被告人可以取保候审或者监视居住。司法解释还对不得适用取保候审的对象作出了规定。2020年《公安机关办理刑事案件程序规定》第82条规定，对累犯，犯罪集团的主犯，以自伤、自残办法逃避侦查的犯罪嫌疑人，严重暴力犯罪以及其他严重犯罪的犯罪嫌疑人不得取保候审，但犯罪嫌疑人具有以下两种情形的除外：患有严重疾病、生活不能自理，怀孕或者正在哺乳自己婴儿的妇女，采取取保候审不致发生社会危险性的；羁押期限届满，案件尚未办结，需要继续侦查的。2019年《人民检察院刑事诉讼规则》第87条规定："人民检察院对于严重危害社会治安的犯罪嫌疑人，以及其他犯罪性质恶劣、情节严重的犯罪嫌疑人不得取保候审。"对于取保候审适用对象的范围，有论者认为应当进一步扩大，应当贯彻国际人权法中的"羁押例外"原则，借鉴英美法"保释"制度，应当扩大取保候审的适用范围，使多数犯罪嫌疑人、被告人能够在基本自由的状态下等候传讯或审判。[1] 有权提出取保候审申请的人员包括：犯罪嫌疑人、被告人及其法定代理人、近亲属或者辩护人。

2. 保证条件

保证措施是为了确保被取保候审人及时到案、不妨碍刑事诉讼正常进行，并对其起到约束力的措施。具体包括提出保证人（人保）或者交纳保证金（财保）两种。公安司法机关决定对犯罪嫌疑人、被告人取保候审的，应当责令犯罪嫌疑人、被告人提出保证人或者交纳保证金。对同一犯罪嫌疑人、被告人，不得同时责令其提出保证人和交纳保证金。在实践中存在保证金设定过低或者过高的情况，都不利于发挥取保候审制度的作用。前者容易导致弃保潜逃，后者容易导致无力缴纳等而不得不被羁押的结局。为此，《刑事诉讼法》第72条第1款规定："取保候审的决定机关应当综合考虑保

---

[1] 参见孙长永："比较法视野中的刑事强制措施"，载《法学研究》2005年第1期。

证诉讼活动正常进行的需要,被取保候审人的社会危险性,案件的性质、情节,可能判处刑罚的轻重,被取保候审人的经济状况等情况,确定保证金的数额。"

3. 审批条件

公安机关、人民检察院、人民法院决定对犯罪嫌疑人、被告人取保候审时,由办案人员提出《取保候审意见书》,经办案部门负责人审核后,由县级以上公安局局长、人民检察院检察长、人民法院院长审批。

4. 执行条件

公安机关、人民检察院、人民法院都有权决定对犯罪嫌疑人、被告人取保候审,但执行机关只有公安机关。公安机关决定取保候审的,应当及时通知被取保候审人居住地的派出所执行。人民法院、人民检察院决定取保候审的,负责执行的县级公安机关应当在收到法律文书和有关材料后24小时以内,指定被取保候审人居住地派出所核实情况后执行。

5. 期限条件

取保候审最长不得超过12个月。在取保候审期间发现不应当追究刑事责任或者取保候审期限届满的,应当及时解除取保候审。解除取保候审,应当及时通知被取保候审人和有关单位。

(三)监视居住的正当化条件

监视居住,是指公安机关、人民检察院、人民法院在刑事诉讼过程中对犯罪嫌疑人、被告人采用的,命令其不得擅自离开住所或者指定居所,并对其活动进行监视和控制的一种强制措施。有主张认为,监视居住与取保候审难于区分,而且有时还成为变相拘禁,使监视居住失去应有的独立存在的价值,不取消不足以防止其弊端。[1]但2012年《刑事诉讼法》没有采纳这种主张,将其重新定位为逮捕的替代措施。监视居住的正当化条件如下:

---

〔1〕 参见徐静村主编:《21世纪中国刑事程序改革研究〈中华人民共和国刑事诉讼法〉第二修正案学者建议稿》,法律出版社2003年版,第255页。

1. 对象条件

可以适用监视居住的对象具体包括下列 4 种类型：（1）符合逮捕条件，有下列情形之一的犯罪嫌疑人、被告人：第一，患有严重疾病、生活不能自理的人。"患有严重疾病"，主要是指病情严重，生命垂危、在羁押场所内容易导致传染、羁押场所的医疗条件无法治疗该种疾病需要外出就医、确需家属照料生活等情况。"生活不能自理"，是指因年老、严重残疾等导致丧失行动能力，无法自己照料自己的基本生活，需要他人照料的情形。第二，怀孕或者正在哺乳自己婴儿的妇女。第三，系生活不能自理的人的唯一扶养人。这里的"扶养"应作广义理解，既包括父母对子女的抚养、子女对父母的赡养，也应包括配偶之间、兄弟姐妹之间的扶养，还应包括丧偶儿媳、女婿对公婆、岳父母的赡养等。第四，因案件的特殊情况或者办理案件的需要，采取监视居住措施更为适宜的人。"案件的特殊情况"，一般是指案件的性质、情节等表明虽然犯罪嫌疑人、被告人符合逮捕条件，但是采取更为轻缓的强制措施不致发生可能实施新的犯罪等社会危险性，或者因为案件的特殊情况，对犯罪嫌疑人、被告人采取监视居住措施能够取得更好的社会效果的情形。"办理案件的需要"，是指从有利于继续侦查犯罪，或者诉讼活动获得更好的社会效果出发，对本来应当逮捕的犯罪嫌疑人、被告人采取监视居住措施。第五，羁押期限届满，案件尚未办结，需要采取监视居住措施的人。（2）符合取保候审条件，但不能提出保证人，也不交纳保证金的犯罪嫌疑人、被告人。（3）在取保候审期间违反监督管理规定的被取保候审人。（4）人民检察院决定不批准逮捕，公安机关认为需要继续侦查，并且符合监视居住条件的犯罪嫌疑人。

2. 令状条件

对犯罪嫌疑人、被告人监视居住，应当制作呈请监视居住报告书，说明监视居住的理由、采取监视居住的方式以及应当遵守的规定，经县级以上公安机关负责人、人民检察院检察长、人民法院院长批准，制作监视居住决定书。监视居住决定书应当向犯罪嫌疑人、被告人宣读，由犯罪嫌疑人、被告人签名、捺指印。

3. 地点条件

监视居住有两种执行地点：（1）犯罪嫌疑人、被告人的住处。监视居住一般应当在犯罪嫌疑人、被告人的住处执行。"住处"，是指犯罪嫌疑人、被告人在办案机关所在地的市、县内学习、生活、工作的合法住所。（2）指定的居所。仅限于两种情形，一是无固定住处。即犯罪嫌疑人、被告人在办案机关所在地的市、县内没有合法住所。二是涉嫌危害国家安全犯罪、恐怖活动犯罪，在住处执行可能有碍侦查的。"有碍侦查"主要是指有下列情形之一的：可能毁灭、伪造证据，干扰证人作证或者串供的；可能自杀或者逃跑的；可能导致同案犯逃避侦查的；在住处执行监视居住可能导致犯罪嫌疑人面临人身危险的；犯罪嫌疑人的家属或者其所在单位的人员与犯罪有牵连的；可能对举报人、控告人、证人及其他人员等实施打击报复的。需要注意的是，无论如何监视居住不得在羁押场所、专门的办案场所或者办公场所执行。指定的居所应当符合下列条件：具备正常的生活、休息条件；便于监视、管理；能够保证办案安全。此前主张废除监视居住的一个重要论据就是监视居住异化为另一种羁押措施，司法实践中也曾出现过恣意指定监视居住场所以及建立专门监视居住场所等做法。[1]对指定居所监视居住的规范，是2012年《刑事诉讼法》的重要进展。

4. 执行条件

公安机关、人民检察院、人民法院都有权决定对犯罪嫌疑人、被告人监视居住，但执行机关只有公安机关。公安机关决定监视居住的，由被监视居住人住处或者指定居所所在地的派出所执行，办案部门可以协助执行。必要时，也可以由办案部门负责执行，派出所或者其他部门协助执行。人民法院、人民检察院决定监视居住的，负责执行的县级公安机关应当在收到法律文书和有关材料后24小时以内，通知被监视居住人住处或者指定居所所在地的派出所，核实

---

[1] 参见陈卫东、高通："从六个方面重塑监视居住制度"，载《检察日报》2012年4月4日，第3版。

被监视居住人身份、住处或者居所等情况后执行。必要时，可以由人民法院、人民检察院协助执行。

5. 期限条件

监视居住的期限最长不得超过6个月。在监视居住期间发现不应当追究刑事责任或者监视居住期限届满的，应当及时解除监视居住。解除监视居住，应当及时通知被监视居住人和有关单位。正如有论者所指出的那样，应当注意防止监视居住演变为变相拘禁。[1]

（四）拘留的正当化条件

拘留，是指公安机关、人民检察院在侦查过程中，在紧急情况下，依法临时剥夺现行犯或者重大嫌疑分子的人身自由一种强制措施。拘留的正当化条件如下：

1. 对象条件

拘留只适用于具有法定紧急情况的现行犯或者重大嫌疑分子。现行犯是指正在实施犯罪的人。包括正在预备犯罪、正在实行犯罪，或者犯罪刚刚结束，尚未离开现场，在场目击的人或者随后追查犯罪的人可以确认系其实施的犯罪嫌疑人。重大嫌疑分子，一般是指侦查机关通过侦查，已有大量的证据能够基本证明系其实施的犯罪嫌疑人。在实践中，应当注意避免将"重大嫌疑分子"泛化理解。因为"重大嫌疑分子"往往呈现出犯罪的非现实性、时间的非紧接性和对象的可能性等特点，本质上并非属于紧急情况。[2]具体而言，公安机关对于现行犯或者重大嫌疑分子，如果有下列紧急情形之一的，可以先行拘留：正在预备犯罪、实行犯罪或者在犯罪后即被发觉的；被害人或者在场亲眼看见的人指认他犯罪的；在身边或者住处发现有犯罪证据的；犯罪后企图自杀、逃跑或者在逃的；有毁灭、伪造证据或者串供可能的；不讲真实姓名、住址，身份不明的；有流窜作案、多次作案、结伙作案重大嫌疑的。人民检察院对

---

[1] 参见陈光中、张小玲："中国刑事强制措施制度的改革与完善"，载《政法论坛》2003年第5期。

[2] 参见周登谅、项谷："刑事拘留制度的错位及矫正"，载《上海政法学院学报（法治论丛）》2011年第3期。

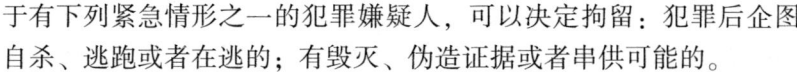
第四章 正当行为论中与刑事诉讼法相关联的问题

于有下列紧急情形之一的犯罪嫌疑人,可以决定拘留:犯罪后企图自杀、逃跑或者在逃的;有毁灭、伪造证据或者串供可能的。

2. 程序条件

公安机关拘留犯罪嫌疑人,应当填写呈请拘留报告书,经县级以上公安机关负责人批准,制作拘留证。执行拘留时,必须出示拘留证,并责令被拘留人在拘留证上签名、捺指印,拒绝签名、捺指印的,侦查人员应当注明。紧急情况下,应当将犯罪嫌疑人带至公安机关后立即审查,办理法律手续。人民检察院拘留犯罪嫌疑人,应当由办案人员提出意见,部门负责人审核,检察长决定。人民检察院作出拘留决定后,应当将有关法律文书和案由、犯罪嫌疑人基本情况的材料送交同级公安机关执行。在实践中,还需要注意拘留有犯罪嫌疑的人大代表时的特殊批准程序问题。根据《中华人民共和国全国人民代表大会和地方各级人民代表大会代表法》第 32 条的规定,对县级以上的各级人民代表大会代表实行拘留,执行拘留的公安机关应当立即向被拘留人的本级人民代表大会主席团或者人民代表大会常务委员会报告。对乡、民族乡、镇的人民代表大会代表采取拘留措施,执行拘留的公安机关应当立即报告乡、民族乡、镇的人民代表大会。

3. 期限条件

拘留后,应当立即将被拘留人送看守所羁押,至迟不得超过 24 小时。异地执行拘留的,应当在到达管辖地后 24 小时以内将犯罪嫌疑人送看守所羁押。

(五)逮捕的正当化条件

逮捕,是指公安机关、人民检察院、人民法院为防止犯罪嫌疑人或者被告人逃避侦查、起诉或审判,实施妨害刑事诉讼的行为,或者发生社会危险性,而依法剥夺其人身自由予以羁押的一种强制措施。《公民权利和政治权利国际公约》第 9 条第 1 款规定:"人人有权享有人身自由和安全。任何人不得加以任意逮捕或拘禁。除非依照法律所确定的根据和程序,任何人不得被剥夺自由。"逮捕是一种最为严厉的刑事强制措施,能用其他强制措施的尽量使用其他强制措施。逮捕是确保刑事诉讼顺利进行的重要手段，但如果错捕滥捕，就会伤害无辜，侵犯人权。所以必须坚持"少捕、慎捕"政策，对于可捕可不捕的坚决不捕。但在实践中，逮捕的适用率是很高的。根据最高人民检察院每年的工作报告中的数据，全国检察机关批准逮捕的比率近几年长期维持在90%左右。[1]因而更应当注意严格把握逮捕的适用条件，防止滥捕。逮捕的正当化条件如下：

1. 对象条件

逮捕的对象包括：（1）可能判处徒刑以上刑罚的犯罪嫌疑人、被告人。这就说明，逮捕一般只适用于比较严重的犯罪。这需要基于案件事实结合刑法的规定进行认定。（2）违反取保候审、监视居住规定情节严重的被取保候审、监视居住的犯罪嫌疑人、被告人。

2. 证据条件

逮捕的证据条件是有证据证明有犯罪事实。"有证据证明有犯罪事实"是指同时具备下列情形：第一，有证据证明发生了犯罪事实；第二，有证据证明该犯罪事实是犯罪嫌疑人实施的。"有证据证明有犯罪事实"并不要求查清全部犯罪事实。其中犯罪事实既可以是单一犯罪行为的事实，也可以是数个犯罪行为中任何一个犯罪行为的事实。即只要有物证、书证、证人证言、陈害人陈述、鉴定意见等证据中的任何一种证据能证明犯罪嫌疑人、被告人实施了犯罪行为，就达到了逮捕的证据条件，并不要求先把犯罪的证据都拿到手。

3. 实质条件

1996年《刑事诉讼法》就将"社会危险性"规定为逮捕的实质条件，但长期以来司法解释都没有明确界定"社会危险性"的含义和判断标准，这导致了司法实践中逮捕适用的扩张，促使了批捕率、捕后判轻刑比率较高。[2]2012年修正后的《刑事诉讼法》建

---

[1] 参见谢佑平、张海祥："论刑事诉讼中的强制措施"，载《北京大学学报（哲学社会科学版）》2010年第2期。

[2] 参见钱云华、汪薇："从刑法学角度解析新刑诉法逮捕条件中的'社会危险性'"，载《中国检察官》2013年第1期。

立了逮捕后继续羁押必要性审查制度。2018年修正后的《刑事诉讼法》第81条对逮捕的社会危险性条件的具体含义予以立法化。

（1）社会危险性的具体含义。社会危险性是指具有下列情形之一：第一，可能实施新的犯罪的。是指犯罪嫌疑人多次作案、连续作案、流窜作案，其主观恶性、犯罪习性表明其可能实施新的犯罪，以及有一定证据证明犯罪嫌疑人已经开始策划、预备实施犯罪。第二，有危害国家安全、公共安全或者社会秩序的现实危险的。是指有一定证据证明或者有迹象表明犯罪嫌疑人在案发前或者案发后正在积极策划、组织或者预备实施危害国家安全、公共安全或者社会秩序的重大违法犯罪行为。第三，可能毁灭、伪造证据，干扰证人作证或者串供的。是指有一定证据证明或者有迹象表明犯罪嫌疑人在归案前或者归案后已经着手实施或者企图实施毁灭、伪造证据，干扰证人作证或者串供行为。第四，可能对被害人、举报人、控告人实施打击报复的。是指有一定证据证明或者有迹象表明犯罪嫌疑人可能对被害人、举报人、控告人实施打击报复。第五，企图自杀或者逃跑的。是指犯罪嫌疑人归案前或者归案后曾经自杀，或者有一定证据证明或者有迹象表明犯罪嫌疑人试图自杀或者逃跑。除此之外，还应当注意以下两种情形，在社会危险性条件审查时应当做较为宽松的认定：一是对有证据证明有犯罪事实，可能判处10年有期徒刑以上刑罚的犯罪嫌疑人，应当批准或者决定逮捕；二是对有证据证明有犯罪事实，可能判处徒刑以上刑罚，犯罪嫌疑人曾经故意犯罪或者不讲真实姓名、住址、身份不明的，应当批准或者决定逮捕。

（2）逮捕后的羁押必要性审查。建立和完善羁押必要性审查制度，旨在保障犯罪嫌疑人、被告人的合法权益，降低羁押率，缓解看守所的羁押压力，节约司法成本，有效地防止超期羁押和"一押到底"的现象发生。[1]2012年《刑事诉讼法》新增了这一制度，

---

〔1〕 参见张兆松："论羁押必要性审查制度的十大问题"，载《中国刑事法杂志》2012年第9期。

即犯罪嫌疑人、被告人被逮捕后，人民检察院仍应当对羁押的必要性进行审查。人民检察院发现可以主动启动这种审查，犯罪嫌疑人、被告人及其法定代理人、近亲属或者辩护人也可以申请启动这种审查。经审查认为对不需要继续羁押的，应当建议予以释放或者变更强制措施。有关机关应当在10日以内将处理情况通知人民检察院。

4. 程序条件

（1）批准。需要提请批准逮捕犯罪嫌疑人的，应当经县级以上公安机关负责人批准，制作提请批准逮捕书，连同案卷材料、证据，一并移送同级人民检察院审查批准。省级以下（不含省级）人民检察院直接受理立案侦查的案件，需要逮捕犯罪嫌疑人的，应当报请上一级人民检察院审查决定。[1]人民检察院侦查监督部门负责办理审查逮捕案件，办案人员依法审查后制作审查逮捕意见书，提出批准或者决定逮捕、不批准或者不予逮捕的意见，经部门负责人审核后，报请检察长批准或者决定；重大案件应当经检察委员会讨论决定。人民检察院决定逮捕的，由检察长签发《决定逮捕通知书》。

（2）执行。对于人民检察院批准逮捕的决定，公安机关应当立即执行，并且将执行情况及时通知人民检察院。对于不批准逮捕的，人民检察院应当说明理由，需要补充侦查的，应当同时通知公安机关。对于人民检察院决定不批准逮捕的，公安机关在收到不批准逮捕决定书后，如果犯罪嫌疑人已被拘留的，应当立即释放，发给释放证明书，并将执行回执送达作出不批准逮捕决定的人民检察院。

三、一般侦查行为的正当化条件

侦查行为，是指侦查机关在办理案件过程中，依照法律规定进行的各种专门调查工作和采取的各种强制性措施。[2]侦查行为是刑

---

〔1〕 以往是自侦部门向本检察院的审查批捕部门提请批捕，导致监督不力。2012年12月修正后的最高人民检察院《人民检察院刑事诉讼规则（试行）》第37条作出了应当报请上一级人民检察院批准的新规定。

〔2〕 参见龙宗智、杨建广主编：《刑事诉讼法》，高等教育出版社2007年版，第256页。

事司法活动的基础,其规范化程度是衡量一个国家或者地区刑事法治水平高低的重要指数。抓获犯罪嫌疑人和取得犯罪证据是侦查的两大目的。根据适用的案件范围及条件严格程度,侦查行为有一般侦查行为和特殊侦查行为的分类。一般侦查行为,也称常规侦查行为,是指在侦查活动中使用频率较高,在一般案件中较常实施,不具有特殊性的侦查行为。根据 2012 年《刑事诉讼法》的规定,一般侦查行为包括讯问犯罪嫌疑人、询问证人、勘验、检查、搜查、查封、扣押物证、书证、鉴定和通缉。在实践中,讯问犯罪嫌疑人,询问证人,搜查,查封、扣押物证、书证和通缉都有其正当化条件,否则就是违法乃至犯罪行为。

(一)讯问的正当化条件

讯问是讯问犯罪嫌疑人的简称,是指侦查人员依照法定程序以言词的方式对犯罪嫌疑人进行提问并要求回答的一种侦查活动。讯问的主要目的是获取口供。在近现代刑事法治奠基之前,口供在刑事诉讼证据体系中居于核心地位,有"证据之王"之称。司法人员为了获取口供,可以是"八仙过海,各显神通",对其手段没有限制。刑讯就是一种最为古老和常见的获取口供方式。刑事古典学派的代表人物贝卡利亚就指出了刑讯在各国封建刑法中的普遍性:"在诉讼中对犯人进行刑讯,由于为多数国家所采用,已经成为一种合法的暴行。"[1]作为中国封建刑法立法代表的《唐律疏议》更是以立法的形式赋予刑讯以合法地位:"诸应讯囚者,必先以情,审察辞理,反复参验。犹未能决,事须讯问者,立案同判,然后拷讯。"[2]需要指出的是,唐律的这一规定并未将刑讯获取口供置于优先地位,要求司法官员先根据犯罪事实审察犯人供词内容,并反复进行验证,若仍不能作出判断,才能加以拷讯。《唐律疏议》还非常具体地规定了刑讯的方法:"拷囚不得过三度,数总不得过二

---

[1] [意]贝卡利亚:《论犯罪与刑罚》,黄风译,中国大百科全书出版社 1993 年版,第 35 页。

[2] (唐)长孙无忌等撰:《唐律疏议》,刘俊文点校,中华书局 1983 年版,第 552 页。

百,杖罪以下不得过所犯之数。"[1]中世纪刑事司法中的臭名昭著的刑讯荼毒了欧洲近千年。[2]刑讯必然造成这样一种奇怪的后果:无辜者处于比犯罪更坏的境地。尽管二者都受尽折磨,前者却是进退维谷:他或者承认犯罪,接受惩罚,或者在屈受刑讯后,被宣告无罪。但罪犯的情况则对自己有利,当他强忍痛苦而最终被释放时,他就把较重的刑法改变成较轻的刑罚。所以,无辜者只有倒霉,罪犯则占便宜。[3]二战以后,随着国际人权运动的发展,反对刑讯这一刑事诉讼顽疾已经成为人类共识。1966年12月16日通过的《公民权利和政治权利国际公约》第7条规定:"任何人均不得施以酷刑或予以残忍的、不人道的或侮辱性的待遇或刑罚。"1984年12月10日联合国通过的《禁止酷刑和其他残忍、不人道或有辱人格的待遇或处罚公约》第2条规定,每一缔约国应采取有效的立法、行政、司法或其他措施,防止在其管辖的任何领土内出现酷刑的行为。第1条对"酷刑"的含义进行了解释:"'酷刑'系指为了向某人或第三者取得情报或供状,为了他或第三者所为或被怀疑所作的行为对他加以处罚,或为了恐吓或威胁他或第三者,或为了基于任何一种歧视的任何理由,蓄意使某人在肉体或精神上遭受剧烈疼痛或痛苦的任何行为,而这种疼痛或痛苦又是在公职人员或以官方身份行使职权的其他人所造成或在其唆使、同意或默许下造成的。纯因法律制裁而引起或法律制裁所固有或随附的疼痛或痛苦则不包括在内。"刑法实践中的酷刑主要就是刑讯逼供。我国刑事诉讼法也在立法上明确表明了禁止刑讯逼供的立场。为了避免刑讯逼供,刑事诉讼法及有关的司法解释对讯问的正当化条件作出了规定。

1. 主体条件

讯问犯罪嫌疑人必须由人民检察院或者公安机关的侦查人员负

---

[1] (唐)长孙无忌等撰:《唐律疏议》,刘俊文点校,中华书局1983年版,第552页。

[2] 参见马可:"欧洲中世纪的刑讯方法和刑讯程序",载《铁道警官高等专科学校学报》2011年第3期。

[3] 参见[意]贝卡利亚:《论犯罪与刑罚》,黄风译,中国大百科全书出版社1993年版,第38页。

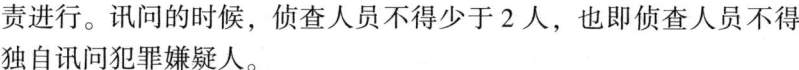
第四章 正当行为论中与刑事诉讼法相关联的问题

责进行。讯问的时候,侦查人员不得少于2人,也即侦查人员不得独自讯问犯罪嫌疑人。

2. 地点条件

有论者认为,讯问场所的失范是刑讯逼供行为滋生的温床。[1] 犯罪嫌疑人被送交看守所羁押以后,侦查人员对其进行讯问,应当在看守所内进行。对不需要逮捕、拘留的犯罪嫌疑人,可以传唤到犯罪嫌疑人所在市、县内的指定地点或者到他的住处进行讯问,但是应当出示人民检察院或者公安机关的证明文件。对在现场发现的犯罪嫌疑人,经出示工作证件,可以口头传唤,但应当在讯问笔录中注明。

3. 保障特殊对象权利条件

讯问下列3类特殊对象的,应当依法落实保障其合法权利的特别规定:第一,讯问聋、哑的犯罪嫌疑人,应当有通晓聋、哑手势的人参加,并且将这种情况记明笔录。第二,对于未成年人刑事案件,在讯问的时候,应当通知未成年犯罪嫌疑人、被告人的法定代理人到场。无法通知、法定代理人不能到场或者法定代理人是共犯的,也可以通知未成年犯罪嫌疑人、被告人的其他成年亲属,所在学校、单位、居住地基层组织或者未成年人保护组织的代表到场,并将有关情况记录在案。第三,讯问女性未成年犯罪嫌疑人,应当有女工作人员在场。

4. 手段条件

讯问手段应当具有合法性。侦查人员必须依照法定程序,收集能够证实犯罪嫌疑人有罪或者无罪、犯罪情节轻重的各种证据。严禁刑讯逼供和以威胁、引诱、欺骗以及其他非法方法收集证据,不得强迫任何人证实自己有罪。但需要指出的是,有论者认为,应当注意区分讯问策略与非法讯问方法的界限。威胁、引诱、欺骗的讯问方法与刑讯逼供一样,都是非法的,当然也是被绝对禁止的,通

---

[1] 参见马李芬:"法治视野下讯问场所的规制",载《山西警官高等专科学校学报》2011年第2期。

过这些方法获得的言词证据不具有可采性。然而，在侦查实践中大力倡导并广泛使用的讯问策略则或多或少包含有威胁、引诱、欺骗的性质，在某种意义上，这些方法甚至就是讯问的一种最高境界，是取代刑讯逼供的最佳方式；全面禁止这些方式，任何讯问都将无法有效进行。正如享有美国现代侦讯之父的佛瑞德·英鲍在《刑事侦讯与自白》一书中所指出的那样，那种"以为只要犯罪侦查者仔细地勘查犯罪现场，他们就能找到蛛丝马迹，使他们顺利发现凶手是谁，然后只要逮到犯人，这些原本千方百计想要脱罪的家伙，也会即刻地和盘托出犯罪经过。当然，这根本是天方夜谭。"因此，对讯问策略一律加以禁止既不现实也不可取。关键在于对讯问策略加以甄别，将不合理的那部分定性为非法讯问方法。可以考虑借鉴外国的相关做法，根据以下两项原则来区分二者的界限：一是不得严重超越公众认可的道德界限，并使公众对良心感到愤慨；二是不应存在使犯罪嫌疑人做出虚假供述的危险。[1]也有学者认为应当根据法定原则、真实原则、合理原则来区分二者的界限。[2]我国刑法第247条规定了刑讯逼供罪：司法工作人员对犯罪嫌疑人、被告人实行刑讯逼供的，处3年以下有期徒刑或者拘役。致人伤残、死亡的，以故意伤害罪或者故意杀人罪从重处罚。

为了避免使用刑讯逼供等非法讯问手段，2012年《刑事诉讼法》建立了讯问同步录音录像制度。这有助于保障犯罪嫌疑人供述的自愿性，遏制刑讯逼供现象。[3]侦查人员在讯问犯罪嫌疑人的时候，可以对讯问过程进行录音或者录像；对于可能判处无期徒刑、死刑的案件或者其他重大犯罪案件，应当对讯问过程进行录音或者录像。[4]根据2020年《公安机关办理刑事案件程序规定》第208

---

〔1〕 参见刘梅湘："论讯问策略与非法讯问方法的界限"，载《中国人民公安大学学报（社会科学版）》2004年第5期。

〔2〕 参见龙宗智："威胁、引诱、欺骗的审讯是否违法"，载《法学》2000年第3期。

〔3〕 参见王金华："论侦查讯问全程同步录音录像制度的完善"，载《广州市公安管理干部学院学报》2008年第1期。

〔4〕 2018年《刑事诉讼法》第123条第1款。

条第1款规定:"……对于可能判处无期徒刑、死刑的案件或者其他重大犯罪案件,应当对讯问过程进行录音录像。"相对《刑事诉讼法》的规定,该司法解释性文件的规定显然扩大了应当对讯问过程进行录音或者录像的案件范围,是一个明显的进步。"可能判处无期徒刑、死刑的案件",是指应当适用的法定刑或者量刑档次包含无期徒刑、死刑的案件。"其他重大犯罪案件",是指致人重伤、死亡的严重危害公共安全犯罪、严重侵犯公民人身权利犯罪,以及黑社会性质组织犯罪、严重毒品犯罪等重大故意犯罪案件。对讯问过程录音或者录像的,应当对每一次讯问全程不间断进行,保持完整性。不得选择性地录制,不得剪接、删改。[1]

(二)询问的正当化条件

询问,是指侦查人员依照法定程序以言词的方式就案件情况向证人或者被害人进行查询并取得证词的一种侦查活动。询问的主要目的就是获取证人证言和被害人陈述这两种言词证据。这两类证据也是法定的证据种类,其真实性和合法性也会对诉讼的结果产生重大影响。根据刑事诉讼法及相关司法解释的规定,询问侦查行为包括以下正当化要件:

1. 主体条件

询问证人、被害人必须由人民检察院或者公安机关的侦查人员负责进行。询问的时候,办案人员不得少于2人。

2. 地点条件

规范询问证人的地点,有助于保护证人的合法权益,减少暴力取证等非法取证行为的发生。刑事诉讼法规定了4种询问证人、被害人的地点:(1)在犯罪现场询问。犯罪现场,包括实施犯罪的现场、产生犯罪结果的现场,也包括与犯罪案件相关联的现场。(2)在证人、被害人所在单位、住处询问。(3)在证人、被害人提出的地点询问。这有利于消除证人、被害人的各种顾虑,调动其提供证言的积极性。(4)在公安机关或者人民检察院询问。在必要的时候,

---

[1] 2020年《公安机关办理刑事案件程序规定》第208条。

可以通知证人、被害人到公安机关提供证言。在检察机关自侦案件中，必要时，也可以通知证人、被害人到人民检察院提供证言。"必要的时候"主要包括：案情涉及国家秘密；证人、被害人所在单位或其家庭成员及住处周围的人员与案件有利害关系，为了防止干扰，保证证人、被害人如实供述及证人的人身安全；证人在侦查阶段不愿公开自己的姓名和作证行为的，为便于为证人保密，消除证人的思想顾虑；等等。

3. 令状条件

在现场询问证人、被害人，侦查人员应当出示工作证件。到证人、被害人所在单位、住处或者证人、被害人提出的地点询问证人、被害人，应当经办案部门负责人批准，制作询问通知书。询问前，侦查人员应当出示询问通知书和工作证件。

4. 程序条件

第一，询问证人、被害人应当个别进行。这是指在同一个案件有多个证人或者被害人需要询问时，应当对每个证人、被害人分别进行询问，并分别制作询问笔录。不能同时询问几个证人、被害人，更不能以集体讨论或者开座谈会的形式进行。

第二，严禁使用非法方法询问。侦查人员不得向证人、被害人泄露案情或者表示对案件的看法，严禁采用暴力、威胁等非法方法询问证人、被害人。我国《刑法》第247条规定了暴力取证罪，司法工作人员使用暴力逼取证人证言的，处3年以下有期徒刑或者拘役。致人伤残、死亡的，以故意伤害罪或者故意杀人罪从重处罚。

第三，遵守询问未成年证人、被害人的特殊规定。询问未成年被害人、证人的，应当通知该未成年人的法定代理人到场。无法通知、法定代理人不能到场的，也可以通知未成年人的其他成年亲属，所在学校、单位、居住地基层组织或者未成年人保护组织的代表到场，并将有关情况记录在案。

（三）搜查的正当化条件

搜查，是指侦查人员为了收集犯罪证据、查获犯罪人，依法对犯罪嫌疑人以及可能隐藏犯罪人或者罪证的人的身体、物品、住处和其他有关地方进行搜索、检查的侦查行为。《宪法》第37条规定："中华人民共和国公民的人身自由不受侵犯……禁止非法搜查公民的身体。"第39条规定："中华人民共和国公民的住宅不受侵犯。禁止非法搜查或者非法侵入公民的住宅。"《公民权利和政治权利国际公约》第17条第1款规定："任何人的私生活、家庭、住宅或通信不得加以任意或非法干涉……"为了确保搜查权不被滥用而侵害公民权利，刑事诉讼法及相关的司法解释对搜查的正当化条件作出了规定。

1. 主体条件

搜查只能由公安机关和人民检察院的侦查人员进行，其他任何机关、单位、个人都无权对公民人身和住宅进行搜查。搜查是法律赋予侦查机关的职权。任何单位和个人，有义务按照人民检察院和公安机关的要求，交出可以证明犯罪嫌疑人有罪或者无罪的物证、书证、视听资料等证据。为了收集犯罪证据、查获犯罪人，侦查人员可以对犯罪嫌疑人以及可能隐藏罪犯或者犯罪证据的人的身体、物品、住处和其他有关的地方进行搜查。执行搜查的侦查人员不得少于2人。

2. 范围条件

《刑事诉讼法》第136条规定："为了收集犯罪证据、查获犯罪人，侦查人员可以对犯罪嫌疑人以及可能隐藏罪犯或者犯罪证据的人的身体、物品、住处和其他有关的地方进行搜查。"由此可见，搜查的范围是"犯罪嫌疑人以及可能隐藏罪犯或者犯罪证据的人的身体、物品、住处和其他有关的地方"。具体而言包括：第一，犯罪嫌疑人的身体、物品和住处。第二，可能隐藏罪犯或者犯罪证据的人的身体、物品、住处。即可能窝藏罪犯或者窝藏罪证的人身、物品和住处。第三，其他有关的地方。即罪犯可能藏身或者隐匿犯罪证据的其他地方。进行搜查的人员，应当文明执法，不得无故损坏搜查现场的物品，不得擅自扩大搜查对象和范围。搜查妇女的身体，应当由女工作人员进行。

3. 令状条件

持证搜查可以有效地证明搜查的合法性，防止非法搜查，保证公民的人身、财产合法权利和住宅不受侵犯。进行搜查，必须向被搜查人出示搜查证，否则被搜查人有权拒绝搜查。公安机关的搜查证，由县级以上公安机关的负责人签发；人民检察院的搜查证，由检察长签发。但是在执行逮捕、拘留的时候，遇有下列紧急情况之一的，不用搜查证也可以进行搜查：可能随身携带凶器的；可能隐藏爆炸、剧毒等危险物品的；可能隐匿、毁弃、转移犯罪证据的；可能隐匿其他犯罪嫌疑人的；其他突然发生的紧急情况。搜查结束后，搜查人员应当在24小时内向公安机关负责人或者检察长报告，及时补办有关手续。实践中，就有一些侦查人员不持搜查证非法搜查而构成犯罪的案例。例如，2006年8月6日晚，原某公安分局巡警大队干警蒋某接到举报：在郊区某乡宫桥村四组有人藏有枪支。蒋某当即请示了分局巡警大队负责人，该巡警大队负责人口头同意其带本局治安科的警员一起去查，但因当时治安科无人上班，蒋某即私自与被告人孙某和陈某（另案处理）、孟某、黄某（2人均在逃）等人于次日凌晨一时许，到宫桥村四组罗某、蔡某等人的租房处，蒋某以查暂住证为由进入罗某、蔡某房内。蒋某手持一把电击防暴仿真手枪，在未办理有关搜查证等合法手续的情况下，对罗某等10多人的人身及屋内的衣柜、床铺等进行搜查。法院经审理后认定，被告人蒋某为了收集犯罪证据，在未办理搜查证的情况下，即对他人的人身、住宅进行搜查，其行为构成了非法搜查罪。

4. 见证条件

搜查时，应当有被搜查人或者他的家属、邻居或者其他见证人在场，并且对被搜查人或者其家属说明阻碍搜查、妨碍公务应负的法律责任。搜查的情况应当制作笔录，由侦查人员和被搜查人或者他的家属，邻居或者其他见证人签名。如果被搜查人拒绝签名，或者被搜查人在逃，他的家属拒绝签名或者不在场的，侦查人员应当在笔录中注明。

（四）扣押物证、书证的正当化条件

扣押物证、书证，是指侦查人员在侦查活动中发现的可用以证明犯罪嫌疑人有罪或者无罪的各种财物、文件予以查封、扣押的侦

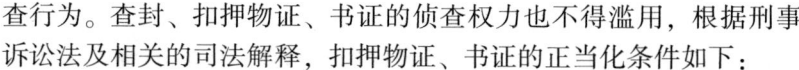

查行为。查封、扣押物证、书证的侦查权力也不得滥用,根据刑事诉讼法及相关的司法解释,扣押物证、书证的正当化条件如下:

1. 对象条件

扣押的对象是在侦查活动中发现的可用以证明犯罪嫌疑人有罪或者无罪的各种财物、文件。邮件、电报和存款、汇款、债券、股票、基金份额等财产是其中两类性质较为特殊的文件、财物。侦查人员认为需要扣押犯罪嫌疑人的邮件、电报的时候,经公安机关或者人民检察院批准,即可通知邮电机关将有关的邮件、电报扣押。人民检察院、公安机关根据侦查犯罪的需要,可以依照规定查询、冻结犯罪嫌疑人的存款、汇款、债券、股票、基金份额等财产。与案件无关的财物、文件,不得查封、扣押。犯罪嫌疑人的存款、汇款、债券、股票、基金份额等财产已被冻结的,不得重复冻结。

2. 令状条件

在侦查过程中需要扣押财物、文件的,应当经办案部门负责人批准,制作扣押决定书;在现场勘查或者搜查中需要扣押财物、文件的,由现场指挥人员决定;但扣押财物、文件价值较高或者可能严重影响正常生产经营的,应当经县级以上公安机关负责人批准,制作扣押决定书。在侦查过程中需要查封土地、房屋等不动产,或者船舶、航空器以及其他不宜移动的大型机器、设备等特定动产的,应当经县级以上公安机关负责人批准并制作查封决定书。人民检察院查封、扣押财物和文件,应当经检察长批准。

3. 程序条件

对查封、扣押的财物和文件,应当会同在场见证人和被查封、扣押财物、文件的持有人查点清楚,当场开列查封、扣押清单一式三份,写明财物或者文件的名称、编号、数量、特征及其来源等,由侦查人员、持有人和见证人签名,一份交给持有人,一份交给公安机关或者检察机关保管人员,一份附卷备查。查封、扣押的情况应当制作笔录,由侦查人员、持有人和见证人签名。对于无法确定持有人或者持有人拒绝签名的,侦查人员应当在笔录中注明。

4. 处置条件

对查封、扣押的财物、文件,要妥善保管或者封存,不得使用、调换或者损毁。对查封、扣押的财物、文件、邮件、电报或者冻结的存款、汇款、债券、股票、基金份额等财产，经查明确实与案件无关的，应当在3日以内解除查封、扣押、冻结，予以退还。对查封、扣押的财物及其孳息、文件，公安机关或者人民检察院应当妥善保管，以供核查。任何单位和个人不得使用、调换、损毁或者自行处理。

（五）通缉的正当化条件

通缉，是指公安机关或人民检察院通令缉拿应当逮捕而在逃的犯罪嫌疑人归案的一种侦查行为。对于被通缉的犯罪嫌疑人，公安机关会采取一系列的追捕归案措施。为了防止该侦查措施的滥用，侵犯公民的合法权利，刑事诉讼法及相关的司法解释对通缉的正当化条件作出了规定。

1. 对象条件

通缉的对象是在逃的应当逮捕的犯罪嫌疑人。具体而言，同时符合下列条件的人才能被通缉：第一，被通缉的人必须是犯罪嫌疑人。第二，该犯罪嫌疑人符合逮捕条件。第三，该犯罪嫌疑人确实在逃避法律责任而下落不明。"在逃"既包括应当逮捕的犯罪嫌疑人从未归案而在逃，也包括已被逮捕的犯罪嫌疑人脱逃的。在司法实践中，已经出现了一些人因为身份证与犯罪嫌疑人同号、被犯罪嫌疑人冒用身份而被错误通缉的案件，甚至还包括滥用职权恶意通缉无辜人员的案例。因而必须防止通缉的滥用。

2. 决定条件

公安机关和人民检察院都有决定通缉的权力。第一，公安机关决定。县级以上公安机关在自己管辖的地区内，可以直接发布通缉令；超出自己管辖的地区，应当报请有权决定的上级公安机关发布。第二，人民检察院决定。人民检察院办理直接受理立案侦查的案件，应当逮捕的犯罪嫌疑人如果在逃，或者已被逮捕的犯罪嫌疑人脱逃的，经检察长批准，可以通缉。各级人民检察院需要在本辖区内通缉犯罪嫌疑人的，可以直接决定通缉；需要在本辖区外通缉犯罪嫌疑人的，由有决定权的上级人民检察院决定。

3. 执行条件

虽然公安机关和人民检察机关都有权决定通缉,但只有公安机关才能发布通缉令和采取执行措施。因为通缉是执行逮捕的继续,只有公安机关才有执行逮捕权。

4. 撤销条件

经核实,犯罪嫌疑人已经自动投案、被击毙或者被抓获,以及发现有其他不需要采取通缉的情形的,发布机关应当在原通缉范围内撤销通缉令。

四、特殊侦查行为的正当化条件

除了一般的侦查行为以外,为了适应和犯罪作斗争的需要,刑事诉讼法还规定了特殊侦查行为。特殊侦查行为,也称秘密侦查行为,是指在侦查活动中使用频率较低,适用案件范围有限的侦查行为,主要有秘密监听、诱惑侦查、卧底侦查、控制下交付等。[1]特殊侦查行为,确实有其存在的必要性,应当用其之利,但也要注意防其之弊,即防止滥用。2012年《刑事诉讼法》和2018年《刑事诉讼法》虽然作出了规定,但过于粗疏,受到难以发挥出应有的规制侦查权行使作用的质疑。域外有不少成功的立法和司法经验,我国在这方面还存在不少需要完善之处。我国也有不少论者从刑事诉讼程序或者从刑事侦查方法的角度对之进行研究,但很少有人从刑事实体法的角度对之进行比较研究,这是相关理论研究的"短板":特殊侦查行为有其正当化条件,特殊侦查行为如果超出了合法的边界,就可能存在追究滥用职权罪等犯罪的刑事责任的问题。如果从程序法和实体法相结合的视角,规范警察特殊侦查行为,需要作深入的具体分析。笔者在对我国秘密侦查行为的规范性文件进行梳理基础上,选取警察监控类秘密侦查行为、警察卧底类侦查行为、警察诱惑类侦查行为3类特殊侦查行为所涉及的刑法问题进行具体分析。

---

[1] 参见李莎:"公安边防特殊侦查行为获取证据材料的使用",载《云南警官学院学报》2011年第6期。

（一）监控类侦查的正当化条件

监控类侦查措施，也称技术侦查措施，是指侦查机关为了侦查犯罪的需要，根据法律规定，借助于现代技术和设备发现犯罪嫌疑人、收集犯罪证据的一种特殊侦查措施。根据是否公开进行可以将技术侦查区分为公开的技术侦查与秘密的技术侦查。通常所称的技术侦查是指其中的秘密技术侦查，包括电子侦听、电话监听、电子监控、秘密拍照或录像、秘密获取某些证据、邮件检查等秘密侦查的专门技术手段。[1] 2020年7月修正后的《公安机关办理刑事案件程序规定》第264条规定了技术侦查措施的种类：技术侦查措施包括记录监控、行踪监控、通信监控、场所监控等措施。技术侦查措施事关公民的通信自由和隐私权。《宪法》第40条规定："中华人民共和国公民的通信自由和通信秘密受法律的保护。除因国家安全或者追查刑事犯罪的需要，由公安机关或者检察机关依照法律规定的程序对通信进行检查外，任何组织或者个人不得以任何理由侵犯公民的通信自由和通信秘密。"这也是在法律中规定技术侦查措施的宪法依据。就现实依据而言，就是信息化时代犯罪分子利用现代通信技术实施犯罪活动的案件日益增多，传统的侦查手段在侦办有组织犯罪、职业化犯罪、智能型犯罪、系列性犯罪方面，存在诸多的局限性，赋予侦查机关技术侦查权是应对犯罪升级和突破侦查僵局的迫切需要。刑事诉讼法明确授权公安机关和人民检察院技术侦查权，这些机关的工作人员的技术侦查措施就成为了法令行为，丰富了我国刑法上法令行为的具体类型。但法令行为作为刑法上的正当行为，也必须符合规定的成立条件，否则就是滥用职权的违法犯罪行为。根据刑事诉讼法以及此后相关司法解释的规定，监控类侦查作为法令行为的正当化条件如下：

1. 主体条件

根据刑事诉讼法及有关司法解释的规定，有权采取技术侦查措

---

[1] 参见马方、张红良："技术侦查措施立法问题解析"，载《人民检察》2012年第16期。

施的主体包括设区的市一级以上公安机关负责技术侦查的部门和人民检察院负责侦查利用职权实施的严重侵犯公民人身权利的重大犯罪案件的部门。2020年《公安机关办理刑事案件程序规定》第264条第1款规定，技术侦查措施只能由设区的市一级以上公安机关负责技术侦查的部门实施，县级以及县级以下公安机关无权决定适用技术侦查措施。

2. 对象条件

理论界和实务界在此问题上存在分歧，一种观点认为技术侦查措施的对象仅限于犯罪嫌疑人、被告人，其主要理由是保障人权的需要。另一种观点认为，技术侦查措施的对象不应限于犯罪嫌疑人、被告人，还应当包括与犯罪直接关联的其他人员。2020年《公安机关办理刑事案件程序规定》规定，技术侦查措施的适用对象是犯罪嫌疑人、被告人以及与犯罪活动直接关联的人员。其理由是侦查实践的需要：从侦查实践来看，很多犯罪案件发生之时，并没有明确的犯罪嫌疑人，公安机关发现的是与犯罪活动直接关联的人，如在侦办杀人案时，仅发现了被害人。在追捕在逃的犯罪嫌疑人、被告人时，并不知悉其本人的情况，只能对犯罪活动直接关联的人员进行监控。[1]

3. 罪行条件

警察可以适用技术侦查措施的犯罪案件主要是严重危害社会的犯罪案件。2018年《刑事诉讼法》第150条第1款规定，公安机关在立案后，对于危害国家安全犯罪、恐怖活动犯罪、黑社会性质的组织犯罪、重大毒品犯罪或者其他严重危害社会的犯罪案件，根据侦查犯罪的需要，经过严格的批准手续，可以采取技术侦查措施。具体而言，危害国家安全犯罪、恐怖活动犯罪、黑社会性质的组织犯罪、重大毒品犯罪和其他严重危害社会的犯罪案件5大类犯罪案件，可以适用技术侦查措施。

---

[1] 参见孙茂利主编：《公安机关办理刑事案件程序规定释义与实务指南》，中国人民公安大学出版社2013年版，第547页。

（1）危害国家安全犯罪。"危害国家安全犯罪"，包括刑法分则第一章规定的危害国家安全罪以及危害国家安全的其他犯罪。[1]具体包括两类：第一，刑法分则第一章规定的危害国家安全罪。具体包括下列12个犯罪：背叛国家罪；分裂国家罪；煽动分裂国家罪；武装叛乱、暴乱罪；颠覆国家政权罪；煽动颠覆国家政权罪；资助危害国家安全犯罪活动罪；投敌叛变罪；叛逃罪；间谍罪；为境外窃取、刺探、收买、非法提供国家秘密、情报罪；资敌罪。第二，危害国家安全的其他犯罪。根据执法实践，对危害国家犯罪案件不能作过于狭义的理解，不能认为仅限于刑法分则第一章规定的危害国家安全罪，还应当包括以危害国家安全为目的而实施的有关犯罪，如以危害国家安全为目的而实施的放火、爆炸、故意杀人、故意泄露国家秘密等犯罪案件。"危害国家安全的其他犯罪"，主要是指犯罪行为涉嫌的罪名不是刑法分则第一章规定的危害国家安全罪，但造成了危害国家安全后果的情形。[2]

（2）恐怖活动犯罪。根据执法实践，对恐怖活动犯罪案件不能作过于狭义的理解，不能认为仅限于刑法分则第二章中涉恐的具体罪名（《刑法》第120条的组织、领导、参加恐怖组织罪，第120条之一的帮助恐怖活动罪，第120条之二的准备实施恐怖活动罪，第120条之三的宣扬恐怖主义、极端主义、煽动实施恐怖活动罪，第120条之四的利用极端主义破坏法律实施罪，第120条之五的强制穿戴宣扬恐怖主义、极端主义服饰、标志罪，第120条之六的非法持有宣扬恐怖主义、极端主义物品罪），还应当包括以实施恐怖活动为目的而实施的放火、爆炸、故意杀人、劫持航空器罪等其他具体的恐怖活动犯罪。[3]2015年12月27日通过的《中华人民共和国反恐怖主义法》（以下简称《反恐怖主义法》）第3条第2款对

---

[1] 2020年《公安机关办理刑事案件程序规定》第385条。

[2] 参见孙茂利主编：《公安机关办理刑事案件程序规定释义与实务指南》，中国人民公安大学出版社2013年版，第752~753页。

[3] 参见孙茂利主编：《公安机关办理刑事案件程序规定释义与实务指南》，中国人民公安大学出版社2013年版，第752~753页。

恐怖活动的概念作出了界定，恐怖活动，是指恐怖主义性质的下列行为：（一）组织、策划、准备实施、实施造成或者意图造成人员伤亡、重大财产损失、公共设施损坏、社会秩序混乱等严重社会危害的活动的；（二）宣扬恐怖主义，煽动实施恐怖活动，或者非法持有宣扬恐怖主义的物品，强制他人在公共场所穿戴宣扬恐怖主义的服饰、标志的；（三）组织、领导、参加恐怖活动组织的；（四）为恐怖活动组织、恐怖活动人员、实施恐怖活动或者恐怖活动培训提供信息、资金、物资、劳务、技术、场所等支持、协助、便利的；（五）其他恐怖活动。[1]

（3）黑社会性质的组织犯罪。"黑社会性质的组织犯罪"不限于《刑法》第294条的组织、领导、参加黑社会性质组织罪、入境发展黑社会组织罪和包庇、纵容黑社会性质组织罪，还包括黑社会性质组织实施的故意杀人、绑架、抢劫等其他犯罪行为。

（4）重大毒品犯罪。"重大毒品犯罪"采取定性和定量相结合的标准来确定其范围。第一，定性标准。走私、贩卖、运输、制造毒品罪，非法生产、买卖、运输制毒物品罪、走私制毒物品罪等性质严重的毒品犯罪，应当认定为重大毒品犯罪。非法持有毒品罪，引诱、教唆、欺骗他人吸毒罪等毒品犯罪则不应当归入重大毒品犯罪案件。第二，定量标准。非法种植毒品原植物罪，非法提供麻醉药品、精神药品罪等犯罪是否可以采取技术侦查措施，要根据案情的严重程度来确定。[2]2012年5月《最高人民检察院、公安部关于公安机关管辖的刑事案件立案追诉标准的规定（三）》等现行的司法解释并未对毒品犯罪的一般案件、重大案件、特别重大案件等的区分作出规定。只是1988年7月公安部发布的《关于毒品案件立案标准的通知》曾经规定，符合下列条件之一的，立为重大案件：……私种罂粟等毒品原植物2500株（相当于生鸦片10两）以上的。但是由于这一规定制定于1990年12月28日《全国人民代表大会常务

---

〔1〕 参见2018年《反恐怖主义法》第3条第2款。

〔2〕 参见孙茂利主编：《公安机关办理刑事案件程序规定释义与实务指南》，中国人民公安大学出版社2013年版，第542～543页。

委员会关于禁毒的决定》，尤其是1997年《刑法》对毒品犯罪作出重大修订之前，因而在今天似乎不宜作为认定"重大毒品犯罪"的参考标准，有待司法解释予以明确。

（5）其他严重危害社会的犯罪。"其他严重危害社会的犯罪案件"是一个模糊的规定，2020年《公安机关办理刑事案件程序规定》第263条第1款将其进一步明确为下列4类案件：第一，故意杀人、故意伤害致人重伤或者死亡、强奸、抢劫、绑架、放火、爆炸、投放危险物质等严重暴力犯罪案件。第二，集团性、系列性、跨区域性重大犯罪案件。集团性重大犯罪案件，可以按照《刑法》第26条第2款、第3款"三人以上为共同实施犯罪而组成的较为固定的犯罪组织，是犯罪集团""对组织、领导犯罪集团的首要分子，按照集团所犯的全部罪行处罚"等规定来理解。系列性重大犯罪案件，是指1人或2人以上实施的多起同类犯罪案件，主要从发生犯罪案件的数量及其危害性来衡量，如由一个犯罪团伙在某地实施的多起入室盗窃案。跨区域性重大犯罪案件，是指涉及两个以上县级行政区域的犯罪案件。[1]第三，利用电信、计算机网络、寄递渠道等实施的重大犯罪案件，以及针对计算机网络实施的重大犯罪案件。这类案件隐蔽性很强，如果不采取技术侦查措施开展侦查，用传统方法很难侦破，也无法获取有效的犯罪证据。第四，其他严重危害社会的犯罪案件，依法可能判处7年以上有期徒刑的。

不过需要指出的是，警察的技术侦查措施并非只能适用于上述犯罪，对于需要追捕被通缉或者批准、决定逮捕的在逃的犯罪嫌疑人、被告人采取追捕所必需的技术侦查措施的，不受前述案件范围的限制。

4. 程序条件

2020年《公安机关办理刑事案件程序规定》第265条第1款规定："需要采取技术侦查措施的，应当制作呈请采取技术侦查措施

---

〔1〕 2011年5月1日公安部等《关于办理流动性团伙性跨区域性犯罪案件有关问题的意见》第8条规定，"跨区域性犯罪案件"，是指犯罪案件涉及2个以上县级行政区域。

报告书，报设区的市一级以上公安机关负责人批准，制作采取技术侦查措施决定书。"第2款规定："人民检察院等部门决定采取技术侦查措施，交公安机关执行的，由设区的市一级以上公安机关按照规定办理相关手续后，交负责技术侦查的部门执行，并将执行情况通知人民检察院等部门。"批准决定应当根据侦查犯罪的需要，确定采取技术侦查措施的种类，应当明确采取记录监控、行踪监控、通信监控、场所监控等4种措施当中的任一种或者两种以上。采取技术侦查措施，必须严格按照批准的措施种类、适用对象和期限执行。在有效期限内，需要变更技术侦查措施种类或者适用对象的，应当按照规定重新办理批准手续。还需要注意的是：采取技术侦查措施收集的材料，应当严格依照有关规定存放，只能用于对犯罪的侦查、起诉和审判，不得用于其他用途。采取技术侦查措施收集的与案件无关的材料，必须及时销毁，并制作销毁记录。侦查人员对采取技术侦查措施过程中知悉的国家秘密、商业秘密和个人隐私，应当保密。

5. 期限条件

《刑事诉讼法》第151条规定："……批准决定自签发之日起三个月以内有效。对于不需要继续采取技术侦查措施的，应当及时解除；对于复杂、疑难案件，期限届满仍有必要继续采取技术侦查措施的，经过批准，有效期可以延长，每次不得超过三个月。"2020年《公安机关办理刑事案件程序规定》第266条第2款规定："在有效期限内，对不需要继续采取技术侦查措施的，办案部门应当立即书面通知负责技术侦查的部门解除技术侦查措施；负责技术侦查的部门认为需要解除技术侦查措施的，报批准机关负责人批准，制作解除技术侦查措施决定书，并及时通知办案部门。"第3款规定："对复杂、疑难案件，采取技术侦查措施的有效期限届满仍需要继续采取技术侦查措施的，经负责技术侦查的部门审核后，报批准机关负责人批准，制作延长技术侦查措施期限决定书。批准延长期限，每次不得超过三个月。"第4款规定："有效期限届满，负责技术侦查的部门应当立即解除技术侦查措施。"

(二) 卧底类侦查的正当化条件

卧底侦查是指经过特别挑选的刑事侦查人员，以隐蔽其原有身份的方式，打入或长期潜伏在所欲调查的犯罪组织或者环境中，暗中收集犯罪的证据和情报，以对抗特别危险或侦查极度困难的犯罪的侦查方式。[1] 有些国家的刑法对卧底侦查的正当化条件作出了明确规定。如《斯洛伐克共和国刑法典》第30条第1款规定："在调查犯罪或者查明犯罪人的过程中依据特别条例的规定所任命的特工，如果在其开展活动的犯罪集团或者恐怖主义集团的强迫下或者基于对其本人或者关系密切人的生命健康的合理关切，威胁或者侵害本法典所保护的利益的，不以犯罪论处，但以其他方式构成犯罪的除外。"第2款规定："如果特工实施谋杀罪（第144条）、杀人罪（第145条）、强奸罪（第199条）、性暴行罪（第200条）、性侵害罪（第201条）、危害公共安全罪（第284条第2款至第4款）、危害航空器或者船舶安全罪（第291条）、劫持航空器到国外罪（第293条）、叛国罪（第311条）、阴谋危害斯洛伐克共和国罪（第312条）、恐怖活动罪（第313条和第314条）、实施破坏活动罪（第315条和第316条）、阴谋破坏罪（第317条）、间谍罪（第318条）、种族灭绝罪（第418条）、恐怖主义或者以其他形式参与恐怖主义罪（第419条）、反人类罪（第425条）或者第1款所指的行为导致他人重伤或者死亡的，不应当适用第1款的规定。"第3款规定："为了调查第326条、第328条至第331条或者第336条第1款规定的犯罪或者查明这些犯罪的犯罪人而遵照《刑事诉讼法典》的规定的方式实施的行为，不以犯罪论处，但构成第332条至第335条和第336条第2款规定的犯罪的除外。"[2] 我国2012年《刑事诉讼法》第151条第1款[3]规定："为了查明案情，在必要的时候，经公安机关负责人决定，可以由有关人员隐匿其身份实施侦查。

---

[1] 参见城兆毅：《卧底侦查与法治国原则论法治国采行卧底侦查秩序之可行途径》，载《月旦法学杂志》1998年第33期。

[2] 陈志军译：《斯洛伐克刑法典》，中国人民公安大学出版社2011年版，第12页。

[3] 2018年《刑事诉讼法》第153条第1款。

但是，不得诱使他人犯罪，不得采用可能危害公共安全或者发生重大人身危险的方法。"这是我国法律第一次对卧底侦查的正当化条件作出规定。卧底侦查的正当化条件如下：

1. 主体条件

实施卧底侦查的主体既可以是侦查人员，也可以是公安机关指定的其他人员。这一点与技术侦查不同，技术侦查必须由公安机关负责技术侦查的部门及其侦查人员实施。

2. 批准权限条件

实施卧底侦查的批准权属于县级以上公安机关负责人，而不是设区的市一级以上公安机关负责人。而技术侦查措施则必须由设区的市一级以上公安机关负责人批准。需要注意的是，公安机关实施卧底侦查没有犯罪案件范围的限制，而对技术侦查适用的犯罪案件范围则有着严格的限制。

3. 方法限制条件

卧底侦查一般是侦查人员或者是侦查机关指定的其他人员打入犯罪团伙、犯罪组织内部，在参与犯罪活动过程中，发现、掌握和收集犯罪人员的犯罪证据。其本质是实施违法甚至犯罪行为掩护下的合法侦查行为。法律基于法益衡量的原则免除卧底人员（侦查人员或者非侦查人员）的刑事责任。刑事诉讼法对卧底侦查的方法作出了两点限制：第一，不得诱使他人犯罪。卧底侦查时，不得使用促使他人产生犯罪意图的方法诱使他人犯罪。例如，他人没有吸食毒品的意图，侦查人员主动提出吸毒可以赚取暴利，主动为其提供毒品，使其产生犯意。此类卧底侦查行为不能成为正当行为。第二，不得采用可能危害公共安全或者发生重大人身危险的方法。例如，卧底人员为了侦查的需要而故意严重伤害某人或者在公共场所放火等危害公共安全的行为，就不能被视为正当行为。

（三）诱惑类侦查的正当化条件

诱惑侦查，又称诱饵侦查、侦查陷阱、警察圈套，泛指国家侦查人员或者受雇于国家追诉机关的人员特意设计某种诱发犯罪的情境或者为实施犯罪提供条件或机会，鼓动、诱使他人实施犯罪并进而侦破案件、拘捕犯罪人的侦查手段。[1]世界各国的立法和实践都在一定范围内承认诱惑侦查行为的合理性。警察圈套就是英美法系国家的一种辩护理由,即被告人可以他的犯罪行为是在警察、司法人员或者他们的代理人诱使下产生的为理由提出免罪辩护。[2]在美国刑法中,被告人提出警察圈套辩护必须同时具备下列3个条件:第一,诱使者的身份必须是警察、其他司法人员或者他们的耳目,一般公民不能作为诱使者。这是主体条件。第二,诱使者不仅提供了犯罪机会,还实施了积极行为去诱使被告人实施犯罪。这是客观条件。第三,被告人本来无犯罪意图,其犯罪意图是因为警察、司法人员或其代理人的引诱而萌发的。这是主观条件。[3]如果被告人的警察圈套辩护成立,则意味着警察、司法人员或其代理人的行为有构成教唆犯的可能。法国、德国、葡萄牙、瑞士、意大利、日本等国也有类似规定。[4]我国对诱惑类侦查的规范经历一个发展过程:2000年4月4日最高人民法院印发的《全国法院审理毒品犯罪案件工作座谈会纪要》[5]第一次在公开的司法文件中正面回应特情引诱犯罪问题,肯定运用特情侦破案件是有效打击毒品犯罪的手段,对其有关的定罪量刑问题作出了规定。2008年12月1日最高人民法院印发的《全国部分法院审理毒品犯罪案件工作座谈会纪要》[6]也规定了特情引诱问题。2012年3月14日修正之后的我国《刑事诉讼法》第一次在立法中加以明确,其第151条规定:"为了查明案情,在必要的时候,经公安机关负责人决定,可以由有关人员隐

---

[1] 参见吴宏耀:"论我国诱饵侦查制度的立法建构",载《人民检察》2001年第2期。

[2] 参见储槐植、江溯:《美国刑法》,北京大学出版社2012年版,第84页。

[3] 参见储槐植、江溯:《美国刑法》,北京大学出版社2012年版,第84页。

[4] 参见蒋石平:"也论诱惑侦查行为",载《法学评论》2004年第4期;金星:《诱惑侦查论》,法律出版社2009年版,第207~210页。

[5] 因为该次座谈会在广西南宁召开,所以理论界和实务界也常将其称为《南宁会议纪要》。

[6] 因为该次座谈会在辽宁大连召开,所以理论界和实务界也常将其称为《大连会议纪要》。

匿其身份实施侦查。但是，不得诱使他人犯罪，不得采用可能危害公共安全或者发生重大人身危险的方法。对涉及给付毒品等违禁品或者财物的犯罪活动，公安机关根据侦查犯罪的需要，可以依照规定实施控制下交付。"[1]诱惑类侦查与 2012 年《刑事诉讼法》第 151 条的两款都有关系：第 1 款的卧底侦查中，可能同时涉及诱惑侦查手段的使用；第 2 款的控制下交付中，也可能涉及诱惑侦查手段的使用。在我国诱惑类侦查行为法律规制中，需要注意以下 3 个问题：

1. 坚决禁止犯罪诱发型诱惑侦查

我国学界一般将诱惑侦查划分为"机会提供型诱惑侦查"和"犯罪诱发型诱惑侦查"两种基本类型。有论者认为，"机会提供型诱惑侦查"是指被诱惑者已有犯罪意图或倾向，诱惑侦查行为只是使这种主观意图及倾向暴露出来，或者只是强化其固有的犯罪倾向，促使其实施具体的犯罪行为；"犯罪诱发型诱惑侦查"是指对原无犯罪倾向的人实施诱惑，即引诱其形成犯意，并促使其付诸实施。[2]在 2012 年《刑事诉讼法》正式规定诱惑类侦查行为明确禁止犯意引诱型诱惑侦查之前，我国的司法实践中未能做到禁止犯罪诱发型诱惑侦查，对因此产生犯意而犯罪者仍然以犯罪论处，受到特情诱惑只能作为从宽量刑情节加以考虑。

（1）《南宁会议纪要》对受犯意引诱犯罪处理原则的规定。第一，肯定了犯意引诱的存在。在审判实际中应当注意的是，有时存在被使用的特情未严格遵守有关规定，在介入侦破案件中有对他人实施犯罪的犯意引诱的情况。"犯意引诱"是指行为人本没有实施犯罪的主观意图，而是在特情诱惑和促成下形成犯意，进而实施犯罪。第二，犯意引诱从宽处罚的依据。因特情介入，其犯罪行为一般都在公安机关的控制之下，社会危害程度大大减轻，这在量刑时应当加以考虑。第三，从宽处罚原则的具体适用。对具有犯意引诱

---

[1] 2018 年《刑事诉讼法》第 153 条。
[2] 参见龙宗智：《上帝怎样审判》，中国法制出版社 2000 年版，第 211~212 页；蒋石平："也论诱惑侦查行为"，载《法学评论》2004 年第 4 期。

情况的被告人，应当从轻处罚。对无法查清是否存在犯意引诱的案件，在考虑是否对被告人判处死刑立即执行时要留有余地。

（2）《大连会议纪要》对受犯意引诱犯罪处理原则的规定。对受特情犯意引诱犯罪从宽原则作出更为具体的规定，第一，以应当从轻处罚为原则。对因"犯意引诱"实施犯罪的被告人，根据罪刑相适应原则，应当依法从轻处罚。对不能排除"犯意引诱"的案件，在考虑是否对被告人判处死刑立即执行时要留有余地。第二，受"双套引诱"犯罪可更大幅度从宽处罚原则。行为人在特情既为其安排上线，又提供下线的双重引诱，处刑时可予以更大幅度的从宽处罚或者依法免予刑事处罚。

笔者认为，根据现行刑事诉讼法的规定，应当绝对禁止犯意诱惑型的诱惑侦查。第一，对于犯意引诱者应当以教唆犯论处。犯意诱惑型的诱惑侦查完全符合教唆犯的成立条件。2012年《刑事诉讼法》第151条[1]第1款也明确规定："为了查明案情，在必要的时候，经公安机关负责人决定，可以由有关人员隐匿其身份实施侦查。但是，不得诱使他人犯罪……"我们应当严格执行刑事诉讼法的这一规定，对犯意诱发型诱惑侦查予以绝对禁止。日本刑法学者泷川幸辰对警察圈套行为进行了严厉的批评："不管是以怎样的理由，任何人都没有权力为了让他人受刑事处分而把他引入犯罪。这样的活动，多数是由警察的'爪牙'——因而有'警察之犬'的说法——进行的，在刑法上应当当作对未遂犯的教唆而加以惩处。'禁止诱惑人们！'为了刑事审判的尊严，必须遵守这一格言。"[2]第二，受犯意引诱者可以受特情引诱为由提出无罪辩护。在2012年《刑事诉讼法》施行以后，对于犯意诱惑型的诱惑侦查中的无初始犯意的被诱惑者不应以犯罪论处。[3]即特情引诱可以成为无罪辩护

---

[1] 2018年《刑事诉讼法》第153条。

[2] ［日］泷川幸辰：《犯罪论序说》，王泰译，法律出版社2005年版，第158~159页。

[3] 参见翟金鹏：《诱惑侦查中的刑法问题研究》，法律出版社2012年版，第87~91页。

理由。

2. 严格规范机会提供型诱惑侦查

机会提供型诱惑侦查存在的合理根据主要是：犯罪活动通常具有隐蔽性，秘密侦查手段是侦查活动予以有效应对的客观需要。在有组织犯罪案件、复杂疑难案件等刑事案件中，公开的侦查手段难以获得侦查信息或者发现的侦查信息不能满足侦破案件的需要，导致侦破时间大为延长甚至无法侦破案件，助长犯罪分子的气焰，使社会秩序陷入不稳定状态。[1]但需要注意的是，机会提供型诱惑侦查行为只有符合法定的条件，才具有合法性。笔者认为，主要应当包括以下两个条件：

（1）诱惑侦查的实施应当履行规定的事前审批程序。如果采取特情措施的，特情的设置和运用都应当履行必要的事前审批程序。公安机关内部关于特情设置和运用应当有一定的内部管理规范。在现行法律框架下，应当对特情的设置和运用规定必要的事前审批程序，使其相关活动处于单位主管人员的监督之下，这种做法对相关的侦查人员而言其实也是一种职业风险保护。

（2）诱惑侦查的实施不得超出被批准或者合理裁量的范围。即不得超出所批准的诱惑侦查的案件、时间、对象等限制实施。因为诱惑侦查的实施难免出现一些无法预计的新情况，应当允许执行者有一定的临时自由裁量权，但不能超出合理的范围。在涉及犯罪数额、犯罪数量的犯罪中，是否允许超出已有犯意的行为人之原计划的数额、数量对之实施引诱，是一个值得研究的问题。在已有犯意的行为人的对计划实施犯罪数额、犯罪数量只有概括性认识，一切视情况而定的场合，机会提供型诱惑侦查行为实施数额引诱或者数量引诱的，不认为超出了批准的范围；在已有犯意的行为人的对计划实施犯罪数额、犯罪数量已有明确认识的场合，引诱其远远超出计划数额或数量实施犯罪的，应当认为超出批准的范围，不再具有

---

[1] 参见翟金鹏：《诱惑侦查中的刑法问题研究》，法律出版社 2012 年版，第 159~160 页。

正当性。例如，乙因为负债产生了贩卖毒品意图，但只想贩卖海洛因 45 克（知道贩卖 50 克海洛因以上可判死刑的立法规定）还债就收手，警方的特情甲以"想发财就搞一次大的"不断说服、引诱乙超出其计划贩卖 5000 克海洛因。结果乙贩卖 5000 克海洛因后被警方抓获，因在警方的控制下，其所贩卖的毒品未流入社会。这就是毒品犯罪中较为常见的数量引诱现象。客观地说，数量引诱是否超出合理裁量的范围在具体案件中并不好判断，需要结合引诱人的情况、被引诱人的个人情况以及案件事前事中事后的各种情节综合判定。2008 年 12 月 1 日最高人民法院印发的《全国部分法院审理毒品犯罪案件工作座谈会纪要》规定："对已持有毒品待售或者有证据证明已准备实施大宗毒品犯罪者，采取特情贴靠、接洽而破获的案件，不存在犯罪引诱，应当依法处理。"上述纪要规定："对不能排除……'数量引诱'的案件，在考虑是否对被告人判处死刑立即执行时，要留有余地。"即在是否超出合理范围存疑时，应作有利于被引诱人的解释。

3. 明确存在数量引诱犯罪的量刑原则

"数量引诱"是指行为人本来只有实施数量较小的某种犯罪的故意，在特情引诱下实施了数量较大甚至达到可判处重刑数量的该种犯罪。笔者认为，引诱已有犯意的人远远超出其计划的数量实施犯罪，不具有正当性。我国刑法理论上通说所认为的教唆犯的对象不能是"已有犯罪意图的人"。[1] 笔者认为，"已有犯罪意图的人"不能抽象地理解为"存在随时实施犯罪之人身危险性的人"，而只能理解为"有针对具体对象实施犯罪意图的人"。就好像教唆随时准备杀人的职业杀手杀害特定被害人，同样可以构成教唆犯一样。在受教唆之前，该职业杀手并没有杀害该特定被害人的意图，该意图的"从无到有"正是唆使者引起的，因而完全符合教唆犯的本质

---

〔1〕 参见高铭暄、马克昌主编：《刑法学》，北京大学出版社、高等教育出版社 2019 年版，第 173 页。

特征。[1]在存在犯罪数额、数量的犯罪中,引诱已有犯意的人远远超出其计划的数额、数量实施犯罪的,犯意引诱和数量引诱的界限就变得模糊起来,不排除引诱人构成教唆犯的可能性。例如,甲教唆非常明确只有贩卖5克海洛因意图的乙去贩卖5000克海洛因,不排除其构成教唆犯的可能性。2000年4月4日最高人民法院印发的《全国法院审理毒品犯罪案件工作座谈会纪要》和2008年12月1日最高人民法院印发的《全国部分法院审理毒品犯罪案件工作座谈会纪要》两个司法解释性文件中,对毒品犯罪中的数量引诱的量刑原则作出了规定:

(1)数量引诱从宽处罚原则。因特情介入,其犯罪行为一般都在公安机关的控制之下,毒品一般也不易流入社会,其社会危害程度大大减轻,这在量刑时,应当加以考虑。

(2)数量引诱从宽处罚原则的具体适用。对具有数量引诱情况的被告人,应当从轻处罚,即使超过判处死刑的毒品数量标准,一般也不应判处死刑立即执行。对于特情在使用中是否严格遵守有关规定情况不明的案件,应主动同公安缉毒部门联系,了解有关情况。对无法查清是否存在数量引诱的案件,在考虑是否对被告人判处死刑立即执行时要留有余地。

---

[1] 参见陈志军:《共同犯罪的理论与实践》,中国人民公安大学出版社2012年版,第229页。

第五章 刑罚论中与刑事诉讼法相关联的问题

刑罚论具体包括刑罚通论、刑种制度、刑罚裁量制度、刑罚执行制度、刑罚消灭制度等内容。在我国刑法没有将保安处分作出专门系统规定的立法现状下，也可以将其在刑罚论中一并进行研究。在刑罚论中，有不少与刑事诉讼法相关联的问题。

一、刑罚通论与刑事诉讼法相关联的问题

（一）刑罚权的内容

刑罚权是国家权力的重要组成部分。刑法理论上对刑罚权的具体内容存在分歧。

1. 学说分歧

关于刑罚权的具体内容主要存在以下两种不同主张：（1）四权能说。认为刑罚权包括制刑权、求刑权、量刑权和行刑权4个方面的内容。制刑权是指国家在刑法中创制刑罚的权力。求刑权是指对犯罪行为提起刑事诉讼的权力。量刑权是指审判机关对犯罪人决定科处刑罚的权力。行刑权是指特定机关将审判机关对犯罪人所判处的刑罚付诸现实执行的权力。[1]（2）三权能说。认为刑罚权包括制刑权、量刑权和行刑权3个方面的内容。认为刑罚权只能是一种实体上的权力，不包括求刑权（刑罚请求权）这种诉讼上的权力。求刑权本质上是公诉权。诉讼上的这种刑罚请求，法院虽然大多可能

---

[1] 参见高铭暄主编：《刑法学原理》，中国人民大学出版社1994年版，第24~25页；邱兴隆、许章润：《刑罚学》，中国政法大学出版社1999年版，第56~59页。

接受,但也可能不接受。在法院接受刑罚请求对犯罪人判处刑罚时,检察机关或被害人的刑罚请求为法院行使刑罚权提供了条件;在法院不接受这种刑罚请求对行为人未确定有罪从而未判处刑罚时,就不发生行使刑罚权问题。此外,自诉案件中的被害人也有对被告人起诉的权利,亦即有求刑权,这与刑罚权具有国家专属性相矛盾。[1]

2. 理论评析

笔者赞同四权能说。第一,求刑权包括但不限于公诉权。四权能说才能完整地涵括国家刑罚权的整个运行过程。除制刑权是立法权外,求刑权、量刑权、行刑权属于司法权。刑事司法包括侦查、审查起诉、审判和执行4个环节。刑事司法权也相应包括侦查权、审查起诉权、审判权和执行权4个组成部分。量刑权属于审判权的组成部分,行刑权属于执行权的组成部分。求刑权属于侦查权和审查起诉权的组成部分。侦查权和审查起诉权,是为国家最终对犯罪嫌疑人判处刑罚做好前期的证据准备,以确保量刑权和行刑权能够在"事实清楚,证据确实、充分"的基础上行使。侦查权中移送审查起诉权和审查起诉权中的提起公诉权,都以对犯罪嫌疑人、被告人判处刑罚为主要内容,共同构成求刑权。如果没有求刑权,刑罚权的司法运行就不能涵括侦查和审查起诉两个环节。第二,求刑权属于实体权力。与拘留权、逮捕权等程序性权力不同,请求对犯罪嫌疑人判处刑罚涉及对自由乃至生命等实体利益的剥夺,具有实体权力性质。刑事诉讼法明确赋予检察机关的量刑建议权,就是求刑权的重要内容,这种权利显然不只是程序性权力。是否具有终局性并不是程序权力和实体权力的区分标志,更不能把需要按照程序来行使的权力,都称之为程序性权力,因为制刑权、求刑权、量刑权和行刑权都是需要按照法定程序行使的权力。第三,自诉案件中被害人的起诉权是国家基于恢复性司法理念等特殊原因将是否追诉的决定权授予被害人行使,这并不违反刑罚权整体的国家专属性。在

---

[1] 参见马克昌主编:《刑罚通论》,武汉大学出版社1999年版,第17~20页。

国外早已出现了刑罚执行权特许私人行使的做法,如美国、[1]法国、[2]韩国[3]等国的私人监狱,我们也不能因此得出行刑权不再具有国家专属性的结论。第四,告诉才处理案件本质上属于公诉案件。有论者认为,根据现行刑事诉讼法规定,立法只是赋予了告诉才处理案件"可以自诉"的权利,而非限制其只能自诉。应当为告诉才处理犯罪构建一种"公自诉并行"的追诉制度,即承认被害人就此类犯罪享有追诉方式的选择权。[4]甚至有论认为,被害人的诉权可以通过多种方式实现,应当牢固树立国家追诉主义的理念,可以考虑限制乃至废除自诉。[5]

(二)刑事和解制度发展了刑罚理论

刑事和解制度,是指犯罪行为发生后,经由司法机关的职权作用,被害人与犯罪人面对面地直接商谈,促进双方的沟通与交流,从而确定犯罪发生后的解决方案,目的是恢复犯罪人所破坏的社会关系、弥补被害人所受到的伤害,使犯罪人改过自新,复归社会。[6]2012年《刑事诉讼法》新增了刑事和解制度。

1. 凸显被害人在刑罚权运行中的地位

根据传统的刑法理论,刑罚权具有国家专属性,这是由刑事法律关系的性质所决定的。刑事法律关系是指由国家刑事法律规定加以调整的因为违法犯罪行为而引起的具体控罪主体和具体犯罪主体

---

[1] 参见孙晓雳:"美国的私人监狱",载《犯罪与改造研究》1989年第6期;陈颀:"美国私营监狱的复兴:一个惩罚哲学的透视",载《北大法律评论》2009年第1期;李年清:"私人行政的美国经验与启示——以私人监狱为研究对象",载《行政法学研究》2014年第3期。

[2] 参见武秀芳:"法国私人监狱",载《犯罪与改造研究》1991年第4期。

[3] 参见刘仁文:"韩国私营监狱访问记",载《法制日报》2012年10月10日,第10版。

[4] 参见吴宏耀:"告诉才处理犯罪的追诉制度:历史回顾与理论反思",载《中国刑事法杂志》2021年第1期。

[5] 参见熊秋红:"论公诉与自诉的关系",载《中国刑事法杂志》2021年第1期。

[6] 参见陈光中、葛琳:"刑事和解的理论依据与适用构想",载黄京平、甄贞主编:《和谐社会语境下的刑事和解》,清华大学出版社2007年版,第11页。

之间为解决犯罪构成和刑事责任而形成的一种社会关系。[1]在刑事法律关系中,国家是当然主体,由公安司法机关代表国家对犯罪进行追诉,被害人并不具有独立的刑事法律关系主体资格,因而不允许行为人和被害人之间自行处理刑事权利义务纠纷。例如,绝大多数案件为公诉案件,被害人的态度通常不影响追诉程序的启动和继续;案件被害人无权针对一审判决提起上诉,而只能请求人民检察院提起抗诉。刑罚权包括制刑权、求刑权、量刑权和行刑权4项权能。根据传统刑罚理论,这4项权力均专属于国家。但现代以来,这一传统立场出现了松动,即求刑权的启动开始在一定范围内考虑被害人的意思或者被害人和行为人双方的意思。一是告诉才处理犯罪的出现。告诉才处理的犯罪,也称亲告罪,是与公诉犯罪对应的犯罪类型,实际上求刑权的启动取决于被害人的意思。"采用亲告罪制度,将起诉的权利赋予被害人并允许他们采取其他适当的方式解决纠纷,在被害人要求司法保护时进行干预,既可以保障被害人的合法权益,又有利于社会的稳定,实为处理属人社会某些刑事纠纷的一个明智之举。"[2]二是刑事和解制度的出现。刑事和解制度使求刑权的启动与否取决于被害人与行为人双方之间能否达成和解,或者在国家行使量刑权时充分考虑双方已经达成和解的事实。

2. 是提升刑罚特别预防效果的有效制度

刑事和解制度是中国引入恢复性司法的重要举措。恢复性司法(restorative justice)是对犯罪行为作出的系统性反应,它着重于治疗罪行给被害人和社会所带来的或者引发的伤害。以恢复原有社会秩序为目的的犯罪矫治实践或计划,主要通过以下几个方面得以体现:一是确认并采取措施弥补违法犯罪行为带来的损害。二是吸纳所有的利害关系人参与其中。三是改变应对犯罪行为时社会与政府

---

[1] 参见杨兴培:"刑事法律关系评说",载《法律科学(西北政法学院学报)》1999年第1期。

[2] 齐文远:"'亲告罪'的立法价值初探——论修改刑法时应当扩大'亲告罪'的适用范围",载《法学研究》1997年第1期。

之间的传统关系。[1]"恢复性司法"一词，最早出现在20世纪70年代后期，用来描述当时在北美出现的"被害人——犯罪人和解程序"（victim offender reconciliation programs）。[2]到20世纪90年代，恢复性司法已在西欧国家，北美的美国和加拿大，拉美的巴西、智利、阿根廷，亚洲的新加坡，大洋洲的澳大利亚和新西兰等数十个国家得到不同程度的发展和应用。据估计，截至20世纪90年代末，欧洲共出现了500多个恢复性司法计划，北美的恢复性司法计划已达300个，世界范围内的恢复性司法计划则达1000个。在一些地方，恢复性司法已经成为刑事司法的主流，并被有的学者奉为"现行刑事司法的全功能替代模式和认识犯罪的新'镜头'"。与此相对应，"恢复性司法"也日益成为西方刑事法学界的一大"显学"。恢复性司法也得到了联合国及其有关机构的关注和支持。联合国经社理事会全体会议1999年7月28日通过《制定和实施刑事司法调解和恢复性司法措施》的第1999/26号决议，"强调调解和恢复性司法措施可达到使受害者满意以及防止未来非法行为的效果"；2000年联合国又作出《关于在刑事事项中采用恢复性司法方案的基本原则》的第2000/14号决议；经社理事会全体会议2002年7月24日通过《关于在刑事事项中采用恢复性司法方案的基本原则》决议，"鼓励各会员国在制定和实施恢复性司法方案时利用关于在刑事事项中采用恢复性司法方案的基本原则"，强调"实现受害者和罪犯重新融入社会"，规定恢复性结果包括"补偿、归还、社区服务等对策和方案"，认为"在不违反本国法律的情况下，恢复性司法方案可在刑事司法制度的任何阶段采用"。据国外的实践，恢复性司法特别预防的效果非常明显：美国的一份随机抽样调查表明，参

---

〔1〕 参见［美］丹尼尔·W·凡奈思："全球视野下的恢复性司法"，王莉、温景雄译，载《南京大学学报（哲学·人文科学·社会科学版）》2005年第4期。

〔2〕 See Jennifer Gerarda Brown, THE USE OF MEDIATION TO RESOLVE CRIMINAL CASES: A PROCEDURAL CRITIQUE, *Emory Law Journal*, Fall, 1994，转引自张庆方："恢复性司法———一种全新的刑事法治模式"，载陈兴良主编：《刑事法评论》（第12卷），中国政法大学出版社2003年版，第438页。

加恢复性司法程序的青少年犯的再犯率为18%,而通过正规刑事司法系统处理的青少年犯的再犯率为27%。英国的一项对成年犯的调查也显示,通过恢复性司法程序处理的犯罪人的再犯率比正规司法系统处理的犯罪人的再犯率要低10%。而在澳大利亚等地的一些调查中,恢复性司法对降低再犯率的作用更为明显。"刑事和解的基本精神是被害人、犯罪人和社会关系的全面修复,基本内涵在于对话交流所成就的教育感化和被害恢复,刑罚的作用在于保证和解的对话交流,赔偿是犯罪人人身危险性减弱的表征以及对被害人部分利益的恢复。"刑事和解之所以对犯罪人做宽缓处理,不是赔偿的结果,而是由于犯罪人在和解过程中表现出来较小的人身危险性。国家基于预防犯罪的目的对其减少刑事责任。刑事和解具有对话交流性质和教育感化作用,这种感化能够激发犯罪人自身的道义感,与外在强制性教育相比,其效果更加显著,也就是西方学者所称的"重新整合性耻辱"。[1]

二、刑种制度与刑事诉讼法相关联的问题

(一) 短期自由刑与刑事诉讼法相关联的问题

自由刑根据是否以犯罪分子的终身自由作为剥夺对象可以划分为终身自由刑和有期自由刑。有期自由刑在数量上具有可分割性,根据剥夺人身自由的时间长短,其又可以分为长期自由刑和短期自由刑。但是,将有期自由刑作这一分类的具体标准很含糊,因为短期和长期是一对具有相对性的概念,何为"长期"?何为"短期"?众说纷纭。中外刑法学者对此提出了各种不同的具体区分标准,由此也出现了对短期自由刑之"短期"含义的各种学说,如30日说、6周说、3个月说、4个月说、6个月说、3年说、5年说等。[2]笔者认为,我国应当采用"3年说",即我国应将短期自由刑之"短

---

[1] 参见高铭暄、张天虹:"刑事和解与刑事实体法的关系",载黄京平、甄贞主编:《和谐社会语境下的刑事和解》,清华大学出版社2007年版,第8页。

[2] 参见陈志军:《短期自由刑的困境与出路》,中国政法大学出版社2015年版,第1~5页。

期"界定为3年以下,具体包括3年以下有期徒刑和拘役这两种剥夺自由刑。短期自由刑存在严重的弊端已经成为国内外刑法学界的共识:第一,惩罚功能和犯罪预防功能差。时间太短,威慑力有限,一般预防效果差;执行机关没有足够时间进行矫正改造,但由于混合关押,容易导致罪犯之间恶习交叉感染,短的刑期使其"变好不足,变坏有余",特别是预防效果也差。第二,这些犯罪大多数属于初犯,尚有一定的羞耻心,本来容易改过自新。标签效应损害其自尊心,使其自暴自弃,容易走上再犯道路。第三,入狱执行和执行后的"后遗症"多,如可能因此失业、失学、家庭婚姻破裂、子女教育培养受不良影响、再就业困难,面临严重的再社会化障碍。[1]因此,世界各国早已从立法和司法等层面设置了很多制度,尽量减少短期自由刑的适用。其中就包括建立起覆盖整个刑事诉讼流程的刑事犹豫制度,将一部分可能判处短期自由刑的犯罪嫌疑人、被告人提前分流从而不再判处短期自由刑,或者对一部分已经被判处短期自由刑的罪犯不实际执行刑罚或者提前结束刑罚执行。刑事犹豫制度,是指针对刑事司法各个阶段,分别检查其可否暂缓国家刑罚权执行的制度。[2]刑事犹豫制度具体可以分为警察阶段微罪处分制度、检察阶段起诉犹豫制度(缓起诉制度)、审判阶段宣告犹豫制度及执行犹豫制度(缓刑制度)、行刑阶段的假释制度等。[3]根据我国的学科分类,犹豫制度中的微罪处分制度、起诉犹豫制度、宣告犹豫制度,通常都认为属于刑事诉讼法上的制度,可以起到减少短期自由刑宣告的作用。在此予以具体分析。

1. 微罪处分制度

警察微罪处分制度,是指警察机关对不需要给予刑事处分的轻

---

〔1〕 参见陈志军:《短期自由刑的困境与出路》,中国政法大学出版社2015年版,第88~90页。

〔2〕 参见许福生:《刑事政策学》,中国民主法制出版社2006年版,第222页。

〔3〕 参见[日]藤木哲也:《刑事政策概论》(修订版),青林书院1996年版,第170页。

微犯罪人不送至检察机关，而自行予以终结处分的制度。根据我国《刑事诉讼法》第 162 条、第 163 条的规定，公安机关在侦查终结后，对案件有两种处理方式：一是对犯罪事实清楚，证据确实、充分的案件，移送检察机关审查起诉；二是对不应对犯罪嫌疑人追究刑事责任的案件，予以撤销。在第一种方式中，公安机关根本就没有自由裁量的余地，即侦查终结的案件，只要"犯罪事实清楚，证据确实、充分"，就"应当"移送同级人民检察院审查起诉。作为第二种处理方式的"撤销案件"是公安机关自行处理刑事案件的一种措施，这一措施的适用条件是"不应对犯罪嫌疑人追究刑事责任"。对不应追究刑事责任的具体情形，《刑事诉讼法》第 16 条作出了规定："有下列情形之一的，不追究刑事责任，已经追究的，应当撤销案件，或者不起诉，或者终止审理，或者宣告无罪：（一）情节显著轻微、危害不大，不认为是犯罪的；（二）犯罪已过追诉时效期限的；（三）经特赦令免除刑罚的；（四）依照刑法告诉才处理的犯罪，没有告诉或者撤回告诉的；（五）犯罪嫌疑人、被告人死亡的；（六）其他法律规定免予追究刑事责任的。"由于撤销案件以法律明确规定的情形为限，所以，在我国，公安机关除了对具有《刑事诉讼法》第 16 条所规定的 6 种不追究刑事责任情形之一的案件可以自行处理（撤销案件）外，对其他案件都必须移送检察机关处理，不存在实行警察微罪处分的余地。

（1）域外立法考察。采用警察微罪处分制度的典型国家是英国和日本。在英国，在控诉与案件积压之间的一个选择是警察发布一个警告。警察警告分为正式警告与非正式警告两类。正式警告将作为一个犯罪记录保存下来，如果被告人再度犯罪而被起诉，法庭就会把该警告作为量刑的考虑因素之一。该警告记录保存的时间没有明确的期限限制，在实践中一般不低于 5 年。从理论上讲，警方不可随意作出警告以代替移送起诉，警察警告必须满足如下前提：警方有足够的控诉证据；犯罪嫌疑人必须承认犯罪；犯罪嫌疑人（或未成年人的父母）在被告知该警告在未来的犯罪中可能被法庭提起的情况下，仍接受警察警告。[1]《日本刑事诉讼法》第246条规定："司法警察员在侦查犯罪终结后，除本法有特别规定的以外，应迅速将案件连同文书及物证一并移送检察官。但经检察官指定的案件，不在此限。"[2]这里所说的"检察官指定的案件"，就是指轻微犯罪案件。可见，根据该条但书的规定，检察官可以授予司法警察人员处分轻微犯罪案件的权力，所以司法警察人员在进行犯罪侦查后，如果犯罪行为极为轻微，且为检察官事先指定不用移送的案件，可以不移送。原则上除检察官接受报告后认为该微罪处分不适当而责令司法警察移送外，警察阶段便可对此案件作终结处理。[3]实施微罪处分的警察机关对于不必移送的案件，应当以微罪案件处分报告书（应当载明处理的具体日期、嫌疑犯姓名、年龄、职业、住所、所涉罪名及犯罪的主要事实）的形式，每月向检察官集中报告1次。对于适用微罪处分不适当的，检察官可指令警察机关移送。以日本为例，说明微罪处分制度的适用条件。

第一，微罪处分制度的适用对象。日本的微罪处分制度的适用对象主要包括[4]：①损害微小犯罪情节轻微，标的物已返还或已赔偿损害，被害人也表示不希望处罚，同时，又属并非向来有不良行为的偶犯，无再犯危险的盗窃、诈欺或侵占罪案件，或者与此相同情形及相同标的的案件。②财物微小犯罪情节轻微，所有共犯者无再犯危险的赌博罪初犯者。③非向来有不良行为的偶犯，被害也很轻微的暴力犯（如暴行、伤害等）。④前3项以外，检察长特别指定的"特定罪种案件"。⑤轻微少年事件的简易送交。日本还规定

---

[1] 参见马明亮："协商性司法：一种新型的司法模式"，载陈兴良主编：《刑事法评论》2005年第2期。

[2] 参见宋英辉译：《日本刑事诉讼法》，中国政法大学出版社2000年版，第57~58页。

[3] 参见郑善印："两极化的刑事政策"，载《罪与刑——林山田教授六十岁生日祝贺论文集》，台湾："五南图书出版有限公司"1998年版，第55页。

[4] 参见郑善印："两极化的刑事政策"，载《罪与刑——林山田教授六十岁生日祝贺论文集》，台湾："五南图书出版有限公司"1998年版，第54页。

了不得适用微罪处分的对象：[1]①逮捕嫌疑犯的案件。司法警察自行逮捕犯罪嫌疑人或接收被逮捕的犯罪嫌疑人，认为有必要继续拘禁时，应当在逮捕后48小时以内将犯罪嫌疑人连同文书及证物一并移送检察官。②属于告诉、告发及自首的案件。司法警察接受告诉、告发及自首案件时，应当迅速将文书、证物送交检察官。因为此类案件在许多情况下，案情复杂且法律问题较多，所以，即使司法警察侦查的结果显示完全没有犯罪嫌疑，也须将其移送，使其尽快接受检察官的审查。③法令上特别规定必须予以公诉的案件。④检察官特别命令应当移送的案件。⑤采取全部移送主义的少年案件[2]。

第二，微罪处分的附随性处理措施。根据日本关于犯罪侦查的法律规定，警察机关在实施微罪处分不移交案件时，可进行以下处置：对犯罪嫌疑人予以严厉训诫，并告诫其将来不得再犯；请犯罪嫌疑人的监护人、雇主或其他监督权人到场，敦促其将来应当对该人严加监督，并要求其出具保证书；告知犯罪嫌疑人应当对被害人予以损害赔偿、道歉或其他的适当表示。

（2）建议我国设立警察微罪处分制度。笔者认为，微罪处分制度适用于轻微犯罪，这些犯罪大多只可能被判处短期自由刑。犯罪学"标签理论"指出，一个人被贴上标签后，便会产生烙印效应，自我修正为犯罪者形象，从而脱离社会，加重其犯罪性，成为真正的犯罪者。因而，我们应当树立"刑罚是不得已的最后手段"的观念，对可能判处短期自由刑的轻微犯罪行为，应使其尽早脱离刑事诉讼程序。于警察阶段即采取微罪处分制度，最有利于犯罪嫌疑人的再社会化，该制度具有下列功能：避免因移送而可能遭受起诉及审判之前科标签；避免个人因移送起诉而在社会上所造成的不利影

---

[1] 参见[日]土本武司：《日本刑事诉讼法要义》，宋英辉、董璠舆译，五南图书出版有限公司1997年版，第172~174页。

[2] 根据日本少年法的规定，司法警察对少年案件的处理，不管案件多么轻微，均须送至家庭裁判所处理，而不适用刑事诉讼法第246条但书（微罪处分）的规定。参见[日]土本武司：《日本刑事诉讼法要义》，宋英辉、董璠舆译，台湾："五南图书出版有限公司"1997年版，第173页。

响；避免因提起公诉而对其个人及其家庭所造成精神及经济上的负担。这一制度有值得我国借鉴之处，我国应建立的警察微罪处分制度。笔者建议我国在《刑事诉讼法》中规定这一制度。具体建议包括：

第一，修改侦查终结的处理方式。2018年《刑事诉讼法》第162条第1款规定："公安机关侦查终结的案件，应当做到犯罪事实清楚、证据确实、充分，并且写出起诉意见书，连同案卷材料、证据一并移送同级人民检察院审查决定……"笔者认为应当修改为："公安机关侦查终结的案件，应当做到犯罪事实清楚，证据确实、充分，并且写出起诉意见书，连同案卷材料、证据一并移送同级人民检察院审查决定。但经检察机关指定的案件，不在此列。"这里所说的"检察机关所指定的案件"就是指轻微犯罪案件。这样，根据该条但书的规定，检察机关便可以授予公安机关处分轻微犯罪案件的权力，即公安机关在犯罪侦查终结后，如果发现犯罪行为极为轻微，且为检察机关已指定不用移送审查起诉的案件，可以不移送而自行处理。原则上除检察机关接受报告后认为该微罪处分不适当而责令公安机关移送审查起诉外，侦查阶段便可对此案件作出终结处理。

第二，规定微罪处分制度的适用对象。笔者认为，在目前我国警察整体刑事执法水平仍有很大提升空间的状况下，不宜赋予其太大的自由裁量权，而应当由最高人民检察院制定一个统一的标准。微罪处分的适用标准，应以客观上犯罪危害结果很小、犯罪情节很轻微及主观上恶性不大且无再犯危险两方面来确定。具体的适用对象可以包括：①数额不大、犯罪情节轻微的侵犯财产犯罪。综观各国的犯罪状况，财产犯罪是最主要的犯罪，而且多数的财产犯罪的数额都很小；②情节轻微的过失犯罪；③法定最高刑为3年以下有期徒刑的犯罪；④危害不大、情节轻微的未成年人案件；⑤检察机关特别指定不用移送的其他案件。同时，应规定对以下案件不得适用微罪处分制度：①累犯；②暴力犯罪；③检察机关特别指令应当移送的案件。

第三，规定检察机关审查监督制度。如果不对警察机关的裁量权进行必要的限制和制约,实施微罪处分制度会产生很多弊端,如其可能因受权势、私情等的影响而被滥用。为了防止公安侦查机关对微罪处分权的滥用,防止滋生司法腐败,除了公安机关应建立内部监督机制外,还应建立检察机关的外部监督制度,即规定公安机关对于实施微罪处分不移送的案件,应当以微罪案件处分报告书的形式(应当载明处理的具体日期、犯罪嫌疑人姓名、年龄、职业、住所、所涉罪名及犯罪的主要事实),每月向检察机关集中报告1次。检察机关发现不应适用微罪处分的案件时,有权指令公安机关移送审查起诉,公安机关应当根据检察机关的指令予以移送。

第四,规定实施微罪处分时的非刑罚处理措施。微罪处分的刑事政策目的在于有利于犯罪嫌疑人的再社会化、避免短期自由刑的弊端,但也不是一放了之,而应对其采取一定的处置措施,防止其再犯。这些措施包括:对犯罪嫌疑人予以严厉训诫,并告诫其将来不得再犯;请犯罪嫌疑人的监护人、雇主或其他监督权人到场,敦促其将来应对该人严加监督,并要求其出具保证书;责令犯罪嫌疑人对被害人予以损害赔偿、道歉或作出其他适当的表示。

第五,规定赋予犯罪嫌疑人适用否决权。微罪处分虽然有利于犯罪嫌疑人改善矫正、防止再犯,但是在一定程度上有碍于犯罪嫌疑人接受法定程序的保障,即警察微罪处分可能会剥夺犯罪嫌疑人接受公平审判的权利,因为犯罪嫌疑人可能会因行为尚未达到犯罪程度而受到无罪判决。如果只是出于再社会化的目的,对其予以微罪处分,反而不利于犯罪嫌疑人。因此,应规定公安机关在实施微罪处分前须征求犯罪嫌疑人的意见,赋予犯罪嫌疑人否决权。

2. 起诉犹豫制度

起诉犹豫制度也称为附条件不起诉制度。附条件不起诉,是指公诉机关对符合提起公诉条件的犯罪嫌疑人,综合其涉嫌犯罪事实和人身危险性,认为暂时不提起公诉适当并确实不致再危害社会的,可以暂时不予起诉,而对其施加强制命令和行为规则,若犯罪嫌疑人在规定期间内履行义务,没有发生法定撤销的情形,期满就不再提起公诉的制度。[1] 2012 年《刑事诉讼法》新增了未成年人附条件不起诉制度。这符合我国刑事诉讼法贯彻宽严相济刑事政策，是借鉴世界刑事法治改革先进经验的重大立法进步。附条件不起诉制度让犯罪嫌疑人在审查起诉阶段脱离刑事诉讼程序，不再进入刑事审判程序和刑罚执行程序，因此不会留下有罪前科，其效果要明显好于缓刑制度。正如有论者所说的那样，"附条件不起诉的条件，实际上是在某种程度上履行'刑罚'的职能——追求刑罚所要实现的对犯罪嫌疑人的教育、改造、矫正"。[2] 根据刑事诉讼法及有关司法解释的规定，我国附条件不起诉制度的适用需要同时具备以下6 个条件：

（1）前提条件。适用附条件不起诉制度的实质条件是案件符合起诉条件。如果检察机关审查证据后，无法认定犯罪嫌疑人是否构成犯罪，或虽构成犯罪，但依法不需要判处刑罚，则只能依法作出存疑不起诉决定或者相对不起诉决定。根据 2012 年《刑事诉讼法》第 172 条 [3] 的规定，人民检察院认为犯罪嫌疑人的犯罪事实已经查清，证据确实、充分，依法应当追究刑事责任的，应当作出起诉决定。由此可见，提起公诉的条件有三：第一，犯罪嫌疑人的犯罪事实已经查清。第二，证据确实、充分。第三，依法应当追究刑事责任。

（2）对象条件。适用附条件不起诉制度的实质条件是犯罪嫌疑人是未成年人。《未成年人保护法》第 2 条规定，未成年人是指未满 18 周岁的人。刑法和刑事诉讼法上也采取相同的标准。笔者认为，现有立法将附条件不起诉制度的适用对象仅限于已满 14 周岁不满 18 周岁的未成年人，适用范围过窄。建议将其适用范围扩大为不满 25 周岁的青少年甚至更宽。

---

[1] 参见叶肖华：“比较法视域下的附条件不起诉制度”，载《金陵法律评论》2007 年第 2 期。

[2] 参见盛宏文、张玉飞：“附条件不起诉之'条件'研究——由一个案例引发的思考”，载张智辉主编：《附条件不起诉制度研究》，中国检察出版社 2011 年版，第 135 页。

[3] 2018 年《刑事诉讼法》第 176 条第 1 款。

（3）行为类型条件。适用附条件不起诉制度的行为类型条件，是刑法分则第四章、第五章、第六章规定的犯罪。具体而言，包括以下3类犯罪行为：第一，侵犯公民人身权利、民主权利罪。第二，侵犯财产权利罪。第三，妨害社会管理秩序罪。其他犯罪不能适用附条件不起诉。从形式上看，适用未成年人不起诉制度的犯罪行为类型较窄，但实际上已经涵括了实践中未成年人最常实施的故意伤害、盗窃、抢劫、抢夺、寻衅滋事、聚众斗殴、敲诈勒索等大部分犯罪行为。[1]

（4）处罚轻重条件。适用附条件不起诉制度的处罚轻重条件是可能判处1年有期徒刑以下刑罚。根据2017年修订后《最高人民法院关于常见犯罪的量刑指导意见》的规定，刑法分则第四章、第五章、第六章中可能被判处1年有期徒刑以下刑罚的常见犯罪有11种，分别是故意伤害罪，非法拘禁罪，盗窃罪，诈骗罪，抢夺罪，职务侵占罪，敲诈勒索罪，妨害公务罪，聚众斗殴罪，寻衅滋事罪，掩饰、隐瞒犯罪所得、犯罪所得收益罪。在司法实践中，适用最多的是盗窃罪。鉴于2020年11月5日最高人民法院、最高人民检察院、公安部、国家安全部、司法部发布了《关于规范量刑程序若干问题的意见》，因此，附条件不起诉要求的可能判处1年有期徒刑以下刑罚可以通过量刑标准化的规则进行确定。[2]

（5）实质条件。适用附条件不起诉制度的实质条件是犯罪嫌疑人有悔罪表现。悔罪表现，是指犯罪分子犯罪过程中以及犯罪以后是否承认自己的犯罪事实，是否认识到自己犯罪行为的违法性，并有真诚悔改、重新做人的积极态度和表现。[3]悔改表现的具体表现形式主要有：以积极救助被害人、积极退赔退赃等方式减轻或者弥补

---

[1] 参见徐松青、张华："《刑事诉讼法》修正案附条件不起诉解读与应对"，载《法律适用》2012年第10期。

[2] 参见杜文俊、时明清："未成年人附条件不起诉制度之适用"，载《东方法学》2012年第3期。

[3] 参见杨燮蛟："被告人悔罪表现与行使辩解权"，载《江苏警官学院学报》2004年第3期。

犯罪所造成的损害；向被害人及其亲属以赔礼道歉等方式悔罪；自首行为；坦白行为；立功行为；等等。在实践需要注意的是，对有前科的未成年人，虽然依据《刑法修正案（八）》的规定不再构成累犯，但在适用附条件不起诉判断其是否有悔改表现时尤其应当慎重。[1]

（6）当事人同意条件。适用附条件不起诉制度的当事人同意条件，是犯罪嫌疑人及其法定代理人同意附条件不起诉。2012年《刑事诉讼法》第271条第3款[2]规定，未成年犯罪嫌疑人及其法定代理人对人民检察院决定附条件不起诉有异议的，不能适用附条件不起诉，人民检察院应当作出起诉的决定。因为附条件不起诉是附条件的，即会对给未成年犯罪嫌疑人设定一定的义务，如果犯罪嫌疑人根本不愿意遵守这些条件或者履行这些义务，将无法实现该制度的宗旨，也就失去了适用该制度的基础，因而需要事先听取当事人及其法定代理人的意见并征得其同意。同意条件还可以起到制约检察机关滥用附条件不起诉的作用，正如有论者指出的那样，这样可以"防止检察机关、检察人员滥用附条件不起诉的决定权，把那些根本不构成犯罪，不具备起诉条件的当事人作出附条件不起诉的决定，掩盖侦查、审查起诉工作上的错误，重蹈当年免予起诉制度被滥用的情形"。[3]将当事人同意作为适用附条件不起诉的条件，实际上赋予了当事人自愿选择通过审判对自己是否有罪做出明确结论的权利。

3. 宣告犹豫制度

宣告犹豫制度，是指审判机关经过审判确定行为人的行为构成犯罪，但暂时不宣告其有罪，而在一定期限内交有关机关对行为人进行监督考验。如果行为人在此考验期限内遵守所规定的条件，便

---

[1] 参见徐松青、张华："《刑事诉讼法》修正案附条件不起诉解读与应对"，载《法律适用》2012年第10期。

[2] 参见2018年《刑事诉讼法》第282条第3款。

[3] 参见顾永忠："刑事案件繁简分流的新视角——论附条件不起诉和被告人认罪案件程序的立法建构"，载《中外法学》2007年第6期；柯葛壮："附条件不起诉中'异议权'之保障"，载《法学》2013年第1期。

不再作有罪宣告；如果没有遵守所规定的条件，则作有罪宣告；如果在考验期内再犯新罪，则新罪与前罪并罚。[1]

（1）建立宣告犹豫制度的意义。在我国建立宣告犹豫制度具有重要意义：

第一，其比执行犹豫制度更有利于避免短期自由刑之宣告、执行的弊端。如果从一般预防的角度来看，执行犹豫制度因为有刑罚的宣告，当然优于没有刑罚宣告的宣告犹豫制度。但如果从犯人改造教育的角度来看，则宣告犹豫制度优于执行犹豫制度。因为虽然采用附条件罪行宣告主义的执行犹豫制度事后可以使刑罚的宣告失去效力，和自始未受刑罚宣告的情形相同，但其抹消的只是官方的前科记录，现实社会在其犹豫期间所留下的烙印仍无法去除。因此给予犯人最佳教育改善机会的，可能就是宣告犹豫制度。[2]因为，法院通过对被告延期宣告刑罚，给被告施加一定的压力，给他以悔罪的机会，观察他的实际表现，这对轻微犯罪者是有一些效果的。针对应判处短期自由刑的案件而言，显然应当强调特别预防功能，因为短期自由刑之一般预防效果差正是其受攻击的弊端之一。如果从这一角度来看，我国有必要在现行执行犹豫（缓刑）制度外，再引入宣告犹豫制度。

第二，在诉讼观念上可行。宣告犹豫制度源自英美国家，虽然我国的诉讼制度与英美的诉讼制度存在很大的区别，但诉讼观念上并非不可能将有罪之认定与刑罚的宣告分开，而且目前大陆法系国家也有采用这一制度的，如法国[3]、比利时、丹麦、瑞典、挪威[4]等。

第三，可以弥补检察机关滥用起诉犹豫权的一些弊端。检察官对起诉犹豫权的滥用有两种基本的形式：一是对不该适用的予以适

---

[1] 参见张明楷编著：《外国刑法纲要》，清华大学出版社2007年版，第417页。

[2] 参见[日]福田雅章："受刑人之法的地位"，李茂生译，载《刑事法杂志》（第35卷第5期）1986年第6期。

[3] 《法国刑法典》132—60条~132—70条规定了刑罚推迟宣告制度，参见罗结珍译：《法国刑法典》，中国人民公安大学出版社1995年版，第40~43页。

[4] 参见[日]大谷实：《刑事政策学》，黎宏译，法律出版社2000年版，第189页。

用；二是对应该适用的不予适用。检察官对原应予以起诉犹豫的案件仍然予以起诉的，法院在案件罪证确实的情况下，就不得不宣告被告人有罪，但是如果有宣告犹豫制度，就可弥补这一弊端。

第四，有利于促使犯罪行为人改过自新。建立宣告犹豫制度可促使犯罪行为人自我反省，如再犯将遭受有罪宣判和刑罚，这种压力有利于促使其遵纪守法，改过自新。

(2) 我国的立法现状。在我国现行法律中没有规定宣告犹豫制度。《刑事诉讼法》第200条规定："在被告人最后陈述后，审判长宣布休庭，合议庭进行评议，根据已经查明的事实、证据和有关的法律规定，分别作出以下判决：（一）案件事实清楚，证据确实、充分，依据法律认定被告人有罪的，应当作出有罪判决；（二）依据法律认定被告人无罪的，应当作出无罪判决；（三）证据不足，不能认定被告人有罪的，应当作出证据不足、指控的犯罪不能成立的无罪判决。"即人民法院对刑事案件的处理结果只有3种：一是作出有罪判决，二是作出无罪判决，三是作出有条件的无罪判决（证据不足、指控犯罪不能成立的无罪判决，保留在出现新的证据时予以追诉的可能性）。在按该条第（二）项、第（三）项应当作出无罪判决的情况下，显然不能混淆罪与非罪的原则界限而适用宣告犹豫，而根据该条第（一）项的规定，"案件事实清楚，证据确实、充分，依据法律认定被告人有罪的，人民法院应当作出有罪判决"。"应当"这一立法措辞彻底排除了适用宣告犹豫制度的可能性。

(3) 立法设计。笔者建议在我国刑事诉讼法中设立宣告犹豫制度，在其第200条之后增加1条。该条分为5款：

第一，第1款："对于应当被判处管制、拘役、三年以下有期徒刑的被告人，根据其犯罪情节和罪前、罪后表现，认为暂缓作出有罪判决更为适当的，可以作出暂缓宣告的裁定，但对累犯不予适用。"需要指出的是，人民法院在适用暂缓宣告（宣告犹豫）时，不但须认定被告人的犯罪事实，而且须量定其刑罚并制作判决书，只是对外不公布，也不向被告人正式宣告，在手续上用裁定书的方式予以告之。

第二，第2款："如果被告人认为自己无罪，不服暂缓宣告的裁定的,可以提出异议。异议提出后,人民法院应当以判决书形式作出宣告,被告人可按照二审程序提出上诉。如果被告人未对暂缓宣告裁定提出异议,裁定发生效力。异议应在考验期内提出。"

第三,第3款:"对被告人作出暂缓宣告裁定时,可以对其采取一定的附带性措施。"这些措施的具体类型应由最高人民检察院通过司法解释进行规定,如对被告人予以严厉训诫,并告诫其将来不得再犯;请被告人的监护人、雇主或其他监督权人到场,敦促其将来应当对该人严加监督,并要求其出具保证书;责令被告人对被害人予以损害赔偿、道歉或作出其他适当的表示;为了实现宣告犹豫的特别预防的功能,也可建立宣告犹豫交付保护观察制度。

第四,第4款:"应被判处管制的被告人的考验期为应判刑期;应被判处拘役的被告人的考验期为应判刑期以上一年以下,但不能少于二个月;应被判处三年以下有期徒刑的被告人的考验期为应判刑期以上五年以下,但不能少于一年。考验期限从暂缓宣告裁定作出之日起计算。"

第五,第5款:"被裁定暂缓宣告的被告人,在考验期内犯新罪,或者发现以前还有其他罪没有判决,或者违反法律、行政法规或者国务院公安部门有关的监督管理规定,情节严重的,应当撤销暂缓宣告裁定,而宣告有罪判决。在考验期内没有发生这三种应撤销暂缓宣告事由的,不再作出有罪判决。"

(二)死刑与刑事诉讼法相关联的问题

1. 死刑适用对象与刑事诉讼法相关联的问题

《刑法》第49条规定了不得适用死刑的三类对象。在三类对象的认定中,都涉及刑事诉讼法问题。

(1)犯罪的时候不满18周岁的人。2010年6月13日《最高人民法院、最高人民检察院、公安部、国家安全部、司法部关于办理死刑案件审查判断证据若干问题的规定》第40条规定:"审查被告人实施犯罪时是否已满十八周岁,一般应当以户籍证明为依据;对户籍证明有异议,并有经查证属实的出生证明文件、无利害关系人的证言等证据证明被告人不满十八周岁的,应认定被告人不满十八周岁；没有户籍证明以及出生证明文件的，应当根据人口普查登记、无利害关系人的证言等证据综合进行判断，必要时，可以进行骨龄鉴定，并将结果作为判断被告人年龄的参考。未排除证据之间的矛盾，无充分证据证明被告人实施被指控的犯罪时已满十八周岁且确实无法查明的，不能认定其已满十八周岁。"

（2）审判的时候怀孕的妇女。根据有关司法解释，"审判时怀孕"应作广义理解，既包括人民法院审判的时候被告人怀孕，也包括被告人在审判前的羁押期间（包括公安预审羁押期间）怀孕。[1]在羁押期间已是孕妇的被告人，无论其怀孕是否属于违反国家计划生育政策，[2]也不论其是否自然流产[3]或者经人工流产以及流产

---

〔1〕 1983年9月20日《最高人民法院关于人民法院审判严重刑事犯罪案件中具体应用法律的若干问题的答复》规定："……三、问：刑法第四十四条规定：'审判的时候怀孕的妇女，不适用死刑。'刑事诉讼法第一百五十四条规定：执行死刑前，发现罪犯正在怀孕，应当停止执行，并报请核准死刑的上级人民法院依法改判。现在遇到两种情况，应该怎样执行上述规定？第一种情况是，案件起诉到人民法院前，被告人在关押期间，被人工流产的，可否认为已不是怀孕的妇女了。第二种情况是，法院受理案件时，被告人是怀孕的妇女，准备给做人工流产后，判处死刑。我们认为，根据上述法律规定，无论是在关押期间，或者是在法院审判的时候，对怀孕的妇女，都不应当为了要判处死刑，而给进行人工流产；已经人工流产的，仍应视同怀孕的妇女，不适用死刑。（福建、湖南、甘肃、浙江、黑龙江、河南）答：同意你们的意见。对于这类案件，应当按照刑法第四十四条和刑事诉讼法第一百五十四条的规定办理，即：人民法院对'审判的时候怀孕的妇女，不适用死刑。'如果人民法院在审判时发现，在羁押受审时已是孕妇的，仍应依照上述法律规定，不适用死刑。"

〔2〕 1991年3月18日《最高人民法院研究室关于如何理解"审判的时候怀孕的妇女不适用死刑"问题的电话答复》规定，在羁押期间已是孕妇的被告人，无论其怀孕是否属于违反国家计划生育政策，也不论其是否自然流产或者经人工流产以及流产后移送起诉或审判期间的长短，仍应执行该院（83）法研字第18号《关于人民法院审判严重刑事犯罪案件中具体应用法律的若干问题的答复》中对第三个问题的答复："对于这类案件，应当按照刑法第四十四条和刑事诉讼法第一百五十四条的规定办理，即：人民法院对'审判的时候怀孕的妇女，不适用死刑'。如果人民法院在审判时发现，在羁押受审时已是孕妇的，仍应依照上述法律规定，不适用死刑。"

〔3〕 1998年8月7日《最高人民法院关于对怀孕妇女在羁押期间自然流产审判时是否可以适用死刑问题的批复》规定：怀孕妇女因涉嫌犯罪在羁押期间自然流产后，又因同一事实被起诉、交付审判的，应当视为"审判的时候怀孕的妇女"，依法不适用死刑。

后移送起诉或审判期间的长短,都不能适用死刑。对于怀孕的妇女,无论是在羁押时还是在受审期间,都不应当为了判处死刑而强制其做人工流产,如果已经人工流产的,仍应视为审判时怀孕的妇女,不得判处死刑。如果审判时没有发现其怀孕而作了死刑判决,在执行前才发其正在怀孕,应依照《刑事诉讼法》第262条的规定,应当停止执行,并且立即报告最高人民法院,由最高人民法院作出裁定"或者"依法改判"。

(3)审判的时候已满75周岁的人(以特别残忍手段致人死亡的除外)。根据司法解释,[1]审查被告人……审判时是否达到相应法定责任年龄,应当根据户籍证明、出生证明文件、学籍卡、人口普查登记、无利害关系人的证言等证据综合判断。证明被告人……不满75周岁的证据不足的,应当作出有利于被告人的认定。

2. 死刑适用的程序限制

为了体现对死刑适用的慎重,《刑法》和《刑事诉讼法》对死刑适用在程序上进行了限制:

(1)审级限制。《刑事诉讼法》规定,基层人民法院管辖第一审普通刑事案件。但可能判处无期徒刑、死刑的案件,由中级人民法院一审管辖。

(2)复核限制。《刑法》第48条第2款规定:"死刑除依法由最高人民法院判决的以外,都应当报请最高人民法院核准。死刑缓期执行的,可以由高级人民法院判决或者核准。"根据我国《刑事诉讼法》的规定,对于判处被告人死刑的案件,在通常的一审、二审程序之外还须经过死刑复核这一特别监督程序。每一个判处死刑立即执行的案件,都要逐级上报最高人民法院核准,客观上就限制了适用死刑的数量,保证了死刑案件的办案质量。相对于1996年《刑事诉讼法》而言,2012年《刑事诉讼法》在以下几个方面对死刑复核程序作出了完善:[2]第一,规定应当提讯每一位被告人。

---

[1] 2021年1月26日《最高人民法院关于适用〈中华人民共和国刑事诉讼法〉的解释》第146条。

[2] 2018年《刑事诉讼法》沿袭了2012年《刑事诉讼法》的修正规定。

《刑事诉讼法》规定，最高人民法院复核死刑案件，应当讯问被告人。单纯的书面审查显然不是能替代当面讯问。在死刑复核中讯问死刑案件被告人是非常必要的，死刑复核程序作为死刑案件审判的"最后一道关卡"，应当保证被告人有向法官充分发表辩解意见的机会，这对保证案件质量和保障被告人的合法权利具有积极的意义。第二，辩护律师提出要求的，应当听取辩护律师的意见。《刑事诉讼法》规定，在死刑复核中，辩护律师提出要求的，应当听取辩护律师的意见。听取辩护律师的意见，有利于保障被告人充分行使辩护权和维护死刑复核程序公正性。根据司法解释，[1]"死刑复核期间，辩护律师要求当面反映意见的，最高人民法院有关合议庭应当在办公场所听取其意见，并制作笔录；辩护律师提出书面意见的，应当附卷。"第三，加强检察机关对死刑复核的监督。《刑事诉讼法》第251条第2款规定："在复核死刑案件过程中，最高人民检察院可以向最高人民法院提出意见。最高人民法院应当将死刑复核结果通报最高人民检察院。"第四，新增最高人民法院对不予核准死刑案件可以发回重新审判或者予以改判的规定。实际上2007年2月27日《最高人民法院关于复核死刑案件若干问题的规定》就明确了最高人民法院处理死刑复核案件的3种方式：裁定核准、不予核准后发回重审或直接改判。2012年对《刑事诉讼法》的修正将司法解释的规定转化为立法规定。上述修改有利于贯彻"严格控制死刑，慎重适用死刑"的政策。

（3）证据限制。2010年6月13日《最高人民法院、最高人民检察院、公安部、国家安全部、司法部关于办理死刑案件审查判断证据若干问题的规定》规定了证据裁判原则、程序法定原则、证据质证原则及死刑案件的证明对象、证明标准等内容，特别强调了对死刑案件应当实行最为严格的证据要求；规定了证据的分类审查与认定；规定了对证据的综合认证，包括如何运用间接证据定案，如

---

[1] 2021年《最高人民法院关于适用〈中华人民共和国刑事诉讼法〉的解释》第434条。

何补正和调查核实存疑证据以及如何严格把握死刑案件的量刑证据等。

（三）罚金与刑事诉讼法相关联的问题

关于罚金数额，我国刑法立法有 5 种不同的立法规定方式：第一，比例制。如《刑法》第 158 条规定，犯虚报注册资本罪的，并处或者单处虚报注册资本金额 1%以上 5%以下罚金。第二，倍数制。如《刑法》第 175 条规定，犯高利转贷罪的，并处违法所得 1 倍以上 5 倍以下罚金。第三，比例兼倍数制。如《刑法》第 140 条规定，犯生产、销售伪劣产品罪的，并处或者单处销售金额 50%以上 2 倍以下罚金。第四，特定数额制。如《刑法》第 177 条规定，犯伪造、变造金融票证罪的，并处或者单处 2 万元以上 20 万元以下罚金。第五，抽象罚金制。如《刑法》第 224 条规定，犯合同诈骗罪的，并处罚金。其中抽象罚金制是我国罚金数额最为普遍的规定方式。基于罪刑法定原则之"刑罚法定"的要求，抽象罚金制将罚金数额完全交由法官自由裁量，似乎是一种最劣的规定方式；特定数额制中法官自由裁量空间最小，似乎是一种最优的规定方式。但这显然是一种过于理想化的认识，在司法实践中，特定数额制随着通货膨胀很容易陷入惩罚性不足的境地而需要不断修改立法，比例制、倍数制、比例兼倍数制看似兼顾了罪刑法原则和为复杂的司法实践预留自由裁量权，但因为其所据以确定罚金幅度的违法所得数额、销售金额、非法经营数额等在司法实践中往往难以查清，或者查清需要付出高昂的人力、财力等成本。导致司法机关陷入举证困难境地，从而影响准确量刑，导致违背罪责刑相适应原则的情况出现。为此，我国 1997 年《刑法》以来的多次刑法修正中出现了将比例制、倍数制、比例兼倍数制修改为抽象罚金制的现象。这体现了刑法立法减轻相关犯罪刑事诉讼证明难的务实态度。这些修正具体包括：

1. 《中华人民共和国刑法修正案（六）》（以下简称《刑法修正案（六）》）

2006 年《刑法修正案（六）》将 1999 年《刑法修正案》修正后的《刑法》第 182 条规定的"操纵证券、期货交易价格罪"进一步修改为"操纵证券、期货市场罪",同时将原来法定刑中的"并处或者单处违法所得一倍以上五倍以下罚金"修改为"并处或者单处罚金"和"并处罚金"。

2.《刑法修正案(八)》

2011年《刑法修正案(八)》有3处有关罚金数额规定方式的修改:(1)将《刑法》第141条规定的生产、销售假药罪法定刑中的"并处或者单处销售金额百分之五十以上二倍以下罚金""并处销售金额百分之五十以上二倍以下罚金"修改为"并处罚金"。(2)将《刑法》第143条规定的生产、销售不符合安全标准的食品罪法定刑中的"并处或者单处销售金额百分之五十以上二倍以下罚金""并处销售金额百分之五十以上二倍以下罚金"修改为"并处罚金"。(3)将《刑法》第144条规定的生产、销售有毒、有害食品罪法定刑中的"并处或者单处销售金额百分之五十以上二倍以下罚金""并处销售金额百分之五十以上二倍以下罚金"修改为"并处罚金"。

3.《刑法修正案(十一)》

2020年《刑法修正案(十一)》有5处有关罚金数额规定方式的修改:(1)将《刑法》第160条规定的"欺诈发行股票、债券罪"修改为"欺诈发行证券罪",同时将其部分法定刑中的"并处或者单处非法募集资金金额百分之一以上百分之五以下罚金"修改为"并处或者单处罚金"和"并处罚金"。(2)将《刑法》第161条规定的违规披露、不披露重要信息罪法定刑中的"并处或者单处二万元以上二十万元以下罚金"修改为"并处或者单处罚金"和"并处罚金"。(3)将《刑法》第176条规定的非法吸收公众存款罪法定刑中的"并处或者单处两万元以上二十万元以下罚金"修改为"并处或者单处罚金",将"并处两万元以上二十万元以下罚金"修改为"并处罚金"。(4)将《刑法》第191条规定的洗钱罪法定刑中的"并处或者单处洗钱数额百分之五以上百分之二十以下罚金"修改为"并处或者单处罚金",将"并处洗钱数额百分之五以上百分之二十以下罚金"修改为"并处罚金"。(5)将《刑法》第192条集资诈骗罪法定刑中的"并处二万元以上二十万元以下罚金"和

"并处五万元以上五十万元以下罚金"均修改为"并处罚金"。

三、刑罚裁量制度与刑事诉讼法相关联的问题

（一）量刑原则与刑事诉讼法相关联的问题

《刑法》第61条规定了量刑的一般原则："对于犯罪分子决定刑罚的时候，应当根据犯罪的事实、犯罪的性质、情节和对于社会的危害程度，依照本法的有关规定判处。"由此可见，中国刑法规定的量刑一般原则是"以案件事实为根据，以刑法规定为准绳"，这是"以事实为根据，以法律为准绳"这一司法原则在刑法中的具体化。1956年3月在由最高人民法院和司法部联合召开的第三届全国司法工作会议上，全国人民代表大会常务委员会副委员长彭真提出了审判工作要遵循"事实是根据，法律是准绳"这一著名原则。后来，这一原则在文字表述上被作了适当调整，成为现在法学理论和法律规定上的"以事实为根据，以法律为准绳"的原则。2012年《刑事诉讼法》第6条规定："人民法院、人民检察院和公安机关进行刑事诉讼……必须以事实为根据，以法律为准绳……"量刑是一个实体和程序相结合的过程，需要综合运用刑法和刑事诉讼法的规定。在2012年《刑事诉讼法》将量刑程序从定罪程序分立出来之后，应当从实体和程序相结合的角度全面理解量刑原则，尤其应当高度重视刑事诉法的新规定在贯彻量刑原则中的作用。

1. 以事实为根据

具体应当注意两个方面：

（1）事实是指客观事实抑或法律事实？理论上往往将案件事实界定为绝对客观真实，混淆了客观事实与法律事实的界限，造成了认识上的误区和司法实践上的难题。完全客观的事实是一种哲学语境下的事实，是从本体论角度来看的事实，它自身并没有参照系。而法律事实则是在法律程序、价值中确认的事实。法律事实不但具有客观性、法律性，还应具有主观性，这是因为任何案件事实都离不开法律职业主体的认定，而任一主体对事实的认定都要受制于主体的经验、偏好、学识等认识能力，受制于主体之价值观念，即承认事实之认定是一个客观见之于主观的活动。法律事实强调认识的正当性和真理性，而客观事实则认为必须与客观真实相一致，可见，法律事实是一种相对真理，而客观事实是一种绝对真理。[1]法律事实是一种规范性事实，是一种能用证据证明的事实，是一种具有法律意义的事实，是一种制度性事实。总之，我们应当从实体和程序相结合的角度来理解"以事实为根据"之"事实"的含义。[2]

（2）事实的内容。这里的"事实"是指案件事实，《刑法》第61条将其表述为"犯罪的事实、犯罪的性质、情节和对于社会的危害程度"。具体而言，案件事实包括以下4个方面的具体事实：一是犯罪事实，是指犯罪构成要件的各项基本事实情况。此处的犯罪事实是案件事实的下位概念。二是犯罪性质，是指犯罪行为的法律性质，即某一法益侵害行为经由法律规定并通过审判机关确认的犯罪属性。不同性质的犯罪，处罚的轻重往往也有所区别。三是情节。这里的情节是指量刑情节。四是对于社会的危害程度。这里的社会危害程度，是指犯罪行为对社会造成或者可能造成损害结果的程度。

2. 以法律为准绳

这里的"法律"既包括刑法也包括刑事诉讼法，尤其应当重视遵守量刑程序性规则，对量刑事实的证明也要适用"排除合理怀疑"的证明标准。根据2017年3月9日最高人民法院发布的修订后的《最高人民法院关于常见犯罪的量刑指导意见》的规定，量刑包括3个步骤：第一，根据基本犯罪构成事实在相应的法定刑幅度内确定量刑起点；第二，根据其他影响犯罪构成的犯罪数额、犯罪次数、犯罪后果等犯罪事实，在量刑起点的基础上增加刑罚量确定基准刑；第三，根据量刑情节调节基准刑，并综合考虑全案情况，依法确定宣告刑。

（二）量刑的基本方法

根据2017年3月9日最高人民法院发布的修订后的《最高人民法院关于常见犯罪的量刑指导意见》的规定，在具体案件中量刑的

---

[1] 参见樊崇义："从客观真实到法律真实——兼论刑事诉讼证明标准"，载陈兴良主编：《刑事法评论》1999年第2期。

[2] 参见陈金钊："论法律事实"，载《法学家》2000年第2期。

基本方法是，应以定性分析为主，定量分析为辅，依次确定量刑起点、基准刑和宣告刑。量刑的基本方法包括下列3个方面：

1. 量刑步骤

第一，根据基本犯罪构成事实在相应的法定刑幅度内确定量刑起点；第二，根据其他影响犯罪构成的犯罪数额、犯罪次数、犯罪后果等犯罪事实，在量刑起点的基础上增加刑罚量确定基准刑；第三，根据量刑情节调节基准刑，并综合考虑全案情况，依法确定宣告刑。

2. 量刑情节调节基准刑的方法

第一，具有单个量刑情节的，根据量刑情节的调节比例直接调节基准刑。第二，具有多个量刑情节的，一般根据各个量刑情节的调节比例，采用同向相加、逆向相减的方法调节基准刑；具有未成年人犯罪、老年人犯罪、限制行为能力的精神病人犯罪、又聋又哑的人或者盲人犯罪、防卫过当、避险过当、犯罪预备、犯罪未遂、犯罪中止、从犯、胁从犯和教唆犯等量刑情节的，先适用该量刑情节对基准刑进行调节，在此基础上，再适用其他量刑情节进行调节。第三，被告人犯数罪，同时具有适用于各个罪的立功、累犯等量刑情节的，先适用该量刑情节调节个罪的基准刑，确定个罪所应判处的刑罚，再依法实行数罪并罚，决定执行的刑罚。

3. 确定宣告刑的方法

第一，量刑情节对基准刑的调节结果在法定刑幅度内，且罪责刑相适应的，可以直接确定为宣告刑；如果具有应当减轻处罚情节的，应依法在法定最低刑以下确定宣告刑。第二，量刑情节对基准刑的调节结果在法定最低刑以下，具有法定减轻处罚情节，且罪责刑相适应的，可以直接确定为宣告刑；只有从轻处罚情节的，可以依法确定法定最低刑为宣告刑；但是根据案件的特殊情况，经最高人民法院核准，也可以在法定刑以下判处刑罚。第三，量刑情节对基准刑的调节结果在法定最高刑以上的，可以依法确定法定最高刑为宣告刑。第四，综合考虑全案情况，独任审判员或合议庭可以在20%的幅度内对调节结果进行调整，确定宣告刑。当调节后的结果仍不符合罪责刑相适应原则的，应提交审判委员会讨论，依法确定宣告刑。第五，综合全案犯罪事实和量刑情节，依法应当判处无期徒刑以上刑罚、管制或者单处附加刑、缓刑、免刑的，应当依法适用。

（三）量刑权行使的程序规则

2012年修正后的《刑事诉讼法》新增了量刑程序，2018年修正后的《刑事诉讼法》基本沿袭了其规定。《刑事诉讼法》第198条第1款规定："法庭审理过程中，对与定罪、量刑有关的事实、证据都应当进行调查、辩论。"2019年12月30日最高人民检察院发布的《人民检察院刑事诉讼规则》和2021年1月26日《最高人民法院关于适用〈中华人民共和国刑事诉讼法〉的解释》这两个司法解释中对量刑程序作出了细化规定，规范了量刑权这一实体权力的行使。[1]

1. 量刑证据规则

对量刑事实和定罪事实适用相同的证据规则。不能单纯以被告人供述作为量刑证据。没有被告人供述，证据确实、充分的，可以认定被告人处以刑罚。量刑证据确实、充分，应当符合以下条件：量刑的事实都有证据证明；据以定案的证据均经法定程序查证属实；综合全案证据，对所认定事实已排除合理怀疑。

2. 量刑建议程序

第一，人民检察院对提起公诉的案件，可以向人民法院提出量刑建议。除有减轻处罚或者免除处罚情节外，量刑建议应当在法定量刑幅度内提出。建议判处有期徒刑、管制、拘役的，可以具有一定的幅度，也可以提出具体确定的建议。第二，提出量刑建议的，可以制作量刑建议书，与起诉书一并移送人民法院。量刑建议书的主要内容应当包括被告人所犯罪行的法定刑、量刑情节、建议人民法院对被告人判处刑罚的种类、刑罚幅度、可以适用的刑罚执行方式以及提出量刑建议的依据和理由等。第三，人民检察院向人民法院提出量刑建议的，公诉人应当在发表公诉意见时提出。第四，控

---

[1] 同时也规范了检察机关求刑权（如量刑建议权）的行使。

辩双方提出对未成年被告人判处管制、宣告缓刑等量刑建议的，应当向法庭提供有关未成年被告人能够获得监护、帮教以及对所居住社区无重大不良影响的书面材料。

3. 量刑调查与量刑辩论程序

第一，法庭审理过程中，对与量刑有关的事实、证据，应当进行调查。人民法院除应当审查被告人是否具有法定量刑情节外，还应当根据案件情况审查以下影响量刑的情节：案件起因；被害人有无过错及过错程度，是否对矛盾激化负有责任及责任大小；被告人的近亲属是否协助抓获被告人；被告人平时表现，有无悔罪态度；退赃、退赔及赔偿情况；被告人是否取得被害人或者其近亲属谅解；影响量刑的其他情节。第二，审判期间，合议庭发现被告人可能有自首、坦白、立功等法定量刑情节，而人民检察院移送的案卷中没有相关证据材料的，应当通知人民检察院在指定时间内移送。审判期间，被告人提出新的立功线索的，人民法院可以建议人民检察院补充侦查。第三，对被告人认罪的案件，在确认被告人了解起诉书指控的犯罪事实和罪名，自愿认罪且知悉认罪的法律后果后，法庭调查可以主要围绕量刑和其他有争议的问题进行。对被告人不认罪或者辩护人作无罪辩护的案件，法庭调查应当在查明定罪事实的基础上，查明有关量刑事实。第四，公诉人在法庭上应当依法提出量刑建议及理由，针对被告人、辩护人的辩护意见进行答辩。第五，对被告人认罪的案件，在确认被告人了解起诉书指控的犯罪事实和罪名，自愿认罪且知悉认罪的法律后果后，法庭调查可以主要围绕量刑和其他有争议的问题进行。对被告人不认罪或者辩护人作无罪辩护的案件，法庭调查应当在查明定罪事实的基础上，查明有关量刑事实。

（四）酌定量刑情节类型的明确化

以刑法是否就量刑情节及其功能作出明确规定为标准，量刑情节可分为法定情节和酌定情节。法定情节是指刑法明文规定的，量刑时必须考虑的各种情节。酌定情节，是指刑法没有明文规定，但是反映犯罪行为的社会危害性程度和犯罪分子的人身危险性程度，在量刑时可以灵活掌握、酌情适用的情节。酌定情节是根据刑事立法精神和国家的刑事政策，从长期刑事审判实践经验中总结出来的。当案件不具有法定情节，或者法定的从重、从轻、减轻、免除处罚等情节交叉、并存的时候，酌定情节可以发挥重要的、甚至是决定性的作用。实际上，对每一个案件而言，都会有这样或者那样的酌定量刑情节。酌定情节是量刑中不可缺少的根据之一，是量刑情节的重要组成部分。2021年1月26日《最高人民法院关于适用〈中华人民共和国刑事诉讼法〉的解释》第276条第2款规定："人民法院除应当审查被告人是否具有法定量刑情节外，还应当根据案件情况审查以下影响量刑的情节：（一）案件起因；（二）被害人有无过错及过错程度，是否对矛盾激化负有责任及责任大小；（三）被告人的近亲属是否协助抓获被告人；（四）被告人平时表现，有无悔罪态度；（五）退赃、退赔及赔偿情况；（六）被告人是否取得被害人或者其近亲属谅解；（七）影响量刑的其他情节。"该刑事诉讼法司法解释在刑法酌定情节的类型化方面迈出了重要的一步，这对于统一司法尺度具有重要意义。笔者建议适当的时候在刑法中或者刑法司法解释中应对酌定量刑情节作出更为细化的规定。

（五）特别减轻的核准程序

《刑法》第63条规定了减轻处罚制度。第1款规定的是法定减轻："犯罪分子具有本法规定的减轻处罚情节的，应当在法定刑以下判处刑罚；本法规定有数个量刑幅度的，应当在法定量刑幅度的下一个量刑幅度内判处刑罚。"第2款规定的是特别减轻："犯罪分子虽然不具有本法规定的减轻处罚情节，但是根据案件的特殊情况，经最高人民法院核准，也可以在法定刑以下判处刑罚。"刑事诉讼法司法解释对该条第2款特别减轻中的"经最高人民法院核准"的程序作出了具体规定。

1. 采取层报方式

报请最高人民法院核准在法定刑以下判处刑罚的案件，应当按照下列情形分别处理：（1）被告人未上诉、人民检察院未抗诉的，在上诉、抗诉期满后3日以内报请上一级人民法院复核。上级人民法院同意原判的，应当书面层报最高人民法院核准；不同意的，应当裁定发回重新审判，或者按照第二审程序提审；（2）被告人上诉或者人民检察院抗诉的，上一级人民法院维持原判，或者改判后仍在法定刑以下判处刑罚的，应当依照（1）中规定层报最高人民法院核准。[1]对符合《刑法》第63条第2款规定的案件，第一审人民法院未在法定刑以下判处刑罚的，第二审人民法院可以在法定刑以下判处刑罚，并层报最高人民法院核准。[2]

2. 应当报送的材料

报请最高人民法院核准在法定刑以下判处刑罚的案件，应当报送判决书、报请核准的报告各5份，以及全部案卷、证据。[3]

3. 最高人民法院的处理

对在法定刑以下判处刑罚的案件，最高人民法院予以核准的，应当作出核准裁定书；不予核准的，应当作出不核准裁定书，并撤销原判决、裁定，发回原审人民法院重新审判或者指定其他下级人民法院重新审判。[4]

（六）刑事和解从宽量刑情节的成立条件

2012年修正后的《刑事诉讼法》规定了刑事和解制度，刑事和解也因此实际上成为刑法上的从宽量刑情节，因此有必要了解该量刑情节的成立条件。根据2018年修正后的《刑事诉讼法》第288条的规定，因民间纠纷引起，涉嫌刑法分则第四章、第五章规定的犯罪案件，可能判处3年有期徒刑以下刑罚的，或者除渎职犯罪以外的可能判处7年有期徒刑以下刑罚的过失犯罪案件，犯罪嫌疑人、被告人真诚悔罪，通过向被害人赔偿损失、赔礼道歉等方式获得被

---

[1] 2021年1月26日《最高人民法院关于适用〈中华人民共和国刑事诉讼法〉的解释》第414条。

[2] 2021年1月26日《最高人民法院关于适用〈中华人民共和国刑事诉讼法〉的解释》第415条。

[3] 2021年1月26日《最高人民法院关于适用〈中华人民共和国刑事诉讼法〉的解释》第416条。

[4] 2021年1月26日《最高人民法院关于适用〈中华人民共和国刑事诉讼法〉的解释》第417条。

害人谅解，被害人自愿和解的，双方当事人可以和解。第 290 条规定，对于达成和解协议的案件，公安机关可以向人民检察院提出从宽处理的建议。人民检察院可以向人民法院提出从宽处罚的建议；对于犯罪情节轻微，不需要判处刑罚的，可以作出不起诉的决定。人民法院可以依法对被告人从宽处罚。刑事和解制度的适用对象既包括犯罪情节较轻的案件，也包括犯罪情节轻微的案件。对于"犯罪情节较轻的案件"，人民检察院应当向人民法院提起公诉，但应当向人民法院提出从宽处罚的建议；对于"犯罪情节轻微的案件"，如果不需要判处刑罚的，人民检察院可以作出不起诉的决定，这属于微罪不起诉。根据刑事诉讼法及有关司法解释的规定，刑事和解的成立条件具体如下：

1. 案件范围条件

《刑事诉讼法》第 288 条规定了可以适用刑事和解的公诉案件范围。可以适用刑事和解的公诉案件具体包括两类：（1）因民间纠纷引起，涉嫌刑法分则第 4 章、第 5 章规定的犯罪案件，可能判处 3 年有期徒刑以下刑罚的案件。有下列情形之一的，不属于因民间纠纷引起的犯罪案件：第一，雇凶伤害他人的；第二，涉及黑社会性质组织犯罪的；第三，涉及寻衅滋事的；第四，涉及聚众斗殴的；第五，多次故意伤害他人身体的；第六，其他不宜和解的。（2）除渎职犯罪以外的可能判处 7 年有期徒刑以下刑罚的过失犯罪案件。犯罪嫌疑人、被告人在 5 年以内曾经故意犯罪的，不能适用刑事和解制度。犯罪嫌疑人在犯《刑事诉讼法》第 288 条第 1 款规定的犯罪前 5 年内曾故意犯罪，无论该故意犯罪是否已经追究，均应当认定为前款规定的 5 年以内曾经故意犯罪。

2. 真诚悔罪条件

犯罪嫌疑人真诚悔罪，向被害人赔偿损失、赔礼道歉等，是适用刑事和解的条件。这里的"真诚悔罪"是指犯罪嫌疑人、被告人出于自己的意愿，发自内心地意识到自己的行为给被害人带来的伤害，对自己的犯罪行为真诚悔过，诚恳地希望得到被害人的谅解。

3. 明确谅解条件

被害人明确表示对犯罪嫌疑人予以谅解，是适用刑事和解制度的条件。犯罪嫌疑人、被告人通过赔偿损失、赔礼道歉等方式弥补被害人因犯罪行为而遭受的物质损失和精神伤害，从而获得被害人的谅解。这里规定的"谅解"是指被告人通过各种方式真诚悔罪，使被害人体察并同情其处境，原谅其错误。双方应当达成和解协议。

4. 自愿和解条件

双方当事人自愿和解，符合有关法律规定，是适用刑事和解的条件。将被害人自愿和解作为公诉案件当事人和解的条件之一，是为防止被害人在受到暴力、胁迫等情况下违背自己的意志同意和解，影响和解的公正性。这里的"自愿和解"是指被害人不受外力的干扰，在谅解犯罪嫌疑人、被告人的基础上，出于自己的意愿，与犯罪嫌疑人、被告人和解。通常应当由犯罪嫌疑人、被告人和被害人亲自进行和解。但应当注意的是：第一，被害人死亡的，其法定代理人、近亲属可以与犯罪嫌疑人和解。被害人系无行为能力或者限制行为能力人的，其法定代理人可以代为和解。第二，犯罪嫌疑人系限制行为能力人的，其法定代理人可以代为和解。犯罪嫌疑人在押的，经犯罪嫌疑人同意，其法定代理人、近亲属可以代为和解。和解的内容也仅限于双方有权处置的事项：双方当事人可以就赔偿损失、赔礼道歉等民事责任事项进行和解，并且可以就被害人及其法定代理人或者近亲属是否要求或者同意公安机关、人民检察院、人民法院对犯罪嫌疑人依法从宽处理进行协商，但不得对案件的事实认定、证据采信、法律适用和定罪量刑等依法属于公安机关、人民检察院、人民法院职权范围的事宜进行协商。

5. 被害人条件

属于侵害特定被害人的故意犯罪或者有直接被害人的过失犯罪，是适用刑事和解的条件。有被害人存在，才有对被害人利益的保护和关注，才有可能修复的社会关系。刑事和解适用于主要侵犯被害人个人法益，对国家、社会利益侵害较小的案件。被害人是其个人法益的拥有者，有权利要求犯罪人修复被损害的法益。

6. 事实证据条件

案件事实清楚，证据确实、充分，是适用刑事和解的条件。如果案件事实基本不清楚、证据不充分,加害人作有罪答辩的可能性就比较小,和解的可能性当然也就很小。另外,只有查明案件事实,才能正确判断犯罪人主观恶性的大小及其所应该承担的赔偿责任,之后进行的赔偿也才具有公正性。

7. 程序条件

刑事和解可以开始于侦查阶段、起诉阶段或审判阶段,在不同的阶段开始的刑事和解,其程序有所不同:

(1) 侦查阶段的刑事和解。对符合《刑事诉讼法》第 288 条规定条件的案件,经县级以上公安机关负责人批准,可以依法作为当事人和解的公诉案件办理。双方当事人和解的,公安机关应当审查案件事实是否清楚,被害人是否自愿和解,是否符合规定的条件。公安机关审查时,应当听取双方当事人的意见,并记录在案;必要时,可以听取双方当事人亲属、当地居民委员会或者村民委员会人员以及其他了解案件情况的相关人员的意见。达成和解的,公安机关应当主持制作和解协议书,并由双方当事人及其他参加人员签名。对达成和解协议的案件,经县级以上公安机关负责人批准,公安机关将案件移送人民检察院审查起诉时,可以提出从宽处理的建议。

(2) 审查起诉阶段的刑事和解。双方当事人可以自行达成和解,也可以经人民调解委员会、村民委员会、居民委员会、当事人所在单位或者同事、亲友等组织或者个人调解后达成和解。人民检察院对于《刑事诉讼法》第 288 条规定的公诉案件,可以建议当事人进行和解,并告知相应的权利义务,必要时可以提供法律咨询。人民检察院应当对和解的自愿性、合法性进行审查。经审查认为双方自愿和解,内容合法的,人民检察院应当主持制作和解协议书。当事人在不起诉决定作出之前反悔的,可以另行达成和解。不能另行达成和解的,人民检察院应当依法作出起诉或者不起诉决定。当事人在不起诉决定作出之后反悔的,人民检察院不撤销原决定,但有证据证明和解违反自愿、合法原则的除外。犯罪嫌疑人或者其亲友等以暴力、威胁、欺骗或者其他非法方法强迫、引诱被害人和解,或者在协议履行完毕之后威胁、报复被害人的,应当认定和解协议无效。

（3）审判阶段的刑事和解。对符合《刑事诉讼法》第288条规定的公诉案件，事实清楚、证据充分的，人民法院应当告知当事人可以自行和解；当事人提出申请的，人民法院可以主持双方当事人协商以达成和解。根据案件情况，人民法院可以邀请人民调解员、辩护人、诉讼代理人、当事人亲友等参与促成双方当事人和解。对公安机关、人民检察院主持制作的和解协议书，当事人提出异议的，人民法院应当审查。经审查，和解自愿、合法的，予以确认，无需重新制作和解协议书；和解不具有自愿性、合法性的，应当认定无效。和解协议被认定无效后，双方当事人重新达成和解的，人民法院应当主持制作新的和解协议书。审判期间，双方当事人和解的，人民法院应当听取当事人及其法定代理人等有关人员的意见。双方当事人在庭外达成和解的，人民法院应当通知人民检察院，并听取其意见。经审查，和解自愿、合法的，应当主持制作和解协议书。

（七）"坦白从宽"的法定化与刑事诉讼法的修正

"坦白从宽，抗拒从严"作为一项具有中国特色的刑事司法政策，曾在相当长的时期内为我国所奉行，但在建设社会主义法治的当代中国，该政策受到了不少质疑，笔者认为，应当辩证地看待该项政策，该项政策的"抗拒从严"部分确实不符合现代法治原则，容易滋生刑讯逼供等不符合执法规范化要求的现象，但是该项政策的"坦白从宽"部分是符合现代法治精神的，[1]国外也有不少类似的立法规定及司法制度，[2]2011年2月25日通过的《刑法修正案（八）》在《刑法》第67条中增加1款作为第3款："犯罪嫌疑人虽不具有前两款规定的自首情节，但是如实供述自己罪行的，可

---

〔1〕 参见李希慧、谢望原："我国刑法应建立完备的自首、坦白、立功制度"，载《法学研究》1997年第2期。

〔2〕 例如，美国司法实践中大量使用的辩诉交易（Plea Bargaining）制度与我国的坦白从宽政策在本质上有相契合之处。辩诉交易，是指检察官和被告人或者辩护律师经过谈判和讨价还价来达成被告人认罪以换取较轻定罪或刑罚的协议。换言之，如果被告人坦白认罪，就可以得到从轻发落。

以从轻处罚；因其如实供述自己罪行，避免特别严重后果发生的，可以减轻处罚。"这是中国正式将"坦白从宽"这一司法政策法定化。

1. 坦白从宽的理论基础

（1）坦白从宽是节约司法资源的重要制度。刑事诉讼的司法资源，主要是指在刑事诉讼中为揭露、证实、惩罚犯罪和保障人权而由司法机关和诉讼参与人支付的人力和物力。[1]刑事司法资源最主要是国家司法机关的投入，包括侦查、起诉、审判、执行等诸环节。刑事犯罪的绝对数量仍然较多和犯罪具体态势的日趋复杂化，使得有限的刑事司法资源和繁重的刑事司法任务之间的冲突日益显现。现实中，刑事司法资源都是有限的，也不存在刑事司法资源配置的最优状态，只能寻求较优或者次优的配置目标。[2]刑事诉讼程序开始至终结之诉讼周期的长短，直接关系到刑事诉讼资源的实际耗费，侦查环节搜集犯罪证据和抓捕犯罪嫌疑人，是刑事案件能否顺利侦查终结的关键，耗费了绝大部分的刑事司法资源。坦白能够节省司法机关搜集犯罪证据的资源，起到节约司法资源的效果。正如《刑法修正案（八）》立法主要参与人所指出的那样，"刑法明确规定对坦白予以从宽处罚，能够促使犯罪嫌疑人主动如实供述罪行，有助于尽快破案、定案，减轻了公诉方的证明责任，节约司法资源"。[3]

（2）坦白从宽是符合刑罚目的理论的刑罚裁量制度。现代刑法认为，预防犯罪是刑罚的目的，包括一般预防和特别预防两个方面。刑事古典学派的创始人贝卡利亚就明确地提出刑罚的双面预防性质，他认为刑罚的目的在于："阻止罪犯再重新侵害公民，并规诫

---

[1] 参见［美］理查德·A·波斯纳：《法律的经济分析》，蒋兆康译，中国大百科全书出版社1997年版，第717页。

[2] 参见邹绯箭、孙健："刑事司法资源配置的经济学分析"，载《人民检察》2010年第13期。

[3] 参见黄太云："《刑法修正案（八）》解读（一）"，载《人民检察》2011年第6期。

其他人不要重蹈覆辙。"[1]坦白作为一项刑罚制度,自然也要受刑罚目的理论的制约:一方面,坦白从宽的特别预防功能。到案后能够自愿认罪,表现了犯罪嫌疑人、被告人对法律的归服,以及其改恶向善的意愿,相对于负隅顽抗,甚至故意编造谎言误导侦查、审判工作的犯罪嫌疑人、被告人而言,自愿认罪者更易于改造,适用较轻的刑罚即可达到刑罚目的。[2]另一方面,坦白从宽的一般预防功能。贝卡利亚将刑罚的一般预防效果与刑罚的及时性相联系。他认为,惩罚犯罪的刑罚越是迅速和及时,就越是公正和有益。因为犯罪与刑罚之间的时间隔得越短,在人们心中,犯罪与刑罚这两个概念的联系就越突出、越持续,因而人们很自然地把犯罪看作起因,把刑罚看作不可缺少的必然结果。只有使犯罪和刑罚衔接紧凑,才能指望相联的刑罚概念使那些粗俗的头脑从诱惑他们的、有利可图的犯罪图景中立即猛醒过来。推迟刑罚只会产生使这两个概念分离开来的结果。[3]坦白者如实交代自己的罪行,尤其是共同犯罪中部分犯罪人的坦白,便于分化瓦解犯罪分子,有助于破获案件、证实犯罪,降低司法成本,提高司法效率,促使正义及时得到伸张,有利于实现一般预防的刑罚目的。

(3)坦白从宽是罪责刑相适应原则的要求。罪责刑相适应原则,源自刑法史上的以报应刑论为基础的罪刑相称原则。贝卡利亚就提出了著名的"罪刑阶梯"理论。他主张从最严重的直接毁灭社会的犯罪到最轻微的犯罪,可以排列成一个由高到低的阶梯,而刑罚也应由重到轻作相应的阶梯排列。[4]但现代的罪责刑相适应原则不再单纯以报应刑论为基础,还以预防刑论为基础,强调刑罚的轻

---

[1] [意] 贝卡利亚:《论犯罪与刑罚》,黄风译,中国大百科全书出版社1993年版,第24页。

[2] 参见黄太云:"《刑法修正案(八)》解读(一)",载《人民检察》2011年第6期。

[3] 参见[意]贝卡利亚:《论犯罪与刑罚》,黄风译,中国大百科全书出版社1993年版,第24页。

[4] 参见[意]贝卡利亚:《论犯罪与刑罚》,黄风译,中国大百科全书出版社1993年版,第66页。

重与犯罪和刑事责任的相适应,与犯罪的相适应体现了报应刑论的要求,与刑事责任的相适应体现了预防刑(目的刑)论的要求,将社会危害性与人身危险性作为刑罚轻重的共同基础,这也体现了刑事古典学派与刑事实证学派的折衷与调和。我国《刑法》第5条规定的罪责刑相适应原则就体现了这种折衷与调和:"刑罚的轻重,应当与犯罪分子所犯罪行和承担的刑事责任相适应。"坦白者如实交代自己的罪行,虽然不能降低已然犯罪行为的社会危害性,但这标示其在一定程度上的认罪服法,表明人身危险性有所降低,应当承担较轻的刑事责任。较轻的刑事责任,就应当适用较轻的刑罚。因而,坦白从宽是罪责刑相适应原则之轻罪轻责轻刑的要求。

(4)坦白从宽是宽严相济刑事政策的体现。宽严相济刑事政策中的从"宽",主要是指对于情节较轻、社会危害性较小的犯罪,或者罪行虽然严重,但具有法定、酌定从宽处罚情节,以及主观恶性相对较小、人身危险性不大的被告人,可以依法从轻、减轻或者免除处罚。坦白从宽就是宽严相济刑事政策之"宽"的体现。

2."坦白从宽"法定化之前的实践状况

在2011年《刑法修正案(八)》之前,由于刑法立法没有明确规述,在许多案件中,侦查机关的"坦白从宽"承诺在审判机关的判决中往往难以被兑现,"坦白从宽"政策的公信力严重受损。

(1)"坦白从宽"公信力丧失的表现。在《刑法修正案(八)》将"坦白从宽"法定化之前,其社会公信力在司法实践中已经被严重破坏,主要体现在以下两个方面:

第一,坦白从宽容易成为侦查过程中的诱供手段。诱供是指侦查人员以给予犯罪嫌疑人某种许诺或好处为条件,诱使其供认罪行。实践中常见的一种诱供方式就是,打保票予以从宽处理,即向犯罪嫌疑人许诺,只要认罪就可保证减轻处罚或不予处罚,甚至马上就可将其释放回家。诱供是一种非法的侦查取证方法,是导致司法不公乃至冤假错案的重要原因。正如有论者所言,中外刑事诉讼的历史已经反复证明,错误的审判之恶果从来都是结在错误的侦查之病枝上的。我国的立法和司法解释性文件都明令禁止诱供,例如,

1979年《刑事诉讼法》第32条规定:"……严禁刑讯逼供和以威胁、引诱、欺骗以及其他非法的方法收集证据……"1996年《刑事诉讼法》第43条保留了这一规定。[1]《公安机关办理刑事案件程序规定》和《人民检察院刑事诉讼规则》等也都重申了上述规定。但在实践中,坦白从宽仍然容易成为一种诱供的手段。

第二,坦白从宽在量刑上往往得不到应有的体现。在审判过程中,由于在刑法上没有明确规定,在量刑时应当如何具体考量被告人的坦白这一情节,完全依靠办案法官的经验和感觉,极易造成量刑尺度的不统一。在有些案件中,被告人的坦白对于案件的顺利侦查、起诉起到了决定性作用,但在量刑时没有得到体现或者体现得不够充分,让被告人事后对自己此前的坦白"后悔不已"。例如,在司法实践中,受贿等犯罪因为隐蔽性强,口供往往是主要证据,因而对"犯罪嫌疑人供述"要求比较高,甚至是缺少"犯罪嫌疑人供述"就无法定罪。但在量刑时,却不太重视对坦白情节的考量。

(2)"坦白从宽"公信力丧失的危害。"坦白从宽"公信力的丧失的危害性主要体现在:

第一,损害了司法公信力。司法公信力,是指社会公众普遍地对司法权运作具有的信服力和认同感,并遵从司法权运作的一种状态和秩序。[2]它反映社会公众对司法的信任和尊重程度,也体现司法权在社会生活中的权威力和影响力。在现代法治社会,司法是社会公正的最后保障,司法的信用构成整个社会信用体系的根基,如果一个社会失去了司法公信力,那么这个社会的信用体系就会土崩瓦解,后果不堪设想。在我们呼吁民众诚实守信的今天,公安司法机关无疑应当率先垂范。"坦白从宽"作为一项众所皆知的刑事司法政策,如果在实践中不能被落实,而是沦为诱供的手段,不但其自身

----

[1] 2012年《刑事诉讼法》第50条也规定:"……严禁刑讯逼供和以威胁、引诱、欺骗以及其他非法方法收集证据,不得强迫任何人证实自己有罪……"2018年《刑事诉讼法》第52条沿袭了该规定。

[2] 参见天津市人民检察院第二分院课题组:"检察维度的司法公信力问题研究",载《法学杂志》2011年第9期。

的公信力会丧失，还会对整个司法机关的公信力造成重大损害。

第二，不利于节约有限的司法资源。自首、坦白、立功这3项刑罚制度共同的理论基础是，因为犯罪行为人的此类行为有助于司法资源的节约而对其予以从宽处罚。坦白从宽制度至少可以在以下两个方面发挥节约司法资源、提高司法效率的作用：一是有助于司法机关全面、及时地收集证明犯罪事实所需的证据材料；二是有助于司法机关及时、顺利地抓捕、追诉其他共同犯罪人，分化瓦解犯罪势力。"坦白从宽"公信力的丧失，势必促使犯罪行为人拒绝交代犯罪事实，将避免"牢底坐穿"作为基本目标，将追求"回家过年"作为最高理想。

（3）"坦白从宽"公信力丧失的原因。导致"坦白从宽"公信力丧失的主要原因有三：

第一，"坦白"只是酌定量刑情节。虽然"坦白从宽"作为一项刑事司法政策已经被我国的司法实践所长期奉行，但在《刑法修正案（八）》出台之前，只有几个单行刑法针对特定犯罪的坦白从宽作出了规定，[1]1979年《刑法》和1997年《刑法》并未将坦白规定为法定的从宽处罚情节，因而对坦白通常只是作为一种酌定的量刑情节对待。[2]相对于法定量刑情节而言，司法人员在适用酌定量刑情节时，无论在其成立条件符合与否的认定上，还是在对量刑结果的影响力大小上，其自由裁量权的空间都要大得多。这就导致

---

〔1〕 例如，1952年4月18日批准的《中华人民共和国惩治贪污条例》第5条规定："犯贪污罪而有下列情形之一者，得从轻或减轻处刑，或缓刑，或免刑予以行政处分：……二、被发觉后彻底坦白、真诚悔过并自动地尽可能缴出所贪污财物者；……"1982年3月8日通过的《全国人民代表大会常务委员会关于严惩严重破坏经济的罪犯的决定》规定："凡在本决定施行之日以前犯罪，而在1982年5月1日以前投案自首，或者已被逮捕而如实地坦白承认全部罪行，并如实地检举其他犯罪人员的犯罪事实的，一律按本决定施行以前的有关法律规定处理……"

〔2〕 1998年4月6日通过的《最高人民法院关于处理自首和立功具体应用法律若干问题的解释》第4条以及2009年3月12日最高人民法院、最高人民检察院《关于办理职务犯罪案件认定自首、立功等量刑情节若干问题的意见》"三、关于如实交代犯罪事实的认定和处理"也规定对一部分坦白予以从宽处罚。但无论是在其适用范围上，还是在规范性文件的效力层级上，都不如在刑法立法中明确规定"坦白从宽"。

司法人员在是否构成坦白以及从宽幅度的处理上容易掺杂个人的主观随意性。这一方面导致了对部分案件中的犯罪行为人的坦白得不到从宽或者得不到应有幅度的从宽,另一方面是对部分案件中不构成坦白的犯罪行为人却认定为坦白给予从宽处罚或者给予超过应有幅度的从宽。这都是自由裁量权滥用的体现。

第二,立法未承认沉默权却将坦白规定为义务。"沉默权"(privilege of silence),是指犯罪嫌疑人或者被告人在面对警察、检察官和法官的讯问时,有保持沉默不予回答的权利。沉默权是根据"无罪推定"原则推演出来的犯罪嫌疑人、被告人应该享有的一项诉讼权利。[1] 沉默权起源于普通法古老的格言,"任何人无义务控告自己"(nemo tenetur seipsum accusare)。[2] 我国政府于1998年签署的《公民权利与政治权利国际公约》第14条第3款也规定:"在判定对他提出的任何刑事指控时,人人完全平等地有资格享受以下的最低限度的保证:……(庚)不被强迫作不利于他自己的证言或强迫承认犯罪。"我国的1979年《刑事诉讼法》第64条规定:"……被告人对侦查人员的提问,应当如实回答……" 1996年《刑事诉讼法》第93条规定:"……犯罪嫌疑人对侦查人员的提问,应当如实回答……" 2012年《刑事诉讼法》虽然在第50条新增"不得强迫任何人证实自己有罪"的规定,在第118条第2款新增"侦查人员在讯问犯罪嫌疑人的时候,应当告知犯罪嫌疑人如实供述自己罪行可以从宽处理的法律规定",但仍在第118条第1款规定了"犯罪嫌疑人对侦查人员的提问,应当如实回答"。因而可以说,沉默权的规定很不完善,坦白仍然是一种法定的义务,势必得出对于犯罪嫌疑人履行应尽义务的坦白行为不必给予从宽处罚奖励的结论。正如有论者所指

---

[1] 参见陈光中、张建伟:"联合国《公民权利和政治权利国际公约》与我国刑事诉讼",载《中国法学》1998年第6期;宋英辉、吴宏耀:"任何人不受强迫自证其罪原则及其程序保障",载《中国法学》1999年第2期。

[2] 参见樊崇义:"从'应当如实回答'到'不得强迫自证其罪'",载《法学研究》2008年第2期。

出的那样，这是"义务本位主义的刑事诉讼模式"的产物。[1]

第三，刑法中的一些不合理规定的次生后果。坦白在隐蔽性很强的受贿等犯罪的侦查过程中显得尤为重要，但刑法中的一些不合理的立法规定却起到鼓励犯罪嫌疑人拒绝坦白的消极后果。最为典型的是《刑法》第395条第1款规定的巨额财产来源不明罪。巨额财产来源不明罪，是指国家工作人员的财产或者支出明显超出合法收入，差额巨大，而本人又不能说明其来源是合法的行为。该罪导致了如下一个非常不合理的局面：如果行为人交代其巨额财产为贪污、受贿等其他犯罪所得，则可能因为贪污罪、受贿罪判处较重的刑罚乃至死刑；如果行为人拒不说明其巨额财产来源合法的，则构成巨额财产来源不明罪，至多只能判处10年有期徒刑。[2]这种规定实际上是在变相"鼓励"犯罪行为人不要坦白，正所谓"抗拒从严，顶多10年"。

3. 辩诉交易引入中国的可行性

辩诉交易，是指在法庭的认可的前提下，刑事案件中被告人和检察官达成令双方满意的案件处理方案的程序。它通常包括被告就较轻的罪名或仅就多项控罪当中的一项或多项作出有罪答辩，以换取较轻的判决。[3]辩诉交易制度虽然在不少国家得以确立，但也并非没有任何缺陷。笔者认为，刑事诉讼法上的辩诉交易制度（限于刑罚的交易）与我国刑法上的坦白从宽制度在本质上是契合的，我国有必要在刑事诉讼法上引入这一制度。只有刑事诉讼法和刑法的配套规定，才能充分地发挥这一制度的功能。

（1）引入辩诉交易的必要性。我国引入辩诉交易制度，有以下好处：第一，在制度层面上，有利于完善我国程序体系的设计，在

---

[1] 参见陈瑞华："义务本位主义的刑事诉讼模式——论'坦白从宽、抗拒从严'政策的程序效应"，载《清华法学》2008年第1期。

[2] 在2009年2月28日《刑法修正案（七）》之前，巨额财产来源不明罪的法定最高刑仅为5年有期徒刑，所导致的问题更为严重。

[3] 参见杨建广、赵彤："中国刑事诉讼视野中的辩诉交易"，载陈光中主编：《辩诉交易在中国》，中国检察出版社2003年版，第332页。

实践层面上，有利于提高效率，减轻案件压力。第二，有利于节省司法资源，这对司法机关"案多人少"的我国有特殊的意义。第三，有利于培育尊重被告人程序主体地位的观念。第四，促使犯罪人认罪和悔罪，有利于其回归社会。第五，有利于将"坦白从宽"的刑事政策制度化。第六，可以将该制度与保障被害人权益问题结合起来考虑，促使修复被犯罪行为破坏的和谐关系。第七，在一定程度上有利于解决实践中普遍存在的超期羁押问题。第八，可以在一定程度上分流疑难案件。[1]

（2）限制其适用范围。引进同时也需要注意辩诉交易制度可能引发的弊端。例如，在辩诉交易中，由于检察官不需要在法庭上提交充分的证据，有时吓唬也可导致被告人认罪。这促使检察官提出"过分指控"，即提出比证据所支持的更严重的指控，以增加与辩护律师讨价还价的筹码。当无辜被告人认为接受审判将冒更大风险时，也可能违心地作出有罪答辩。我们应当对适用辩诉交易的范围进行限制，应当规定下列案件不能适用辩诉交易：一是案件事实清楚，证据确实、充分的案件；二是经审查被告人的行为不构成犯罪的案件；三是依普通程序审理的案件；四是被害人不同意交易的案件；五是其他不适用辩诉交易的案件。[2]

（八）对"认罪认罚"是否具有独立量刑情节地位的分析

认罪认罚从宽，是指犯罪嫌疑人、被告人自愿如实供述自己的犯罪，对于指控犯罪事实没有异议，同意检察机关的量刑意见并签署具结书的案件，可以依法从宽处理。[3]2014年10月23日中共十八届四中全会通过的《中共中央关于全面推进依法治国若干重大问题的决定》提出"完善刑事诉讼中认罪认罚从宽制度"。2016年7

---

[1] 参见刘立霞："英美国家辩诉交易的实践及对我国的启示"，载《岳麓法学评论》2003年第2期。

[2] 参见刘立霞："英美国家辩诉交易的实践及对我国的启示"，载《岳麓法学评论》2003年第2期。

[3] 参见许聪、卞子琪："提升司法质效 确保宽严相济——人民法院推进认罪认罚从宽制度改革试点综述"，载《人民法院报》2018年3月16日，第6版。

月22日,中央全面深化改革领导小组第二十六次会议审议通过《关于认罪认罚从宽制度改革试点方案》(以下简称《试点方案》),指出:完善刑事诉讼中认罪认罚从宽制度,要明确法律依据、适用条件,明确撤案和不起诉程序,规范审前和庭审程序,完善法律援助制度。选择部分地区依法有序稳步推进试点工作。2016年9月3日,第十二届全国人大常委会第二十二次会议通过《关于授权最高人民法院、最高人民检察院在部分地区开展刑事案件认罪认罚从宽制度试点工作的决定》(以下简称《授权决定》),授权在北京等18个地区开展刑事案件认罪认罚从宽制度试点。根据《试点方案》和《授权决定》,最高人民法院、最高人民检察院、公安部、国家安全部、司法部于2016年11月11日印发《关于在部分地区开展刑事案件认罪认罚从宽制度试点工作的办法》,正式启动试点工作。2018年修正后的《刑事诉讼法》正式将认罪认罚从宽制度立法化。如《刑事诉讼法》第15条规定:"犯罪嫌疑人、被告人自愿如实供述自己的罪行,承认指控的犯罪事实,愿意接受处罚的,可以依法从宽处理。"学界迫切需要从刑事法治整体进步的高度认识认罪认罚从宽制度的功能,从刑事实体法的角度厘清认罪认罚与其自首、坦白之间的关系。

1. 认罪认罚从宽制度的功能

(1)充分体现宽严相济刑事政策,促进社会和谐稳定。在第一年的试点中,检察机关对认罪认罚案件依法提出从宽量刑建议,其中建议量刑幅度的占70.6%,建议确定刑期的占29.4%,法院对量刑建议的采纳率为92.1%。认罪认罚案件犯罪嫌疑人、被告人被取保候审、监视居住的占42.2%,不起诉处理的占4.5%;免予刑事处罚的占0.3%,判处3年有期徒刑以下刑罚的占96.2%,其中判处有期徒刑缓刑、拘役缓刑的占33.6%,判处管制、单处附加刑的占2.7%,非羁押强制措施和非监禁刑适用比例进一步提高。[1]2020

---

[1] 参见周强:"最高人民法院、最高人民检察院关于在部分地区开展刑事案件认罪认罚从宽制度试点工作情况的中期报告——2017年12月23日在第十二届全国人民代表大会常务委员会第三十一次会议上",载《中华人民共和国全国人民代表大会常务委员会公报》2018年第1期。

年认罪认罚从宽制度全年适用率达 86.8%，量刑建议采纳率 94.9%。[1]从实体处理到程序适用，均更好体现了坦白从宽、宽严相济的刑事政策，有利于罪犯改造、回归社会，最大限度减少社会对立，促进社会和谐稳定和国家长治久安。

（2）能够合理配置司法资源，促进刑事诉讼效率明显提升。在第一年的试点中，对于认罪认罚案件，检察机关审查起诉平均用时 26 日，人民法院 15 日内审结的占 83.5%。适用速裁程序审结的占 68.5%，适用简易程序审结的占 24.9%，适用普通程序审结的占 6.6%；当庭宣判率为 79.8%，其中速裁案件当庭宣判率达 93.8%。[2]通过速裁程序、简易程序、普通程序分流处理，司法资源配置进一步优化，办案效率进一步提升，既确保了及时有效惩治犯罪，也为构建科学的刑事诉讼体系积累了实践经验。

（3）能够有效保障当事人权利，促进司法公正。坚持依法从宽、适度从宽，不枉不纵、公正司法，确保办案法律效果和社会效果相统一。强化犯罪嫌疑人、被告人的诉讼主体地位，保障其获得公正、及时审判的权利。认真听取被害人及其代理人意见，并将是否达成和解协议或者赔偿被害人损失、取得谅解，作为量刑的重要考虑因素，切实保障被害人合法权益。在第一年的试点中，试点法院审结的侵犯公民人身权利案件中，达成和解谅解的占 39.6%。检察机关抗诉率、附带民事诉讼原告人上诉率均不到 0.1%，被告人上诉率仅为 3.6%。[3]2020 年全国认罪认罚从宽制度适用中，一审

---

[1] 参见卞建林、陶加培："认罪认罚从宽：检察机关主导责任的展开"，载《检察日报》2021 年 3 月 16 日，第 3 版。

[2] 参见周强："最高人民法院、最高人民检察院关于在部分地区开展刑事案件认罪认罚从宽制度试点工作情况的中期报告——2017 年 12 月 23 日在第十二届全国人民代表大会常务委员会第三十一次会议上"，载《中华人民共和国全国人民代表大会常务委员会公报》2018 年第 1 期。

[3] 参见周强："最高人民法院、最高人民检察院关于在部分地区开展刑事案件认罪认罚从宽制度试点工作情况的中期报告——2017 年 12 月 23 日在第十二届全国人民代表大会常务委员会第三十一次会议上"，载《中华人民共和国全国人民代表大会常务委员会公报》2018 年第 1 期。

服判率95.8%，高出其他刑事案件21.7%。[1]

2. 认罪认罚从宽的适用条件

根据刑事诉讼法以及2019年10月11日《最高人民法院、最高人民检察院、公安部、国家安全部、司法部关于适用认罪认罚从宽制度的指导意见》等司法解释文件的规定，认罪认罚从宽的适用包括以下两个条件：

（1）实质条件。第一，认罪。"认罪"，是指犯罪嫌疑人、被告人自愿如实供述自己的罪行，对指控的犯罪事实没有异议。承认指控的主要犯罪事实，仅对个别事实情节提出异议，或者虽然对行为性质提出辩解但表示接受司法机关认定意见的，不影响"认罪"的认定。犯罪嫌疑人、被告人犯数罪，仅如实供述其中一罪或部分罪名事实的，全案不作"认罪"的认定，不适用认罪认罚从宽制度，但对如实供述的部分，人民检察院可以提出从宽处罚的建议，人民法院可以从宽处罚。第二，认罚。"认罚"，是指犯罪嫌疑人、被告人真诚悔罪，愿意接受处罚。"认罚"，在侦查阶段表现为表示愿意接受处罚；在审查起诉阶段表现为接受人民检察院拟作出的起诉或不起诉决定，认可人民检察院的量刑建议，签署认罪认罚具结书；在审判阶段表现为当庭确认自愿签署具结书，愿意接受刑罚处罚。"认罚"考察的重点是犯罪嫌疑人、被告人的悔罪态度和悔罪表现，应当结合退赃退赔、赔偿损失、赔礼道歉等因素来考量。犯罪嫌疑人、被告人虽然表示"认罚"，却暗中串供、干扰证人作证、毁灭、伪造证据或者隐匿、转移财产，有赔偿能力而不赔偿损失，则不能适用认罪认罚从宽制度。犯罪嫌疑人、被告人享有程序选择权，不同意适用速裁程序、简易程序的，不影响"认罚"的认定。

（2）形式条件。犯罪嫌疑人自愿认罪，同意量刑建议和程序适用的，应当在辩护人或者值班律师在场的情况下签署认罪认罚具结

---

[1] 参见卞建林、陶加培："认罪认罚从宽：检察机关主导责任的展开"，载《检察日报》2021年3月16日，第3版。

书。具结书应当包括犯罪嫌疑人如实供述罪行、同意量刑建议、程序适用等内容,由犯罪嫌疑人、辩护人或者值班律师签名。犯罪嫌疑人认罪认罚,有下列情形之一的,不需要签署认罪认罚具结书:第一,犯罪嫌疑人是盲、聋、哑人,或者是尚未完全丧失辨认或者控制自己行为能力的精神病人的;第二,未成年犯罪嫌疑人的法定代理人、辩护人对未成年人认罪认罚有异议的;第三,其他不需要签署认罪认罚具结书的情形。在上述3种情形下,犯罪嫌疑人未签署认罪认罚具结书的,不影响认罪认罚从宽制度的适用。

3. 认罪认罚与自首、坦白的关系

自首是指犯罪分子犯罪以后自动投案,如实供述自己的罪行,或者被采取强制措施的犯罪嫌疑人、被告人和正在服刑的罪犯,如实供述司法机关还未掌握的本人其他罪行的行为。坦白有广义和狭义之分。广义的坦白包括自首,自首是坦白的最高形式。狭义的坦白是指犯罪分子被动归案之后,自己如实交代犯罪事实的行为。[1]虽然认罪认罚从宽不是脱离于刑事实体法、程序法规范而独立存在的一项诉讼制度,但其对原有的刑事实体法和刑事程序法都造成了很大的冲击和影响。[2]认罪认罚和刑法上的自首、坦白具有很多相似之处,如都以供述自己的罪行为条件、都可能产生从宽处罚的法律效果。如何厘清其关系,成为刑事法理论无法回避的问题。

(1)认罪认罚和自首的关系。相似之处:第一,都以到案为条件。第二,都以如实供述罪行为条件。第三,可能出现既成立自首也成立认罪认罚的竞合。区别在于:第一,针对数罪中的一罪能否独自成立不同。根据1998年5月9日实施的《最高人民法院关于处理自首和立功具体应用法律若干问题的解释》第1条第2款规定:"犯有数罪的犯罪嫌疑人仅如实供述所犯数罪中部分犯罪的,只对如实供述部分犯罪的行为,认定为自首。"可见,在数罪的情况下,

---

[1] 参见高铭暄、马克昌主编:《刑法学》,北京大学出版社、高等教育出版社2019年版,第266页。
[2] 参见陈卫东:"认罪认罚从宽制度研究",载《中国法学》2016年第2期。

可以针对其中一罪单独成立自首。2019年10月11日《最高人民法院、最高人民检察院、公安部、国家安全部、司法部关于适用认罪认罚从宽制度的指导意见》第6条规定："……犯罪嫌疑人、被告人犯数罪，仅如实供述其中一罪或部分罪名事实的，全案不作'认罪'的认定，不适用认罪认罚从宽制度……"可见，在数罪的情况下，不能针对其中一罪单独成立认罪认罚。第二，发生的诉讼阶段不完全相同。司法解释规定，犯罪嫌疑人自动投案并如实供述自己的罪行后又翻供的，不能认定为自首；但在一审判决前又能如实供述的，应当认定为自首。〔1〕这就意味着自首只能成立于一审判决前，不能在二审中成立自首。而认罪认罚从宽制度贯穿刑事诉讼全过程，适用于侦查、起诉、审判各个阶段。〔2〕被告人在第一审程序中未认罪认罚，在第二审程序中认罪认罚的，审理程序依照刑事诉讼法规定的第二审程序进行。第二审人民法院应当根据其认罪认罚的价值、作用决定是否从宽，并依法作出裁判。确定从宽幅度时应当与第一审程序认罪认罚有所区别。〔3〕这就意味着在二审程序中也可以适用认罪认罚从宽制度。第三，自首者认罪未必认罚。有的犯罪嫌疑人、被告人虽然如实供述自己的罪行，构成自首，但有可能不认可对自己所判处的刑罚。

（2）认罪认罚和坦白的关系。相似之处：第一，都以到案为条件。第二，都以如实供述罪行为条件。第三，可能出现既成立坦白也成立认罪认罚的竞合。区别在于：第一，发生的诉讼阶段有所不同。根据2011年《刑法修正案（八）》修正后的《刑法》第67条第3款的规定，坦白的主体是"犯罪嫌疑人"，因而坦白只能发生

---

〔1〕 参见1998年4月6日《最高人民法院关于处理自首和立功具体应用法律若干问题的解释》第1条。

〔2〕 参见2019年10月11日《最高人民法院、最高人民检察院、公安部、国家安全部、司法部关于适用认罪认罚从宽制度的指导意见》第5条。

〔3〕 参见2019年10月11日《最高人民法院、最高人民检察院、公安部、国家安全部、司法部关于适用认罪认罚从宽制度的指导意见》第50条。

于侦查和审查起诉阶段,不能发生于审判阶段。[1]而认罪认罚从宽制度贯穿刑事诉讼全过程,适用于侦查、起诉、审判各个阶段。第二,坦白者认罪未必认罚。有的犯罪嫌疑人、被告人虽然如实供述自己的罪行,构成坦白,但有可能不认可对自己所判处的刑罚。

由此可见,认罪认罚和坦白(包含法定坦白和酌定坦白)、自首在实体上存在包含和被包含的关系,其关系可用公式表示为:坦白/自首+认罚=认罪认罚。即坦白和自首是"认罪"的两种表现形式。这就意味着"认罪认罚"并不是一种独立的量刑情节,只是坦白和自首这两种量刑情节的附加"认罚"之后的加强版而已。质言之,认罪认罚中,"认罪"(坦白/自首)具有独立的量刑情节地位,"认罚"不具有独立的量刑情地位,必须依附"认罪"组合成"认罪认罚"才能够获得比单纯的"认罪"更大的从宽处理。

4. 认罪认罚"从宽"的适用

(1)"从宽"的内容。认罪认罚从宽之"从宽"既包括实体上从宽处罚,也包括程序上从简处理。实体上从宽处罚是指从轻、减轻、免除处罚。程序上从简处理体现在谨慎适用羁押性强制措施、依法作出相对不起诉决定、速裁程序的适用等。办理认罪认罚案件,应当依照刑法、刑事诉讼法的基本原则,根据犯罪的事实、性质、情节和对社会的危害程度,结合法定、酌定的量刑情节,综合考虑认罪认罚的具体情况,依法决定是否从宽、如何从宽。对于减轻、免除处罚,应当于法有据;不具备减轻处罚情节的,应当在法定幅度以内提出从轻处罚的量刑建议和量刑;对其中犯罪情节轻微不需要判处刑罚的,可以依法作出不起诉决定或者判决免予刑事处罚。

(2)是否从宽的考量。认罪认罚从宽制度没有适用罪名和可能判处刑罚的限定,所有刑事案件都可以适用,不能因罪轻、罪重或者罪名特殊等原因而剥夺犯罪嫌疑人、被告人自愿认罪认罚获得从

---

[1] 笔者认为,《刑法》第67条第3款并未将坦白全部法定化,因而坦白可以分为法定坦白(《刑法》第67条第3款规定的坦白)和酌定坦白(审判阶段的坦白等)。参见陈志军:"法定化后的'坦白从宽'研究",载《山东警察学院学报》2013年第2期。

宽处理的机会。但"认罪认罚从宽"中的"从宽"并非"应当从宽",而是"可以从宽"。"可以从宽",是指一般应当体现法律规定和政策精神,予以从宽处理。但可以从宽不是一律从宽,犯罪嫌疑人、被告人认罪认罚后是否从宽,由司法机关根据案件具体情况决定。对因民间矛盾引发的犯罪,犯罪嫌疑人、被告人自愿认罪、真诚悔罪并取得谅解、达成和解、尚未严重影响人民群众安全的,要积极适用认罪认罚从宽制度,特别是对其中社会危害不大的初犯、偶犯、过失犯、未成年犯,一般应当体现从宽。对严重危害国家安全、公共安全犯罪,严重暴力犯罪,以及社会普遍关注的重大敏感案件,应当慎重把握从宽,避免案件处理明显违背人民群众的公平正义观念。对犯罪性质和危害后果特别严重、犯罪手段特别残忍、社会影响特别恶劣的犯罪嫌疑人、被告人,认罪认罚不足以从轻处罚的,依法不予从宽处罚。

(3) 从宽幅度的考量。根据司法解释,[1]办理认罪认罚案件,应当区别认罪认罚的不同诉讼阶段、对查明案件事实的价值和意义、是否确有悔罪表现,以及罪行严重程度等,综合考量确定从宽的限度和幅度。第一,在刑罚评价上,主动认罪优于被动认罪,早认罪优于晚认罪,彻底认罪优于不彻底认罪,稳定认罪优于不稳定认罪。第二,认罪认罚的从宽幅度一般应当大于仅有坦白,或者虽认罪但不认罚的从宽幅度。第三,对犯罪嫌疑人、被告人具有自首、坦白情节,同时认罪认罚的,应当在法定刑幅度内给予相对更大的从宽幅度。第四,认罪认罚与自首、坦白不作重复评价。第五,对罪行较轻、人身危险性较小的,特别是初犯、偶犯,从宽幅度可以大一些;罪行较重、人身危险性较大的,以及累犯、再犯,从宽幅度应当从严把握。

(九) 刑事诉讼法司法解释细化了缓刑的撤销条件.

根据《刑法》第77条的规定,撤销缓刑的条件有三:一是考

---

[1] 2019年10月11日《最高人民法院、最高人民检察院、公安部、国家安全部、司法部关于适用认罪认罚从宽制度的指导意见》第9条。

验期限内犯新罪；二是考验期限内发现判决宣告以前还有其他罪没有判决；三是在缓刑考验期限内，违反法律、行政法规或者国务院有关部门关于缓刑的监督管理规定，或者违反人民法院判决中的禁止令，情节严重。在刑法立法和刑法司法解释中，对何为"违反监督管理规定"没有具体规定，但 2021 年 1 月 26 日《最高人民法院关于适用〈中华人民共和国刑事诉讼法〉的解释》第 543 条第 1 款对此作出了具体的解释：人民法院收到社区矫正机构的撤销缓刑建议书后，经审查，确认罪犯在缓刑考验期限内具有下列情形之一的，应当作出撤销缓刑的裁定：第一，违反禁止令，情节严重的；第二，无正当理由不按规定时间报到或者接受社区矫正期间脱离监管，超过 1 个月的；第三，因违反监督管理规定受到治安管理处罚，仍不改正的；第四，受到执行机关 2 次警告，仍不改正的；第五，违反法律、行政法规和监督管理规定，情节严重的其他情形。其中的第二至第四种情形就是新的具体规定。

四、刑罚执行制度与刑事诉讼法相关联的问题

（一）刑事诉讼法规定了各刑种的执行程序

刑事诉讼法及其司法解释对刑罚中各刑种的执行程序作出了具体规定，使刑法中的有关规定得以落到实处，确保刑罚依法、公正执行。

1. 死刑的执行

（1）死缓期间故意犯罪的处理。2015 年《刑法修正案（九）》将《刑法》第 50 条第 1 款修改为："判处死刑缓期执行的，在死刑缓期执行期间，……如果故意犯罪，情节恶劣的，报请最高人民法院核准后执行死刑；对于故意犯罪未执行死刑的，死刑缓期执行的期间重新计算，并报最高人民法院备案。"根据司法解释规定，被判处死刑缓期执行的罪犯，在死刑缓期执行期间犯罪的，应当由罪犯服刑地的中级人民法院依法审判，所作的判决可以上诉、抗诉。认定故意犯罪，情节恶劣，应当执行死刑的，在判决、裁定发生法律效力后，应当层报最高人民法院核准执行死刑。对故意犯罪未执行死刑的，不再报高级人民法院核准，死刑缓期执行的期间重新计算，并层报最高人民法院备案。备案不影响判决、裁定的生效和执行。最高人民法院经备案审查，认为原判不予执行死刑错误，确需改判的，应当依照审判监督程序予以纠正。[1]

（2）死刑缓期执行期间的起算。《刑法》第51条规定："死刑缓期执行的期间，从判决确定之日起计算……"根据司法解释规定，死刑缓期执行的期间，从判决或者裁定核准死刑缓期执行的法律文书宣告或者送达之日起计算。[2]

（3）死刑执行方式。1979年《刑法》第45条曾经规定："死刑用枪决的方法执行。"1996年《刑事诉讼法》第212条第2款规定："死刑采用枪决或者注射等方法执行。"[3]1997年《刑法》没有再对死刑执行方式作出规定。根据司法解释，死刑采用枪决或者注射等方法执行。采用注射方法执行死刑的，应当在指定的刑场或者羁押场所内执行。采用枪决、注射以外的其他方法执行死刑的，应当事先层报最高人民法院批准。[4]

2. 规范了自由刑的暂予监外执行制度

在司法实践中，有个别的司法工作人员徇私舞弊，对不符合暂予监外执行条件的罪犯，予以暂予监外执行。为此，《刑法》第401条规定了徇私舞弊暂予监外执行罪。2012年《刑事诉讼法》进一步严格规范了暂予监外执行的决定、批准和及时收监的程序，以防止暂予监外执行制度被滥用而成为罪犯逃避刑罚执行的方便之门。2012年《刑事诉讼法》对暂予监外执行制度的修正主要体现在以下几个方面：

（1）扩大了适用对象范围。从"被判处有期徒刑或者拘役的罪犯"扩大到包括"被判处无期徒刑的罪犯"在内。

---

[1] 2021年1月26日《最高人民法院关于适用〈中华人民共和国刑事诉讼法〉的解释》第497条。

[2] 2021年1月26日《最高人民法院关于适用〈中华人民共和国刑事诉讼法〉的解释》第498条第1款。

[3] 2018年《刑事诉讼法》第263条第2款沿袭了该规定。

[4] 2021年1月26日《最高人民法院关于适用〈中华人民共和国刑事诉讼法〉的解释》第507条。

(2) 扩大了适用条件类型。第一，被判处有期徒刑或者拘役的罪犯之暂予监外执行的适用条件。对被判处有期徒刑或者拘役的罪犯，有下列情形之一的，可以暂予监外执行：有严重疾病需要保外就医的；怀孕或者正在哺乳自己婴儿的妇女；生活不能自理，适用暂予监外执行不致危害社会的。上述第三种情形是 2012 年刑事诉讼法修正时新增的。第二，被判处无期徒刑的罪犯之暂予监外执行的适用条件。对被判处无期徒刑的罪犯，有下列情形之一的，可以暂予监外执行：有严重疾病需要保外就医的；怀孕或者正在哺乳自己婴儿的妇女。

(3) 对决定机关作出了规定。暂予监外执行的决定主体有二：第一，人民法院。在交付执行前，暂予监外执行由交付执行的人民法院决定。第二，省级以上监狱管理机关或者设区的市一级以上公安机关。在交付执行后，如果罪犯是在监狱执行的，暂予监外执行由监狱提出书面意见，报省级以上监狱管理机关批准；如果罪犯是在看守所执行的，暂予监外执行由看守所提出书面意见，报设区的市一级以上公安机关批准。

(4) 完善了暂予监外执行的撤销规定。刑事诉讼法规定，对暂予监外执行的罪犯，有下列情形之一的，应当及时收监：第一，发现不符合暂予监外执行条件的；第二，严重违反有关暂予监外执行监督管理规定的；第三，暂予监外执行的情形消失后，罪犯刑期未满的。其中第一种和第二种情形是 2012 年《刑事诉讼法》修正时新增的。根据司法解释的规定，人民法院收到社区矫正机构的收监执行建议书后，经审查，确认暂予监外执行的罪犯具有下列情形之一的，应当作出收监执行的决定：第一，不符合暂予监外执行条件的；第二，未经批准离开所居住的市、县，经警告拒不改正，或者拒不报告行踪，脱离监管的；第三，因违反监督管理规定受到治安管理处罚，仍不改正的；第四，受到执行机关 2 次警告，仍不改正的；第五，保外就医期间不按规定提交病情复查情况，经警告拒不改正的；第六，暂予监外执行的情形消失后，刑期未满的；第七，保证人丧失保证条件或者因不履行义务被取消保证人资格，不能在规定期限内提出新的保证人的；第八，违反法律、行政法规和监督管理规定,情节严重的其他情形。[1]相对刑事诉讼法的立法而言,上述司法解释明显扩大了应当收监执行的情形。

(5)加强人民检察院的全程监督。第一,在提出暂予监外执行意见环节的监督。监狱、看守所提出暂予监外执行的书面意见的,应当将书面意见的副本抄送人民检察院。人民检察院可以向决定或者批准机关提出书面意见。第二,暂予监外执行决定或者批准后的监督。决定或者批准暂予监外执行的机关应当将暂予监外执行决定抄送人民检察院。人民检察院认为暂予监外执行不当的,应当自接到通知之日起1个月以内将书面意见送交决定或者批准暂予监外执行的机关,决定或者批准暂予监外执行的机关接到人民检察院的书面意见后,应当立即对该决定进行重新核查。

(三)刑事诉讼法对社区矫正制度进行了完善

社区矫正是与监禁矫正相对的一种行刑方式,是指将符合社区矫正条件的罪犯于社区内,由专门的国家机关在相关社会团体和民间组织以及社会志愿者的协助下,在判决、裁定或决定确定的期限内,矫正其犯罪心理和行为恶习,并促进其顺利回归社会的非监禁刑罚执行活动。社区矫正是当今世界各国刑罚制度发展的趋势。2012年《刑事诉讼法》及其司法解释从以下两个方面对社区矫正制度作出了更为具体的规定:

1. 将对暂予监外执行罪犯社区矫正立法化

2003年7月10日,最高人民法院、最高人民检察院、公安部、司法部发布的《关于开展社区矫正工作试点的通知》规定的社区矫正适用对象范围是被判处管制、被宣告缓刑、被暂予监外执行、被裁定假释,以及被剥夺政治权利并在社会上服刑的5种罪犯。但社区矫正长期处于没有法律依据的尴尬局面,直到2011年2月25日通过的《刑法修正案(八)》才以法律的形式规定对被判处管制、被宣告缓刑、被裁定假释的3种罪犯实行社区矫正。2012年《刑事

---

[1] 2021年1月26日《最高人民法院关于适用〈中华人民共和国刑事诉讼法〉的解释》第516条。

诉讼法》第258条规定："对被判处管制、宣告缓刑、假释或者暂予监外执行的罪犯，依法实行社区矫正，由社区矫正机构负责执行。"[1]以法律的形式将暂予监外执行的罪犯纳入社区矫正的适用范围。至此，被判处管制罪犯、被宣告缓刑罪犯、被暂予监外执行罪犯、被裁定假释罪犯适用社区矫正均已经有法律依据，但仍然存在疑问的是，能否继续对在社会上服刑的被剥夺政治权利的罪犯适用社区矫正？对此存在不同的看法。[2]笔者认为，不宜继续将剥夺政治权利罪犯能纳入社区矫正的范围。主要理由是：第一，不符合罪刑法定原则。现在社区矫正规定社区矫正人员外出县市、迁居需要向执行机关申请，要定期向执行机关汇报自身情况等，在一定程度上都限制了社区矫正对象的人身自由。这种对人身自由的限制和管制、假释、缓刑、暂予监外执行对罪犯人身自由的限制是相似的，但与剥夺政治权利对政治权利、政治自由的限制是不同的。若将剥夺政治权利罪犯纳入社区矫正范围则会在一定程度上限制其人身自由，与罪刑法定原则不符。第二，《社区矫正实施办法》规定："对于被判处剥夺政治权利在社会上服刑的罪犯，司法行政机关配合公安机关，监督其遵守刑法第五十四条的规定，并及时掌握有关信息。被剥夺政治权利的罪犯可以自愿参加司法行政机关组织的心理辅导、职业培训和就业指导活动。"[3]根据这一规定，对被剥夺政治权利的罪犯而言，参加社区矫正作以其自愿为前提。这实际上已将被剥夺政治权利的罪犯排除在社区矫正之外。2019年12月28日第十三届全国人大常委会第十五次会议通过的《中华人民共和国社区矫正法》没有将剥夺政治权利的罪犯纳入社区矫正的适用对象，为该争议划上了的句号。

2. 明确了社区矫正决定和执行之间的衔接

根据刑法和刑事诉讼法的规定，社区矫正决定机关，包括依法

---

[1] 2018年《刑事诉讼法》第269条。

[2] 参见戴勇才："社区矫正司法适用问题思考"，载《西南政法大学学报》2012年第1期。

[3] 2012年1月10日最高人民法院、最高人民检察院、公安部、司法部印发的《社区矫正实施办法》第32条。

判处管制、宣告缓刑、裁定假释、决定暂予监外执行的人民法院和依法批准暂予监外执行的监狱管理机关、公安机关。但法律对社区矫正的决定和执行之间的衔接没有作出明确规定。刑事诉讼法司法解释对此作出了明确规定：（1）通知和文书送达。社区矫正决定机关应当自判决、裁定或者决定生效之日起 5 内通知执行地社区矫正机构，并在 10 日内送达有关法律文书，同时抄送人民检察院和执行地公安机关。社区矫正决定地与执行地不在同一地方的，由执行地社区矫正机构将法律文书转送所在地的人民检察院、公安机关。（2）社区矫正对象的报到或者移送。人民法院判处管制、宣告缓刑、裁定假释的社区矫正对象，应当自判决、裁定生效之日起 10 日内到执行地社区矫正机构报到。人民法院决定暂予监外执行的社区矫正对象，由看守所或者执行取保候审、监视居住的公安机关自收到决定之日起 10 日内将社区矫正对象移送社区矫正机构。监狱管理机关、公安机关批准暂予监外执行的社区矫正对象，由监狱或者看守所自收到批准决定之日起 10 日内将社区矫正对象移送社区矫正机构。

（四）剥夺政治权利的执行

在刑法的基础上，刑事诉讼法及其司法解释性文件对剥夺政治权利的执行作出了补充性规定。

1. 明确了剥夺政治权利的执行机关

刑事诉讼法规定，对被判处剥夺政治权利的罪犯，由公安机关执行。[1]根据司法解释性文件规定，由罪犯居住地的派出所负责执行。[2]

2. 规定剥夺政治权利法律文书的送达

对单处剥夺政治权利的罪犯，人民法院应当在判决、裁定生效后 10 日以内，将判决书、裁定书、执行通知书等法律文书送达罪犯居住地的县级公安机关，并抄送罪犯居住地的县级人民检察院。

3. 细化剥夺政治权利的内容

《刑法》第 54 条规定，剥夺政治权利具体包括剥夺下列 4 种权

---

[1] 2018 年《刑事诉讼法》第 270 条。
[2] 2020 年《公安机关办理刑事案件程序规定》第 302 条第 2 款。

利：（1）选举权和被选举权；（2）言论、出版、集会、结社、游行、示威自由的权利；（3）担任国家机关职务的权利；（4）担任国有公司、企业、事业单位和人民团体领导职务的权利。2020年《公安机关办理刑事案件程序规定》第312条规定，被剥夺政治权利的罪犯在执行期间应当遵守下列规定：（1）遵守国家法律、行政法规和公安部制定的有关规定，服从监督管理；（2）不得享有选举权和被选举权；（3）不得组织或者参加集会、游行、示威、结社活动；（4）不得出版、制作、发行书籍、音像制品；（5）不得接受采访、发表演说；（6）不得在境内外发表有损国家荣誉、利益或者其他具有社会危害性的言论；（7）不得担任国家机关职务；（8）不得担任国有公司、企业、事业单位和人民团体的领导职务。后一规定中的（4）是对出版自由的细化，（5）和（6）是对言论自由的细化。

（五）罚金的执行

在刑法的基础上，刑事诉讼法及其司法解释性文件对罚金的执行作出了补充性规定。

1. 明确了罚金的执行机关

从《刑法》第53条的规定中可以得知罚金的执行机关是人民法院。根据司法解释规定，由第一审人民法院负责裁判执行的机构执行。[1]

2. 细化了缴纳方式的规定

《刑法》第53条第1款规定："……期满不缴纳的，强制缴纳。对于不能全部缴纳罚金的，人民法院在任何时候发现被执行人有可以执行的财产，应当随时追缴。"（1）"期满不缴纳"的含义。根据司法解释，期满无故不缴纳或者未足额缴纳的，人民法院应当强制缴纳。[2]这就将"期满不缴纳"区分为期满不缴纳和期满未足额缴纳两种情形。（2）"随时追缴"的含义。根据司法解释，经强制缴纳

---

〔1〕 2021年1月26日《最高人民法院关于适用〈中华人民共和国刑事诉讼法〉的解释》第522条。

〔2〕 2021年1月26日《最高人民法院关于适用〈中华人民共和国刑事诉讼法〉的解释》第523条第1款。

仍不能全部缴纳的，在任何时候，包括主刑执行完毕后，发现被执行人有可供执行的财产的，应当追缴。[1]这一规定明确"随时"不仅包括主刑执行期间，也包括主刑执行完毕后的任何时间。

3. 明确了延期缴纳或者减免缴纳的程序

《刑法》第53条第2款规定："由于遭遇不能抗拒的灾祸等原因缴纳确实有困难的，经人民法院裁定，可以延期缴纳、酌情减少或者免除。"根据司法解释，因遭遇不能抗拒的灾祸等原因缴纳罚金确有困难，被执行人申请延期缴纳、酌情减少或者免除罚金的，应当提交相关证明材料。人民法院应当在收到申请后1个月以内作出裁定。符合法定条件的，应当准许；不符合条件的，驳回申请。[2]

4. 规定了罚金和罚款之间的折抵

根据司法解释，行政机关对被告人就同一事实已经处以罚款的，人民法院判处罚金时应当折抵，扣除行政处罚已执行的部分。[3]

（六）没收财产的执行

在刑法的基础上，刑事诉讼法及其司法解释性文件对没收财产的执行作出了补充性规定。

1. 明确了执行机关

刑法没有对没收财产的执行机关作出明确规定。刑事诉讼法规定，没收财产的判决，无论附加适用或者独立适用，都由人民法院执行；在必要的时候，可以会同公安机关执行。[4]

2. 明确了"保留必需的生活费用"的标准

《刑法》第59条第1款规定："……没收全部财产的，应当对犯罪分子个人及其扶养的家属保留必需的生活费用。"但对于"保留

---

〔1〕 2021年1月26日《最高人民法院关于适用〈中华人民共和国刑事诉讼法〉的解释》第523条第1款。

〔2〕 2021年1月26日《最高人民法院关于适用〈中华人民共和国刑事诉讼法〉的解释》第524条。

〔3〕 2021年1月26日《最高人民法院关于适用〈中华人民共和国刑事诉讼法〉的解释》第523条第2款。

〔4〕 2018年《刑事诉讼法》第272条。

必需的生活费用"的具体标准并未明确。根据司法解释,执行财产刑,应当参照被扶养人住所地政府公布的上年度当地居民最低生活费标准,保留被执行人及其所扶养人的生活必需费用。[1]

(七)驱逐出境的执行

《刑法》第35条规定:"对于犯罪的外国人,可以独立适用或者附加适用驱逐出境。"可见,刑法对驱逐出境这种刑罚的规定极为简单。根据刑事诉讼法司法解释性文件的规定,区分为独立适用驱逐出境和附加适用驱逐出境两种情形,对驱逐出境的执行程序作出了规定:

1. 独立适用的驱逐出境的执行

对判处独立适用驱逐出境刑罚的外国人,省级公安机关在收到人民法院的刑事判决书、执行通知书的副本后,应当指定该外国人所在地的设区的市一级公安机关执行。[2]

2. 附加适用的驱逐出境的执行

被判处徒刑的外国人,主刑执行期满后应当执行驱逐出境附加刑的,省级公安机关在收到执行监狱的上级主管部门转交的刑事判决书、执行通知书副本或者复印件后,应当通知该外国人所在地的设区的市一级公安机关或者指定有关公安机关执行。[3]

(八)减刑和假释与刑事诉讼法相关的问题

1. 对不断提出申诉的犯人是否适用减刑、假释

有的服刑中的罪犯由于认为人民法院对自己的判决公平合理,实属罪有应得,因而能积极改造,不提出申诉;有的则认为人民法院对自己的判决有失公正,因而在刑罚执行期间不断提出申诉。2016年11月14日《最高人民法院关于办理减刑、假释案件具体应用法律的规定》在第3条第3款中规定:"罪犯在刑罚执行期间的申诉权利应当依法保护,对其正当申诉不能不加分析地认为是不认

---

[1] 2021年1月26日《最高人民法院关于适用〈中华人民共和国刑事诉讼法〉的解释》第526条。

[2] 2020年《公安机关办理刑事案件程序规定》第371条第1款。

[3] 2020年《公安机关办理刑事案件程序规定》第371条第2款。

罪悔罪。"申诉是宪法赋予每一个公民的正当权利,即使是服刑中的罪犯,法律也应当保障他们依法申诉的权利。如果剥夺服刑罪犯的申诉权,不仅不利于罪犯的劳动改造,更不利于司法机关及时发现冤假错案,改进审判工作,提高审判质量。对于坚持申诉的罪犯,我们应具体分析,不能一概认为是"不认罪悔罪",而不适用减刑、假释;对于那种无理缠诉并且拒不接受改造的罪犯,由于其不符合悔改表现的条件,自然不能适用减刑、假释;对其他基于各种原因(如认为自己根本无罪,或者认为人民法院对自己量刑过重)坚持申诉但能接受改造有悔改表现的,都可以予以减刑、假释。

2. 减刑权和假释权的程序约束

减刑和假释是我国刑法规定的刑罚执行制度,基于罪犯在服刑期间的悔改表现或者立功表现,对其原判刑罚予以部分减免或者予以附条件提前释放,以期实现鼓励罪犯认真矫正改造的宗旨。但是,在司法实践中,司法工作人员徇私舞弊减刑、假释的现象仍然存在。减刑权和假释权的规范行使,成为司法改革的重要任务之一。从程序上进一步规范减刑权、假释权的行使,防止司法腐败,成为减刑、假释制度完善的重要组成部分。刑事诉讼法司法解释对之作出了具体规定:[1]

(1)审查立案。人民法院受理减刑、假释案件,应当审查执行机关移送的材料是否包括下列内容:第一,减刑、假释建议书;第二,原审法院的裁判文书、执行通知书、历次减刑裁定书的复制件;第三,证明罪犯确有悔改、立功或者重大立功表现具体事实的书面材料;第四,罪犯评审鉴定表、奖惩审批表等;第五,罪犯假释后对所居住社区影响的调查评估报告;第六,刑事裁判涉财产部分、附带民事裁判的执行、履行情况;第七,根据案件情况需要移送的其他材料。人民检察院对报请减刑、假释案件提出意见的,执行机

---

[1] 2012年12月20日通过的《最高人民法院关于适用〈中华人民共和国刑事诉讼法〉的解释》在执行程序中专门规定了减刑、假释案件的审理程序,2021年1月26日通过的《最高人民法院关于适用〈中华人民共和国刑事诉讼法〉的解释》沿袭了上述规定。

关应当一并移送受理减刑、假释案件的人民法院。经审查，材料不全的，应当通知提请减刑、假释的执行机关在 3 日以内补送；逾期未补送的，不予立案。

（2）公示。人民法院审理减刑、假释案件，应当在立案后 5 日以内对下列事项予以公示：第一，罪犯的姓名、年龄等个人基本情况；第二，原判认定的罪名和刑期；第三，罪犯历次减刑情况；第四，执行机关的减刑、假释建议和依据。公示应当写明公示期限和提出意见的方式。公示程序是加强对减刑、假释社会监督的重要进步。

（3）审理方式。审理减刑、假释案件，应当组成合议庭，可以采用书面审理的方式，但下列案件应当开庭审理：第一，因罪犯有重大立功表现提请减刑的；第二，提请减刑的起始时间、间隔时间或者减刑幅度不符合一般规定的；第三，被提请减刑、假释罪犯系职务犯罪罪犯，组织、领导、参加、包庇、纵容黑社会性质组织罪犯，破坏金融管理秩序罪犯或者金融诈骗罪犯的；第四，社会影响重大或者社会关注度高的；第五，公示期间收到不同意见的；第六，人民检察院提出异议的；第七，有必要开庭审理的其他案件。

（4）人民检察院的监督。人民法院作出减刑、假释裁定后，应当在 7 日以内送达提请减刑、假释的执行机关、同级人民检察院以及罪犯本人。人民检察院认为减刑、假释裁定不当，可以在法定期限内提出书面纠正意见。人民检察院收到人民法院减刑、假释的裁定书副本后，应当及时审查下列内容：第一，被减刑、假释的罪犯是否符合法定条件，对罪犯减刑的减刑幅度、起始时间、间隔时间或者减刑后又假释的间隔时间、罪犯被减刑后实际执行的刑期或者假释考验期是否符合有关规定；第二，执行机关提请减刑、假释的程序是否合法；第三，人民法院审理、裁定减刑、假释的程序是否合法；第四，人民法院对罪犯裁定不予减刑、假释是否符合有关规定；第五，人民法院减刑、假释裁定书是否依法送达执行并向社会公布。人民检察院经审查认为人民法院减刑、假释的裁定不当，应当在收到裁定书副本后 20 日以内，向作出减刑、假释裁定的人民法院提出纠正意见。人民检察院经审查认为人民法院减刑、假释的裁定不当，应当在收到裁定书副本后 20 日以内，报经检察长批准，向作出减刑、假释裁定的人民法院提出书面纠正意见。人民法院应当在收到意见后另行组成合议庭审理，并在 1 个月内作出裁定。

3. 特殊假释的核准程序

《刑法》第 81 条第 1 款规定："被判处有期徒刑的犯罪分子，执行原判刑期二分之一以上，被判处无期徒刑的犯罪分子，实际执行十三年以上，如果认真遵守监规，接受教育改造，确有悔改表现，没有再犯罪的危险的，可以假释。如果有特殊情况，经最高人民法院核准，可以不受上述执行刑期的限制。"其中的"如果有特殊情况，经最高人民法院核准，可以不受上述执行刑期的限制"的假释，也称为特殊假释。刑事诉讼法司法解释对特殊假释的核准程序作出了更为具体的规定：（1）采取层报方式。报请最高人民法院核准因罪犯具有特殊情况，不受执行刑期限制的假释案件，应当按照下列情形分别处理：第一，中级人民法院依法作出假释裁定后，应当报请高级人民法院复核。高级人民法院同意的，应当书面报请最高人民法院核准；不同意的，应当裁定撤销中级人民法院的假释裁定；第二，高级人民法院依法作出假释裁定的，应当报请最高人民法院核准。[1]（2）需要报送的材料。报请最高人民法院核准因罪犯具有特殊情况，不受执行刑期限制的假释案件，应当报送报请核准的报告、罪犯具有特殊情况的报告、假释裁定书各 5 份，以及全部案卷。[2]（3）最高人民法院的处理。对因罪犯具有特殊情况，不受执行刑期限制的假释案件，最高人民法院予以核准的，应当作出核准裁定书；不予核准的，应当作出不核准裁定书，并撤销原裁定。[3]

---

[1] 2021 年 1 月 26 日《最高人民法院关于适用〈中华人民共和国刑事诉讼法〉的解释》第 420 条。

[2] 2021 年 1 月 26 日《最高人民法院关于适用〈中华人民共和国刑事诉讼法〉的解释》第 421 条。

[3] 2021 年 1 月 26 日《最高人民法院关于适用〈中华人民共和国刑事诉讼法〉的解释》第 422 条。

五、刑罚消灭制度与刑事诉讼法相关联的问题

所谓刑罚消灭，是指由于一定的法定原因，对特定犯罪人本应追究而不追究，或者所处刑罚归于消灭。[1]具体包括追诉时效、行刑时效、前科消灭等制度。刑罚消灭制度中有以下与刑事诉讼法有密切关系的问题：

(一) 追诉时效延长的具体认定

追诉时效延长，也称不受追诉时效期限限制，是指在追诉时效期间内，由于发生了法定的事由，致使追诉期限无限期延伸的制度。1997年《刑法》与1979年《刑法》关于追诉时效延长的规定相比发生了较大的变化。要正确处理这一问题，应注意以下几个问题：

1. 新旧刑法中有关追诉时效延长的情形及其区别

(1) 1979年《刑法》的规定。1979年《刑法》第77条规定："在人民法院、人民检察院、公安机关采取强制措施以后，逃避侦查或者审判的，不受追诉期限的限制。"这是1979年《刑法》关于不受追诉时效期限限制的唯一情形。

(2) 1997年《刑法》的规定。1997年《刑法》第88条规定了两种不受追诉时效期限限制的情况："在人民检察院、公安机关、国家安全机关立案侦查或者人民法院受理案件以后，逃避侦查或审判的，不受追诉期限的限制。被害人在追诉期限内提出控告，人民法院、人民检察院、公安机关应当立案而不予立案的，不受追诉期限的限制。"具体而言，1997年《刑法》中的追诉时效延长包括两种情形：

第一，防止逃避已启动的司法追诉之时效延长。在人民检察院、公安机关、国家安全机关立案侦查或者在人民法院受理案件以后，逃避侦查或者审判的，不受追诉期限的限制。这是为了避免追诉时效制度造成鼓励犯罪嫌疑人、被告人逃避（包括脱逃）已经启动的刑事追诉之负面效应。在法定的追诉期限内，只要对犯罪案件开始立案、侦查或者受理起诉，犯罪人逃避侦查或起诉不到案的，追诉

---

[1] 参见高铭暄主编：《刑法学原理》，中国人民大学出版社1994年版，第619页。

时效时间无限延长,即无论其逃避侦查或审判的时间有多长,都可以对其进行追诉。"立案侦查以后",是指人民检察院、公安机关、国家安全机关依照刑事诉讼法的规定按照自己的管辖范围,对发现犯罪事实或者犯罪嫌疑人的案件予以立案,进行侦查,收集、调取犯罪嫌疑人有罪或无罪、罪轻或罪重的证据材料之日起。不包括出于行政处罚等目的而进行的立案,只限于出于侦查犯罪目的而进行的刑事诉讼法上的立案。"受理案件以后",是指人民法院依照刑事诉讼法关于审判管辖的规定,接受人民检察院提起公诉或被害人自诉案件之日起(不包括被害人单纯以获得民事赔偿为目的的民事起诉被法院受理的情况)。由于《刑法》第88条第1款将"立案侦查"与"法院受理案件"并列加以规定,所以"立案侦查"适用于公诉案件,"法院受理案件"适用于自诉案件。"逃避侦查或者审判",是指以潜逃、脱逃、谎称已死亡、伪装精神失常等方法逃避刑事追究。

　　第二,防止司法不作为之时效延长。被害人在追诉期限内提出控告,人民法院、人民检察院、公安机关应当立案而不予立案的,不受追诉期限的限制。作出这一规定的目的在于,防止司法机关对依法应当立案追诉的行为而不予立案,因为对犯罪的追诉是由司法机关来进行的,司法机关如果消极不作为,即使犯罪行为不逃避追诉,也可能导致前述的追诉时效期限期满而无法再予以追诉。但是我国刑法对司法机关的消极不作为导致的追诉时效延长是有限制的,即只限于被害人提出控告的情形,其他情形下之不予以立案不在此限。立案的来源多种多样,有司法机关主动立案,有基于群众举报而立案,也有的根据被害人的控告而立案。"被害人在追诉期限内提出控告"中之"被害人"是指受到犯罪侵害的自然人和单位。"控告"是指被害人对侵犯本人、本单位合法权益的犯罪行为向司法机关告诉,要求追究侵害人的法律责任的行为。控告的形式不受限制,既可以是书面的,也可以是口头的。但控告必须是被害人在自己的人身、财产等权益遭受不法侵害并且已经发现犯罪嫌疑人而向司法机关所作的告发。如果被害人在不知道犯罪嫌疑人是谁的情况下报案，则不能适用时效延长的规定。《刑事诉讼法》第112条规定："人民法院、人民检察院或者公安机关对于报案、控告、举报和自首的材料，应当按照管辖范围，迅速进行审查，认为有犯罪事实需要追究刑事责任的时候，应当立案；认为没有犯罪事实，或者犯罪事实显著轻微，不需要追究刑事责任的时候，不予立案，并且将不立案的原因通知控告人。控告人如果不服，可以申请复议。""应当立案"是指符合《刑事诉讼法》第112条规定的"有犯罪事实需要追究刑事责任"的立案条件，应当立案的。"不予立案"是指符合立案条件的，不属于《刑事诉讼法》第112条规定的"没有犯罪事实，或者犯罪事实显著轻微，不需要追究刑事责任"不予立案的情况，但人民法院、人民检察院、公安机关却未予立案。

（3）区别。新旧刑法关于不受追诉时效期限限制情形的立法的区别主要在于：

第一，确定的时间点不同。两部刑法典都有犯罪人逃避侦查或审判而不受追诉时效期限限制的规定，但确定的时间各不同。1979年《刑法》确定的时间点是"采取强制措施"，而1997年《刑法》确定的时间点是"立案侦查"或"受理案件"。根据1996年修正后的《刑事诉讼法》的规定，刑事诉讼中的强制措施包括拘传、取保候审、监视居住、拘留和逮捕5种，立案、讯问犯罪嫌疑人、检查、搜查、通缉等都不属于刑事强制措施之列。5种刑事强制措施中，人民法院、人民检察院和公安机关都有权决定拘传、取保候审和监视居住；逮捕必须经过人民检察院批准或者人民法院决定，由公安机关执行；拘留由公安机关决定和执行。但在实践中，犯罪分子逃避侦查或审判，并不限于在司法机关采取强制措施以后，多见于在侦查机关立案侦查，尤其是通缉或者人民法院受理案件后闻风而逃。对这类情形仍适用追诉时效期限，有轻纵犯罪之嫌。因而1997年《刑法》对其进行了修改，将时间点确定为"立案侦查"或"受理案件"。刑事诉讼中的立案，是指公安机关、人民检察院发现犯罪事实或者犯罪嫌疑人，或者公安机关、人民检察院、人民法院对于报案、控告、举报和自首的材料，以及自诉人起诉的材料，按照各自的管辖范围进行审查后，根据事实和法律，决定是否作为刑事案件进行侦查或审判的诉讼活动。侦查是指公安机关（包括国家安全机关）、人民检察院在办理案件过程中，依照法律进行的专门调查工作和有关的强制措施。《刑法》第88条第1款规定的"立案侦查"，仅仅指人民检察院、公安机关、国家安全机关的立案。受理案件包括两种情形：一是人民法院受理告诉才处理的犯罪案件或者其他自诉刑事案件；二是人民法院受理检察机关移送起诉的刑事案件。《刑法》第88条第1款规定的"受理案件"仅指人民法院受理告诉才处理的犯罪案件或者其他自诉案件。因为检察机关移送起诉的案件在人民法院"受理"前肯定已经历了"立案侦查"阶段，在时间上已为前者所包含。

第二，1997年《刑法》增加规定了一种不受追诉时效期限限制的情形。即第88条第2款规定："被害人在追诉期限内提出控告，人民法院、人民检察院、公安机关应当立案而不予立案的，不受追诉期限的限制。"适用这一款必须同时具备以下条件：一是被害人提出了控告。这里的被害人应作广义理解，不仅仅指直接受到犯罪行为损害的人，也应包括其近亲属，以及他们委托的人。二是被害人的控告应是向人民法院、人民检察院、公安机关（包括国家安全机关）提出的。三是控告必须在追诉期限内提出，如果追诉期限届满后才提出控告的，不适用该款。四是人民法院、人民检察院、公安机关应当立案而不予立案，"应当立案"是前提，"不予立案"是结果。

2. 对跨法案件适用追诉时效延长制度的方法

1997年《刑法》的对不受追诉期限限制情形的修改，给一些跨法案件的刑法适用带来了问题，即下列情形下究竟应适用1979年《刑法》还是1997年《刑法》：犯罪行为和行为人逃避侦查或审判的行为都发生在1997年9月30日以前，而行为人归案是在1997年10月1日以后；犯罪行为实施于1997年9月30日以前，但行为人逃避侦查或审判的行为及行为人的归案是在1997年10月1日以后；犯罪行为实施于1997年9月30日以前，被害人向司法机关提出控告，司法机关应当立案而不予立案的情形也发生于 1997 年 9 月 30 日以前，而行为人归案是在 1997 年 10 月 1 日以后；犯罪行为发生于 1997 年 9 月 30 日以前，司法机关到接到被害人控告应当立案而不予立案的情形及行为人归案均发生在 1997 年 10 月 1 日以后。

对上述情形应如何适用法律，牵涉到刑法的溯及力问题。在此问题上，我国刑法奉行从旧兼从轻原则，通过比较，我们不难发现，就不受追诉时效期限限制情形的规定而言，1979 年《刑法》比 1997 年《刑法》更有利于犯罪行为人。因而最高人民法院 1997 年 9 月 25 日公布、1997 年 10 月 1 日起施行的《最高人民法院关于适用刑法时间效力规定若干问题的解释》第 1 条规定："对于行为人 1997 年 9 月 30 日以前实施的犯罪行为，在人民检察院、公安机关、国家安全机关立案侦查或者在人民法院受理案件以后，行为人逃避侦查或者审判，超过追诉期限或者被害人在追诉期限内提出控告，人民法院、人民检察院、公安机关应当立案不予立案，超过追诉期限的，是否追究行为人的刑事责任，适用修订前的刑法第七十七条的规定。"可见，该司法解释跨法案件适用追诉时效延长制度确定的原则是：视犯罪行为发生于新刑法生效（1997 年 10 月 1 日）之前还是以后，决定是适用 1979 年《刑法》还是 1997 年《刑法》。

（二）核准追诉的具体规则

《刑法》第 87 条第 4 项规定，法定最高刑为无期徒刑、死刑的，经过 20 年，不再追诉。如果 20 年以后认为必须追诉的，须报请最高人民检察院核准。司法解释对核准追诉的程序作出了具体规定：

1. 核准追诉的条件

报请核准追诉的案件应当同时符合下列条件：（1）有证据证明存在犯罪事实，且犯罪事实是犯罪嫌疑人实施的；（2）涉嫌犯罪的行为应当适用的法定量刑幅度的最高刑为无期徒刑或者死刑；（3）涉嫌犯罪的性质、情节和后果特别严重，虽然已过 20 年追诉期限，但社会危害性和影响依然存在，不追诉会严重影响社会稳定或者产生其他严重后果，而必须追诉的；（4）犯罪嫌疑人能够及时到案接受追诉。[1]

2. 侦查措施

虽然未经最高人民检察院核准，不得对所涉案件提起公诉，但不应停止侦查活动。须报请最高人民检察院核准追诉的案件，公安机关在核准之前可以依法对犯罪嫌疑人采取强制措施。公安机关报请核准追诉并提请逮捕犯罪嫌疑人，人民检察院经审查认为必须追诉而且符合法定逮捕条件的，可以依法批准逮捕，同时要求公安机关在报请核准追诉期间不得停止对案件的侦查。[2]对已经采取强制措施的案件，强制措施期限届满不能作出是否核准追诉决定的，应当对犯罪嫌疑人变更强制措施或者延长侦查羁押期限。[3]最高人民检察院决定核准追诉的案件，最初受理案件的人民检察院应当监督公安机关的侦查工作。最高人民检察院决定不予核准追诉，公安机关未及时撤销案件的，同级人民检察院应当提出纠正意见。犯罪嫌疑人在押的，应当立即释放。[4]

3. 采取层报方式

公安机关报请核准追诉的案件，由同级人民检察院受理并层报最高人民检察院审查决定。[5]地方各级人民检察院对公安机关报请核准追诉的案件，应当及时进行审查并开展必要的调查。经检察委员会审议提出是否同意核准追诉的意见，制作报请核准追诉案件报告书，连同案卷材料一并层报最高人民检察院。[6]

4. 审查决定

最高人民检察院收到省级人民检察院报送的报请核准追诉案件报告书及案卷材料后，应当及时审查，必要时指派检察人员到案发地了解案件有关情况。经检察长批准，作出是否核准追诉的决定，

---

[1] 2019年12月30日《人民检察院刑事诉讼规则》第322条。
[2] 2019年12月30日《人民检察院刑事诉讼规则》第321条。
[3] 2019年12月30日《人民检察院刑事诉讼规则》第326条。
[4] 2019年12月30日《人民检察院刑事诉讼规则》第327条。
[5] 2019年12月30日《人民检察院刑事诉讼规则》第323条。
[6] 2019年12月30日《人民检察院刑事诉讼规则》第324条。

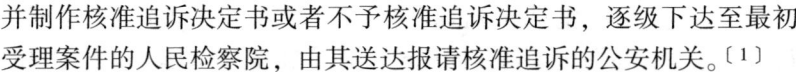

并制作核准追诉决定书或者不予核准追诉决定书，逐级下达至最初受理案件的人民检察院，由其送达报请核准追诉的公安机关。[1]

（三）前科报告制度与犯罪记录封存制度的衔接

1997年《刑法》第100条规定了前科报告制度："依法受过刑事处罚的人，在入伍、就业的时候，应当如实向有关单位报告自己曾受过刑事处罚，不得隐瞒。"2011年《刑法修正案（八）》新增了第2款："犯罪的时候不满十八周岁被判处五年有期徒刑以下刑罚的人，免除前款规定的报告义务。"2012年《刑事诉讼法》规定了未成年犯罪犯罪记录封存制度，与《刑法修正案（八）》新增的本条第2款的规定相衔接。2018年《刑事诉讼法》及其司法解释沿袭了其规定。

1. 犯罪记录封存的适用对象

犯罪记录封存制度的适用对象是，犯罪的时候不满18周岁，被判处5年有期徒刑以下刑罚的罪犯。只要犯罪时不满18周岁，即使入伍、就业时已满18周岁，也免除报告义务。(1)"被判处五年以下有期徒刑"的含义。包括被判处5年以下有期徒刑、拘役、管制、单处附加刑以及适用缓刑的情形。(2)是否适用于定罪免刑的人。理论上曾经对定罪免刑的情况是否属于犯罪记录封存的适用范围存在疑问。根据最新的司法解释的规定，犯罪时不满18周岁，被免予刑事处罚的未成年人的犯罪记录，也应当封存。[2](3)是否适用于被不起诉的人。严格来讲，不起诉的人不留下犯罪记录，不在犯罪记录封存制度的适用范围以内。但毕竟进入了刑事追诉程序，容易因此被人贴上"进去过"的标签。根据司法解释，人民检察院对未成年犯罪嫌疑人作出不起诉决定后，也应当对相关记录予以封存。[3](4)是否有溯及力。根据司法解释规定，犯罪记录封存制度具有溯及力，对2012年12月31日以前审结的案件符合犯罪记录封存适用

---

[1] 2019年12月30日《人民检察院刑事诉讼规则》第325条。

[2] 2021年1月26日《最高人民法院关于适用〈中华人民共和国刑事诉讼法〉的解释》第581条第1款。

[3] 2019年《人民检察院刑事诉讼规则》第486条。

对象条件的，相关犯罪记录也应当封存。即2012年修正后的《刑事诉讼法》关于犯罪记录封存的规定，对其2013年1月1日施行前的案件也适用。[1]

2. 犯罪记录封存的内容

犯罪记录被封存的，不得向任何单位和个人提供，但司法机关为办案需要或者有关单位根据国家规定进行查询的除外。依法进行查询的单位，应当对被封存的犯罪记录的情况予以保密。司法机关应当将拟封存的未成年人犯罪记录、卷宗等相关材料装订成册，加密保存，不予公开，并建立专门的未成年人犯罪档案库，执行严格的保管制度。

3. 犯罪记录封存的具体落实

（1）公安机关的落实。未成年人犯罪的时候不满18周岁，被判处5年有期徒刑以下刑罚的，公安机关应当依据人民法院已经生效的判决书，将该未成年人的犯罪记录予以封存。犯罪记录被封存的，除司法机关为办案需要或者有关单位根据国家规定进行查询外，公安机关不得向其他任何单位和个人提供。[2]

（2）人民检察院的落实。犯罪的时候不满18周岁，被判处5年有期徒刑以下刑罚的，人民检察院应当在收到人民法院生效判决、裁定后，对犯罪记录予以封存。生效判决、裁定由第二审人民法院作出的，同级人民检察院依照前款规定封存犯罪记录时，应当通知下级人民检察院对相关犯罪记录予以封存。[3]除司法机关为办案需要或者有关单位根据国家规定进行查询的以外，人民检察院不得向任何单位和个人提供封存的犯罪记录，并不得提供未成年人有犯罪记录的证明。司法机关或者有关单位需要查询犯罪记录的，应当向封存犯罪记录的人民检察院提出书面申请。人民检察院应当在7日以内作出是否

---

[1] 2012年12月20日《最高人民法院关于适用〈中华人民共和国刑事诉讼法〉的解释》第490条第2款。

[2] 2020年7月20日《公安机关办理刑事案件程序规定》第331条。

[3] 2019年12月30日《人民检察院刑事诉讼规则》第482条。

许可的决定。[1]被封存犯罪记录的未成年人或者其法定代理人申请出具无犯罪记录证明的,人民检察院应当出具。需要协调公安机关、人民法院为其出具无犯罪记录证明的,人民检察院应当予以协助。[2]

(3)人民法院的落实。对依法应当封存犯罪记录的案件,宣判时,不得组织人员旁听;有旁听人员的,应当告知其不得传播案件信息。[3]司法机关或者有关单位向人民法院申请查询封存的犯罪记录的,应当提供查询的理由和依据。对查询申请,人民法院应当及时作出是否同意的决定。[4]

4. 犯罪记录封存的解除

被封存犯罪记录的未成年人,如果发现漏罪,且漏罪与封存记录之罪数罪并罚后被决定执行5年有期徒刑以上刑罚的,应当对其犯罪记录解除封存。[5]

六、保安处分与刑事诉讼法相关联的问题

保安处分是指着眼于行为人所具有的危险性格,为了保持社会治安,同时以改善行为人为目的而施行的一种国家处分。[6]保安处分分为对人的保安处分(如收容于精神病疗养院)和对物的保安处分(如没收)。[7]鉴于所涉利益的重大性,各国法律大多数由法院裁决保安处分的适用,即保安处分的决定权属于司法权的组成部分。在我国刑法理论界讨论对保安处分是否有必要在立法上作出系统规定之时,2012年修正后的《刑事诉讼法》却在保安处分的刑事司法

---

[1] 2019年12月30日《人民检察院刑事诉讼规则》第484条。
[2] 2019年12月30日《人民检察院刑事诉讼规则》第487条。
[3] 2021年1月26日《最高人民法院关于适用〈中华人民共和国刑事诉讼法〉的解释》第578条第2款。
[4] 2021年1月26日《最高人民法院关于适用〈中华人民共和国刑事诉讼法〉的解释》第581条第2款。
[5] 2019年12月30日《人民检察院刑事诉讼规则》第485条第2款;2020年《公安机关办理刑事案件程序规定》第331条第3款。
[6] 参见张明楷编著:《外国刑法纲要》,清华大学出版社2007年版,第428页。
[7] 参见张明楷编著:《外国刑法纲要》,清华大学出版社2007年版,第427~429页。

化道路上先行一步,作出了重大的贡献。希望这反过来能促进刑法上保安处分制度的立法完善。

(一) 保安处分司法化的必要性

在立法法和行政处罚法施行以后,规定劳动教养、强制治疗、强制戒毒等一些带有限制人身自由性质的行政措施的行政法规陷入与这些上位法所规定的立法权限相矛盾的尴尬境地,其国内法意义上的合法性受到质疑。这些措施在国际法意义上的正当性,也受到不符合上述公约规定的质疑。《公民权利和政治权利国际公约》第9条第1款规定:"人人有权享有人身自由和安全。任何人不得加以任意逮捕和拘留。除非依照法律所确定的根据和程序,任何人不得被剥夺自由。"因为长时间剥夺公民人身自由不能通过行政程序(以维护行政管理的效率为宗旨)应当通过司法程序(以维护公正为宗旨)决定已经成为当代法治文明的重要共识。简单地废止带有限制人身自由性质的措施,也并非解决问题的办法,因为社会秩序的维护有这些措施存在的客观需要,况且国外也普遍地存在这些措施,其中不少就属于刑法中的保安处分措施。中外的差异仅仅在于限制措施的决定权归属不同,以及由此所产生的决定程序不同。因而我国并不需要完全废止这些措施,将其性质从行政机关的行政权转化为司法机关的司法权,将决定程序从行政程序转化为司法程序即可。

(二) 保安处分与我国的刑事法律具有兼容性

保安处分与我国的刑事法律具有兼容性。主要理由是:

1. 保安处分并不具有意识形态性

保安处分和刑罚一样,都是技术层面的刑法制度,可以为不同意识形态的国家所用。除了不少资本主义国家之外,社会主义国家的刑法中也有保安处分的规定,《古巴刑法典》更是专章规定了保安处分。

2. 不应夸大保安处分侵犯人权的危险性

保安处分存在的理论基础确实是维护社会秩序(社会防卫)的需要,但是现代刑法在进行保安处分的制度设计时已经兼顾维护社会秩序和保障公民人权的要求，因而不能片面地夸大保安处分的侵犯人权危险。国外的保安处分的适用与刑罚一样，也是有着严格的条件和程序的，也要受罪刑法定原则的约束。

3. 刑法已有保安处分的零散规定

我国刑法中已经有不少保安处分性质的零散规定，需要将来对之作出系统规定：

（1）对未成年人的专门矫治教育。1997年《刑法》第17条第4款规定，因不满16周岁不予刑事处罚的，在必要的时候"由政府收容教养"。2020年12月26日《刑法修正案（十一）》将其修改为：因不满16周岁不予刑事处罚的，在必要的时候"依法进行专门矫治教育"。2020年12月26日修订后的《中华人民共和国预防未成年人犯罪法》第45条规定："未成年人实施刑法规定的行为、因不满法定刑事责任年龄不予刑事处罚的，经专门教育指导委员会评估同意，教育行政部门会同公安机关可以决定对其进行专门矫治教育。省级人民政府应当结合本地的实际情况，至少确定一所专门学校按照分校区、分班级等方式设置专门场所，对前款规定的未成年人进行专门矫治教育。前款规定的专门场所实行闭环管理，公安机关、司法行政部门负责未成年人的矫治工作，教育行政部门承担未成年人的教育工作。"

（2）对精神病人的强制医疗。《刑法》第18条第1款规定，对不能辨认或者不能控制自己行为的时候造成危害结果的精神病人，在必要的时候"由政府强制医疗"。但实践中对该规定长期缺乏具体规定，一定程度上导致了该规定陷入了两个极端：一是该精神病人陷入脱管失控状态，对社会构成重大危险；二是对不符合条件的人以该条款为依据实施强制医疗，即所谓的"被精神病"现象。[1]

（3）刑事禁止令。2011年《刑法修正案（八）》新增对社区矫正犯罪分子适用的刑事禁止令。判处管制，可以根据犯罪情况，

---

[1] 参见燕国俊等："'被精神病'——社会沉疴之解构与消弭"，载《中国检察官》2010年第10期；刘东亮："'被精神病'事件的预防程序与精神卫生立法"，载《法商研究》2011年第5期。

同时判令犯罪分子在执行期间不得从事特定活动，不得进入特定区域、场所，不得接触特定的人；对判处管制的犯罪分子，实行社区矫正；宣告缓刑，可以根据犯罪情况，同时判令犯罪分子在缓刑考验期限内不得从事特定活动，不得进入特定区域、场所，不得接触特定的人等。不得从事特定活动，不得进入特定区域、场所，不得接触特定的人和社区矫正都是典型的保安处分措施。《刑法修正案（八）》还规定了违反保安处分措施的有关后果，如："被宣告缓刑的犯罪分子，在缓刑考验期限内，违反法律、行政法规或者国务院有关部门关于缓刑的监督管理规定，或者违反人民法院判决中的禁止令，情节严重的，应当撤销缓刑，执行原判刑罚。"

（4）刑事职业禁止。2015年《刑法修正案（九）》新增刑事职业禁止的规定。因利用职业便利实施犯罪，或者实施违背职业要求的特定义务的犯罪被判处刑罚的，人民法院可以根据犯罪情况和预防再犯罪的需要，禁止其自刑罚执行完毕之日或者假释之日起从事相关职业，期限为3年至5年。被禁止从事相关职业的人违反人民法院依照前款规定作出的决定的，由公安机关依法给予处罚；情节严重的，依照拒不执行判决、裁定罪定罪处罚。其他法律、行政法规对其从事相关职业另有禁止或者限制性规定的，从其规定。[1]

（三）刑事诉讼法开辟了保安处分司法化的新路径

在刑法上的保安处分司法化上尚未取得进展的情况下，2012年修正后的《刑事诉讼法》却出人意料地在中国保安处分的司法化的进程中做出了重大突破，这势必带动中国保安处分司法化的进程。刑事诉讼法将精神病人强制医疗和没收违法所得两种保安处分措施的决定权交由法院行使，实现了其司法化。笔者认为，刑事诉讼法开辟了中国保安处分司法化的新路径，反过来也势必能促进刑法上保安处分制度立法的科学化。

1. 精神病人强制医疗的司法化

根据刑事诉讼法及有关司法解释的规定，精神病人强制医疗程

---

[1]《刑法》第37条之一。

序主要包括以下内容:

(1) 适用对象。根据《刑事诉讼法》第302条[1]的规定,实施暴力行为,危害公共安全或者严重危害公民人身安全,经法定程序鉴定依法不负刑事责任的精神病人,有继续危害社会可能的,可以予以强制医疗。在这一规定适用中,应当注意以下问题:第一,"暴力行为"的含义。刑法上的"暴力行为"一词在不同的场合有不同的含义,大致包括以下4种情形:①最广义。包括对人的暴力和对物的暴力。是指对人或者对物非法实施的一切有形力量。②广义。包括直接对人的身体实施的有形力量和直接对物实施但间接地对人的身体造成强烈的物理影响的有形力量。与最广义的暴力相比,广义暴力将单纯对物的有形力量排除在暴力之外。③狭义。是指直接对人的身体非法实施的有形力量。直接对人的身体实施有形力量,并不要求一定要直接接触人的身体,比如相隔一定距离向他人扔砖头,虽然没有打中也属于暴力。暴力对人的身体的作用原理,既可以是力学作用,还可以是化学的、生理的作用(如用石灰迷眼),也可以是能源的作用(如电击)。与广义的暴力相比,将间接作用于人的身体的有形力量排除在暴力之外。④最狭义。是指直接对人的身体实施的足以达到压制对方反抗程度的有形力量。[2]笔者认为,《刑事诉讼法》第302条规定的"暴力行为"应当采取最广义说,因为"危害公共安全"并不一定对公民的人身安全造成危害,还可以是对不特定多数人的财产造成威胁或者危害,因而应当包括单纯对物的暴力。第二,"危害公共安全或者严重危害公民人身安全"的含义。"公共安全"是指不特定的或者多数人的生命、健康或者财产安全,"严重危害公民人身安全"是指严重危害公民的生命、健康、自由等人身权利。第三,"经法定程序鉴定"的含义。公安机关发现实施暴力行为,危害公共安全或者严重危害公民人身安全的犯罪嫌疑人,可能属于依法不负刑事责任的精神病人的,应

---

[1] 2012年《刑事诉讼法》第284条,2018年《刑事诉讼法》第302条。
[2] 参见张明楷编著:《外国刑法纲要》,清华大学出版社2007年版,第461页。

当对其进行精神病鉴定。

（2）程序。第一，公安机关提出强制医疗意见书。对经法定程序鉴定依法不负刑事责任的精神病人，有继续危害社会可能，符合强制医疗条件的，公安机关应当在7日以内写出强制医疗意见书，经县级以上公安机关负责人批准，连同相关证据材料和鉴定意见一并移送同级人民检察院。[1]对实施暴力行为的精神病人，在人民法院决定强制医疗前，经县级以上公安机关负责人批准，公安机关可以采取临时的保护性约束措施。必要时，可以将其送精神病医院接受治疗。采取临时的保护性约束措施时，应当对精神病人严加看管，并注意约束的方式、方法和力度，以避免和防止危害他人和保护精神病人的自身安全为限度。对于精神病人已没有继续危害社会可能，解除约束后不致发生社会危险性的，公安机关应当及时解除保护性约束措施。第二，检察机关提出申请。人民检察院应当在接到公安机关移送的强制医疗意见书后30日以内作出是否提出强制医疗申请的决定。对于实施暴力行为，危害公共安全或者严重危害公民人身安全，已经达到犯罪程度，经法定程序鉴定依法不负刑事责任的精神病人，有继续危害社会可能的，人民检察院应当向人民法院提出强制医疗的申请。人民检察院向人民法院提出强制医疗的申请，应当制作强制医疗申请书。强制医疗申请书的主要内容包括：涉案精神病人的基本情况，包括姓名、性别、出生年月日、出生地、户籍地、身份证号码、民族、文化程度、职业、工作单位及职务、住址，采取临时保护性约束措施的情况及处所等；涉案精神病人的法定代理人的基本情况，包括姓名、住址、联系方式等；案由及案件来源；

---

[1] 需要指出的是，强制医疗并非只能由公安机关和检察机关提出，人民法院也可以主动提起。2021年1月26日《最高人民法院关于适用〈中华人民共和国刑事诉讼法〉的解释》第638条第1款规定："第一审人民法院在审理刑事案件过程中，发现被告人可能符合强制医疗条件的，应当依照法定程序对被告人进行法医精神病鉴定。经鉴定，被告人属于依法不负刑事责任的精神病人的，应当适用强制医疗程序，对案件进行审理。"第640条规定："第二审人民法院在审理刑事案件过程中，发现被告人可能符合强制医疗条件的，可以依照强制医疗程序对案件作出处理，也可以裁定发回原审人民法院重新审判。"

涉案精神病人实施危害公共安全或者严重危害公民人身安全的暴力行为的事实，包括实施暴力行为的时间、地点、手段、后果等及相关证据情况；涉案精神病人不负刑事责任的依据，包括有关鉴定意见和其他证据材料；涉案精神病人继续危害社会的可能；提出强制医疗申请的理由和法律依据。对于公安机关移送的强制医疗案件，经审查认为不符合《刑事诉讼法》第 302 条规定的强制医疗条件的，应当作出不提出强制医疗申请的决定，并向公安机关书面说明理由。第三，人民法院作出裁判。人民法院审理强制医疗案件，应当通知被申请人或者被告人的法定代理人到场。被申请人或者被告人没有委托诉讼代理人的，应当通知法律援助机构指派律师担任其诉讼代理人，为其提供法律帮助。人民法院审理强制医疗案件，应当组成合议庭，开庭审理。但是，被申请人、被告人的法定代理人请求不开庭审理，并经人民法院审查同意的除外。审理人民检察院申请强制医疗的案件，应当会见被申请人。对申请强制医疗的案件，人民法院审理后，应当按照下列情形分别处理：符合《刑事诉讼法》第 302 条规定的强制医疗条件的，应当作出对被申请人强制医疗的决定；被申请人属于依法不负刑事责任的精神病人，但不符合强制医疗条件的，应当作出驳回强制医疗申请的决定；被申请人已经造成危害结果的，应当同时责令其家属或者监护人严加看管和医疗；被申请人具有完全或者部分刑事责任能力，依法应当追究刑事责任的，应当作出驳回强制医疗申请的决定，并退回人民检察院依法处理。

2. 没收违法所得的司法化

我国刑法只规定了没收财产和罚金这两种财产刑，没收违法所得不是刑罚种类。对于被判决有罪的被告人，人民法院往往同时在判决中决定没收其违法所得，[1]但对于在逃的或者已经死亡的犯罪嫌疑人、被告人，因为尚未作出有罪判决（我国刑事诉讼法不允许

---

[1] 其法律依据是《刑法》第 64 条，该条规定："犯罪分子违法所得的一切财物，应当予以追缴或者责令退赔；对被害人的合法财产，应当及时返还；违禁品和供犯罪所用的本人财物，应当予以没收……"。

缺席刑事审判无法对在逃者作出有罪判决，[1]也规定对已经死亡的犯罪嫌疑人、被告人不应继续追诉作出有罪判决），对涉及的违法所得的处理面临难题：搁置不处理，会造成法律上的真空状态，不利于及时追回违法所得（在贪官外逃案件中，在我国司法机关要求外国司法机关提供追回违法所得的司法协助要求时，外国司法机关往往要求中国出具法院的生效判决作为依据，没有生效判决难以及时追回赃款）；如果由公安机关作出行政性质的没收决定，又不符合对重大财产剥夺必须通过司法程序的国际通行做法。2012年《刑事诉讼法》将犯罪嫌疑人、被告人逃匿、死亡案件违法所得的没收予以司法化，有助于解决上述法律难题。根据刑事诉讼法及有关司法解释的规定，犯罪嫌疑人、被告人逃匿、死亡案件违法所得的没收程序主要包括以下内容：

（1）适用对象。根据《刑事诉讼法》第298条第1款[2]的规定，对于贪污贿赂犯罪、恐怖活动犯罪等重大犯罪案件，犯罪嫌疑人、被告人逃匿，在通缉1年后不能到案，或者犯罪嫌疑人、被告人死亡，依照刑法规定应当追缴其违法所得及其他涉案财产的，人民检察院可以向人民法院提出没收违法所得的申请。在这一款的适用中应当注意以下问题：第一，"重大犯罪案件"的含义。"重大犯罪案件"是指具有下列情形之一的案件：犯罪嫌疑人、被告人可能被判处无期徒刑以上刑罚的；案件在本省、自治区、直辖市或者全国范围内有较大影响的；其他重大犯罪案件。第二，"违法所得及其他涉案财产"的含义。这是指实施犯罪行为所取得的财物及其孳息，以及被告人非法持有的违禁品、供犯罪所用的本人财物。

（2）具体程序。第一，公安机关提出没收违法所得意见书。公安机关发现贪污贿赂犯罪、恐怖活动犯罪等重大犯罪案件，犯罪嫌疑人、被告人逃匿，在通缉1年后不能到案，或者犯罪嫌疑人、被

---

[1] 2018年修正后的《刑事诉讼法》针对贪污贿赂犯罪、严重危害国家安全犯罪、恐怖活动犯罪案件建立了缺席审判程序制度。

[2] 2012年《刑事诉讼法》第280条第1款，2018年《刑事诉讼法》第298条第1款。

告人死亡，依照刑法规定应当追缴其违法所得及其他涉案财产的，经县级以上公安机关负责人批准，公安机关应当写出没收违法所得意见书，连同相关证据材料一并移送同级人民检察院。第二，人民检察院提出申请。人民检察院审查侦查机关移送的没收违法所得意见书，〔1〕向人民法院提出没收违法所得的申请以及对违法所得没收程序中调查活动、审判活动的监督，由公诉部门办理。没收违法所得的申请，应当由与有管辖权的中级人民法院相对应的人民检察院提出。人民检察院向人民法院提出没收违法所得的申请，应当制作没收违法所得申请书。人民法院对没收违法所得的申请进行审理，人民检察院应当承担举证责任。第三，人民法院作出裁判。没收违法所得的申请，由犯罪地或者犯罪嫌疑人、被告人居住地的中级人民法院组成合议庭进行审理。人民法院决定受理没收违法所得的申请后，应当在15日内发出公告，公告期为6个月。公告应当写明以下内容：案由；犯罪嫌疑人、被告人通缉在逃或者死亡等基本情况；申请没收财产的种类、数量、所在地；犯罪嫌疑人、被告人的近亲属和其他利害关系人申请参加诉讼的期限、方式；应当公告的其他情况。犯罪嫌疑人、被告人的近亲属和其他利害关系人（是指对申请没收的财产主张所有权的人）有权申请参加诉讼，也可以委托诉讼代理人参加诉讼。人民法院在公告期满后对没收违法所得的申请进行审理。利害关系人参加诉讼的，人民法院应当开庭审理。对申请没收违法所得的案件，人民法院审理后，应当按照下列情形分别处理：案件事实清楚，证据确实、充分，申请没收的财产确属违法所得及其他涉案财产的，除依法返还被害人的以外，应当裁定没收；不符合规定条件的，应当裁定驳回申请。

---

〔1〕 人民检察院也可以自行提出申请。例如，2019年12月30日《人民检察院刑事诉讼规则》第512条第1款规定："对于贪污贿赂犯罪、恐怖活动犯罪等重大犯罪案件，犯罪嫌疑人、被告人逃匿，在通缉一年后不能到案，依照刑法规定应当追缴其违法所得及其他涉案财产的，人民检察院可以向人民法院提出没收违法所得的申请。"

第六章 妨害刑事诉讼的具体犯罪的司法认定

我国刑法在分则第六章第二节妨害司法罪中以及其他章节中把一些妨害刑事诉讼的行为规定为犯罪。笔者认为,大致可以把这些犯罪分为妨害刑事诉讼证据的犯罪、妨害对犯罪人的刑事追诉的犯罪和妨害犯罪所得及其收益追缴的犯罪3大类。

一、妨害刑事诉讼证据的犯罪

妨害刑事诉讼证据的犯罪的危害性在于妨碍国家对犯罪证据的收集、审查和判断,影响刑事司法活动的顺利进行。我国刑法针对此主要规定了如下罪名:刑讯逼供罪(《刑法》第247条);暴力取证罪(《刑法》第247条);伪证罪(《刑法》第305条);辩护人、诉讼代理人毁灭证据、伪造证据、妨害作证罪(《刑法》第306条);妨害作证罪(《刑法》第307条第1款);帮助毁灭、伪造证据罪(《刑法》第307条第2款);拒绝提供间谍犯罪、恐怖主义犯罪、极端主义犯罪证据罪(《刑法》第311条);包庇毒品犯罪分子罪(《刑法》第349条);等等。在此对如下几个问题进行具体分析:

(一)刑讯逼供罪

刑讯逼供罪是指司法工作人员对犯罪嫌疑人、被告人使用肉刑或者变相肉刑逼取口供的行为。根据《刑法》第94条,司法工作人员是指有侦查、检察、审判、监管职责的工作人员。根据司法解释,司法工作人员刑讯逼供,涉嫌下列情形之一的,应予立案:第一,以殴打、捆绑、违法使用械具等恶劣手段逼取口供的;第二,以较长时间冻、饿、晒、烤等手段逼取口供,严重损害犯罪嫌疑人、被告人身体健康的;第三,刑讯逼供造成犯罪嫌疑人、被告人轻伤、重伤、死亡的;第四,刑讯逼供,情节严重,导致犯罪嫌疑人、被告人自杀、自残造成重伤、死亡,或者精神失常的;第五,刑讯逼供,造成错案的;第六,刑讯逼供3人次以上的;第七,纵容、授意、指使、强迫他人刑讯逼供,具有上述情形之一的;第八,其他刑讯逼供应予追究刑事责任的情形。[1]我国的刑法立法为了体现从严惩治刑讯逼供的精神,还作出了刑讯逼供罪向处罚更重的故意伤害罪或者故意杀人罪转化的规定:致人伤残、死亡的,依照《刑法》第234条、第232条的规定定罪从重处罚。[2]

(二)暴力取证罪

暴力取证罪是指司法工作人员以暴力逼取证人证言的行为。司法工作人员具有刑事诉讼法等法律所赋予的询问证人获取违法犯罪证据的权力,确保这种权力依法行使不被滥用,也是刑法立法的任务。根据司法解释,司法工作人员暴力取证有下列情形之一,应予立案:第一,以殴打、捆绑、违法使用械具等恶劣手段逼取证人证言的;第二,暴力取证造成证人轻伤、重伤、死亡的;第三,暴力取证,情节严重,导致证人自杀、自残造成重伤、死亡或者精神失常的;第四,暴力取证造成错案的;第五,暴力取证3人次以上的;第六,纵容、授意、指使、强迫他人暴力取证,具有上述情节之一的;第七,其他暴力取证应予追究刑事责任的情形。[3]我国的刑法立法为了体现从严惩治暴力取证的精神,还作出了暴力取证罪向处罚更重的故意伤害罪或者故意杀人罪转化的规定:致人伤残、死亡的,依照《刑法》第234条、第232条的规定定罪从重处罚。[4]

(三)伪证罪

根据《刑法》第305条的规定,伪证罪,是指在刑事诉讼中,

---

[1] 2006年7月26日《最高人民检察院关于渎职侵权犯罪案件立案标准的规定》第二部分第(三)项。

[2] 《刑法》第247条。

[3] 2006年7月26日《最高人民检察院关于渎职侵权犯罪案件立案标准的规定》第二部分第(四)项。

[4] 《刑法》第247条。

证人、鉴定人、记录人、翻译人对与案件有重要关系的情节，故意作虚假证明、鉴定、记录、翻译，意图陷害他人或者隐匿罪证的行为。

1. 犯罪客观方面

伪证罪客观方面表现为在刑事诉讼中对与案件有重要关系的情节，故意作虚假证明、鉴定、记录、翻译的行为。本罪客观方面具体包括以下3个不可或缺的条件：（1）必须发生在刑事诉讼中。包括侦查、审查起诉、提起公诉、审判几个环节。（2）必须实施了作伪证的行为。即行为人实施了作虚假的证明、鉴定、记录或翻译的行为。（3）必须针对与案件有重要关系的情节作伪证。"与案件有重要关系的情节"，是指对行为人是否构成犯罪、此罪与彼罪、刑罚轻重等有重大影响的事实情况，即影响定罪量刑的情节。

2. 犯罪主体

伪证罪的犯罪主体是特殊主体，即刑事诉讼中的证人、鉴定人、记录人、翻译人。证人，是指知道案件事实并向司法机关陈述的人；鉴定人，是指受司法机关聘请或指派对某些专门性问题进行鉴别判断，提供鉴定结论或者意见的人；记录人，是指在刑事诉讼过程中为司法机关担任案情记录工作的人；翻译人，是指在刑事诉讼中受司法机关指派或委托担任外语、民族语言或哑语等翻译工作的人员。在本罪犯罪主体的认定中，应当注意以下争议问题：

（1）犯罪嫌疑人、被告人能否成为伪证罪的主体。犯罪嫌疑人、被告人供述和辩解是刑事诉讼法规定的证据类型之一。犯罪嫌疑人、被告人是供述这种言词证据的提供者，也是就案件事实作证的人。在理论上，对犯罪嫌疑人、被告人能否成为《刑法》第305条中的"证人"从而构成伪证罪存在一定的争议。第一，肯定说。主要理由是：对犯罪嫌疑人的伪证行为不予定罪，有违法律面前人人平等原则；从域外司法判例来看，美国前总统克林顿和菲律宾前总统埃斯特拉达均应被调查其他罪证时有不实陈述而被追诉伪证罪,这证明犯罪嫌疑人成为伪证罪主体并非不可能。[1]第二,否定说。主要理由是:①由于缺乏期待可能性,刑法没有规定犯罪嫌疑人、被害人做虚假供述的行为构成伪证罪。[2]②《刑事诉讼法》上规定的"如实回答义务"的合理性和公正性基础不足,而且其判断标准不确定,容易导致司法工作人员主观臆断甚至刑讯逼供。[3]笔者认为,基于罪刑法定原则,从我国《刑法》第305条的规定出发,否定说是可取的。但确实如肯定说者所述,外国确实有犯罪嫌疑人、被告人等当事人虚假陈述也可以构成广义的伪证罪的做法。[4]如《葡萄牙刑法典》除了在第360条规定了"作虚假的证言、鉴定、口译、翻译罪"之外,还专门在第359条规定了"作虚假的陈述或者声明罪":"提供当事人陈述的人,在宣誓并且已被警告作虚假陈述将面对的刑事后果后,对陈述的相关事实作虚假的声明的,处不超过3年监禁或者罚金。""……被告人对其身份和犯罪前科作虚假声明的,也处以相同的刑罚。"[5]《希腊刑法典》第225条第1款规定:"有下列情形的,处不少于1年监禁:a)作为当事人或者证人被有权机关询问的人在未宣誓的情况下,在询问中故意地提供虚假陈述或者否认隐瞒事实的;……"[6]总之,笔者认为,将我国《刑法》第305条中的证人扩大解释包含刑事诉讼法上的证人和被害人是"证人"含义的最大文义射程,如果将"犯罪嫌疑人、被告人"解释进去就属于违背罪刑法定原则的类推解释。

---

[1] 参见石梅兰:"我国伪证罪立法之不足与完善",载《烟台职业学院学报》2006年第3期。

[2] 参见周少华、贾清波:"伪证罪主体问题探讨",载《法学》2005年第6期;张明楷:《刑法学》(下),法律出版社2016年版,第1082页。

[3] 参见谭志君:"论伪造证据的犯罪",载《华南师范大学学报(社会科学版)》2006年第1期。

[4] 参见杨宇冠:"刑事诉讼中伪证问题的法律规制",载《清华法学》2020年第6期。

[5] 陈志军译:《葡萄牙刑法典》,中国人民公安大学出版社2010年版,第157页。

[6] 陈志军译:《希腊刑法典》,中国人民公安大学出版社2010年版,第92页。

(2)被害人能否成为伪证罪的主体。根据我国《刑事诉讼法》的规定,被害人陈述是和证人证言并列的证据类型。因而在理论上对被害人能否成为伪证罪的主体存在争议。第一,否定说。主要理由是体系解释规则的要求。有论者认为,刑法作为其他部门法的保障法,刑法中有关术语内涵的确定,应当参照相关的部门法的具体规定及其含义。我国刑事诉讼法明确把被害人和证人规定为平行的概念,否认其种属相含的可能性。[1]有论者认为,即使在刑法内部,被害人与证人也是作为两个不同的概念使用的,不存在包含与被包含的关系。刑法中有暴力取证罪、伪证罪、辩护人、诉讼代理人毁灭证据、伪造证据罪、妨害作证罪和打击报复证人罪5个犯罪的罪状中涉及"证人",另外有7个条文规定了被害人。应当对其含义作统一理解。[2]第二,肯定说。主要理由是被害人和证人在诉讼地位及其陈述的证明作用相同。被害人处于与证人相似的地位,在揭露犯罪、证实犯罪方面,与证人并无不同。被害人在公诉案件中处于特殊证人的地位,其陈述也是一种特殊证言。被害人陈述和证人证言一样,属于人证的范畴。[3]笔者认为,肯定说是可取的。但从长远来说,建议修改立法将被害人增列为伪证罪的犯罪主体。

3. 伪证行为构成本犯共犯的情形

如果证人、鉴定人、记录人、翻译人事先就事后实施伪证行为和意图包庇的犯罪分子在其实行行为终了之前通谋,然后基于通谋实施伪证行为对其进行包庇的,应当以其意图包庇的犯罪分子的共犯论处。

(四)辩护人、诉讼代理人毁灭证据、伪造证据、妨害作证罪

根据《刑法》第306条的规定,辩护人、诉讼代理人毁灭证

---

[1] 参见刘树德、王志勇:"伪证罪主体中证人范畴的解释",载《法律适用》2001年第1期。

[2] 参见刘仁文:"被害人改变报案时陈述是否构成伪证罪",载《人民检察》2007年第5期。

[3] 参见奎娜:"伪证罪辨析",载《中国人民公安大学学报》1986年第4期;周少华、贾清波:"伪证罪主体问题探讨",载《法学》2005年第6期;张明楷:《刑法学》(下),法律出版社2016年版,第1081页。

据、伪造证据、妨害作证罪，是指在刑事诉讼中，辩护人、诉讼代理人毁灭、伪造证据，帮助当事人毁灭、伪造证据，威胁、引诱证人违背事实改变证言或者作伪证的行为。

1. 行为方式

辩护人、诉讼代理人毁灭证据、伪造证据、妨害作证罪包括可任择的3种行为方式：

（1）毁灭、伪造证据。所谓证据，指《刑事诉讼法》第50条第1款所称的证据，即可以用于证明案件事实的材料。毁灭证据，是指湮灭、消灭证据，既包括使现存证据从形态上完全予以消失，如将证据撕坏、烧毁、浸烂、丢弃等，又包括虽保存证据形态但使得其丧失或部分丧失其证明力，如玷污、涂划证据使其无法反映其证明的事实等。伪造证据，是指编造、制造实际上根本不存在的证据或者将现存证据加以歪曲、篡改、加工、整理违背事实真相。

（2）帮助当事人毁灭、伪造证据。当事人，是指《刑事诉讼法》第108条第2项所称之当事人，即被害人、自诉人、犯罪嫌疑人、被告人、附带民事诉讼的原告人和被告人。帮助当事人毁灭、伪造证据，是指为当事人就如何毁灭、伪造证据进行出谋划策、提供物资条件、精神资助等行为。

（3）威胁、引诱证人违反事实改变证言或者作伪证。威胁，是指以杀害、伤害、毁坏财产、破坏名誉、揭露隐私等方法要挟、恐吓证人，使其提供虚假证言或改变自己已经提供的真实证言。引诱，是指利用金钱、财物等物质利益或精神利益诱惑，勾引证人提供虚假证言或者违背事实改变证言。引诱不能理解为诱导性询问，也不能按照诱供之诱来理解，而必须是诱使证人违背事实改变证言或者作伪证为目的，即引诱不包括诱导性询问。[1]违背事实改变证言，是指证人变更、否认已向司法机关提供符合客观情况的实事求是的证言内容。对此有论者认为，"违背事实"既需要和证人的记忆不

---

〔1〕 参见陈兴良："辩护人妨害作证罪之引诱行为的研究：从张耀喜案切入"，载《政法论坛》2004年第5期。

一致,也需要和客观事实不一致。如果辩护人威胁、引诱证人改变后的证言恰与客观事实相一致,因为没有侵犯到该犯罪所保护的法益——司法机关的正常活动,不构成本罪。[1]也有论者认为,应当鼓励律师引导证人说出真实情况;只有律师故意诱导证人作伪证才违法。所以即使在法庭之外律师和证人交流,在证人不愿意讲出真实情况时,律师进行适当的引导,让证人说出真实的情况,这不能认作构成本罪。律师与控方证人会见之后,指出证人原来对司法机关所作的证言的不实之处,证人改变了原来证言中的错误,并重新作出了正确证言,也不能认定为本罪,而是有利于控方了解案件真实情况的行为。[2]作伪证,是指向司法机关提供虚假的、不真实的、不符合事实真相的证言。

2. 犯罪主体

辩护人、诉讼代理人毁灭证据、伪造证据、妨害作证罪的主体只能是刑事案件中的辩护人和诉讼代理人。辩护人,是指接受犯罪嫌疑人、被告人的委托依法为其行使辩护权的人。根据2018年《刑事诉讼法》第33条第1款的规定,下列的人可以被委托为辩护人:律师;人民团体或者犯罪嫌疑人、被告人所在单位推荐的人;犯罪嫌疑人、被告人的监护人、亲友。诉讼代理人,是指公诉案件的被害人及其法定代理人或者近亲属、自诉案件的自诉人及其法定代理人委托代为参加诉讼的人和附带民事诉讼的当事人及其法定代理人委托代为参加诉讼的人。

3. 构成意图包庇的犯罪分子的共犯的情形

如果辩护人、诉讼代理人事先就事后实施毁灭证据、伪造证据、妨害作证行为和其意图包庇的犯罪分子在其实行行为终了之前通谋,然后基于通谋实施毁灭证据、伪造证据、妨害作证行为对其进行包庇的,应当以其意图包庇的犯罪分子的共犯论处。

---

[1] 参见陈洪兵:"关于辩护人、诉讼代理人毁灭证据、伪造证据、妨害作证罪司法适用问题",载《浙江海洋学院学报(人文科学版)》2004年第1期。

[2] 参见杨宇冠:"刑事诉讼中伪证问题的法律规制",载《清华法学》2020年第6期。

（五）妨害作证罪

根据《刑法》第 307 条第 1 款的规定，妨害作证罪，是指采用暴力、威胁、贿买等方法阻止证人作证或者指使他人作伪证的行为。

1. 行为方式

本罪具体包括两种行为方式：（1）阻止证人作证，即对知道案件全部或者一部分真实情况的人，以暴力、威胁、贿买等方法，使其无法作证、不敢作证或者不愿作证。（2）指使他人作伪证，是指指使他人（不限于证人）向司法机关提供虚假的、不真实的、不符合事实真相的证人证言或其他证据。

2. 构成意图包庇的犯罪分子的共犯的情形

如果行为人事先就事后实施妨害作证行为和其意图包庇的犯罪分子在其实行行为终了之前通谋，然后基于通谋实施妨害作证行为对其进行包庇的，应当以其意图包庇的犯罪分子的共犯论处。

3. 与伪证罪的界限

刑事诉讼中的证人就与案件有重要关系的情节，故意作虚假证明的，构成伪证罪。如果该证人作伪证是受人指使的，指使人和伪证人原本构成伪证罪的共同犯罪，但因为《刑法》第 307 条第 1 款已经将指使伪证行为独立成罪，因而两人应当分别定罪，即对指使人应当以妨害作证罪论处。

4. 与辩护人、诉讼代理人毁灭证据、伪造证据、妨害作证罪的界限

辩护人、诉讼代理人妨害作证的，要区分是否发生于诉讼阶段作不同的定性：第一，如果发生于刑事诉讼阶段，则以辩护人、诉讼代理人毁灭证据、伪造证据、妨害作证罪论处。第二，如果发生于刑事案件"非诉讼阶段"，则以妨害作证罪论处。[1]

（六）帮助毁灭、伪造证据罪

帮助毁灭、伪造证据罪，是指帮助当事人毁灭、伪造证据，情

---

[1] 参见周道鸾、张军主编：《刑法罪名精释》（下），人民法院出版社 2013 年版，第 769 页。

节严重的行为。帮助毁灭、伪造证据，是指为当事人就如何毁灭、伪造证据进行出谋划策、提供物资条件、精神资助等行为。

1. 当事人的范围

当事人的范围在三大诉讼中各有所不同，根据《刑事诉讼法》第108条第2项的规定，刑事诉讼的当事人包括即被害人、自诉人、犯罪嫌疑人、被告人、附带民事诉讼的原告人和被告人。

2. 帮助的含义

对"帮助毁灭、伪造证据罪"中的"帮助"的含义，有不同的看法。（1）狭义说。即将帮助与共同犯罪中的帮助等同。有论者认为，应将帮助限定于为当事人毁灭、伪造证据创造便利条件的行为。[1]（2）广义说。有论者认为，帮助既包括为当事人出谋划策、提供各种便利条件，也包括伙同当事人共同实施毁灭、伪造证据的行为。[2]有论者更是认为，下列行为均属于帮助毁灭、伪造证据：行为人单独为当事人毁灭、伪造证据；行为人与当事人共同毁灭、伪造证据。[3]笔者赞同广义说，在帮助毁灭、伪造证据罪中，立法者已经将帮助行为正犯化，因而不应局限于帮助犯之"帮助"。下列行为均应属于帮助毁灭、伪造证据：为当事人出谋划策、提供各种便利条件毁灭、伪造证据；行为人单独为当事人毁灭、伪造证据；行为人与当事人共同毁灭、伪造证据。

3. "毁灭、伪造证据"的含义

一般意义上而言，毁灭证据是指使证据从物质形态上消失。但刑法理论上一般都认为，隐匿证据也应当解释为毁灭证据。[4]对于变造证据能否解释为"伪造证据"，则有不同的看法。有论者认为，伪造与变造是刑法中的两个不同的概念，因而变造证据不属于伪造

---

[1] 参见最高人民检察院办公厅编审：《中华人民共和国刑法释义与司法适用》，中国人民公安大学出版社1997年版，第597页。

[2] 参见赵秉志等：《妨害司法罪》，中国人民公安大学出版社2003年版，第126页。

[3] 参见张明楷：《刑法学》（下），法律出版社2016年版，第1089~1090页。

[4] 参见陈洪兵："帮助毁灭、伪造证据罪探析"，载《四川警官高等专科学校学报》2004年第3期；张明楷：《刑法学》（下），法律出版社2016年版，第1089页。

证据。[1]但多数论者认为，应当将变造证据视为伪造证据。即在刑法条文将伪造与变造并列规定时，伪造当然不包括变造。但是当刑法条文没有将伪造与变造并列规定时，完全可能将变造归入伪造。[2]笔者认为，将变造证据从实质上解释为伪造证据是合理的。

4. 构成其意图包庇的犯罪分子的共犯的情形

如果行为人事先就事后实施帮助毁灭、伪造证据行为和其意图包庇的犯罪分子在其实行行为终了之前通谋，然后基于通谋实施帮助毁灭、伪造证据行为对其进行包庇的，应当以其意图包庇的犯罪分子的共犯论处。

（七）拒绝提供间谍犯罪、恐怖主义犯罪、极端主义犯罪证据罪

拒绝提供间谍犯罪、恐怖主义犯罪、极端主义犯罪证据罪，是指明知他人有间谍犯罪或者恐怖主义、极端主义犯罪行为，在司法机关向其调查有关情况、收集有关证据时，拒绝提供，情节严重的行为。

1. 间谍犯罪、恐怖主义犯罪、极端主义犯罪的含义

（1）间谍犯罪的含义。《刑法》第110条规定的间谍罪，是指参加间谍组织或者接受间谍组织及其代理人的任务，或者为敌人指示轰击目标，危害国家安全的行为。有论者认为，间谍犯罪仅指《刑法》第110条规定的间谍罪。[3]也有论者认为，从刑事立法沿革的角度看，间谍犯罪除间谍罪外，其还包括《刑法》第111条规定的为境外窃取、刺探、收买、非法提供国家秘密、情报罪。[4]需要注意的是，2020年《公安机关办理刑事案件程序规定》第385条

---

[1] 参见陈洪兵："帮助毁灭、伪造证据罪探析"，载《四川警官高等专科学校学报》2004年第3期。

[2] 参见张明楷：《刑法学》（下），法律出版社2016年版，第1089页。

[3] 参见胡康生、李福成主编：《中华人民共和国刑法释义》，法律出版社1997年版，第441页。

[4] 参见陈兴良主编：《刑法全书》，中国人民公安大学出版社1997年版，第1021页。

规定:"本规定所称'危害国家安全犯罪',包括刑法分则第一章规定的危害国家安全罪以及危害国家安全的其他犯罪……"这一规定显然对危害国家安全犯罪作了扩大解释。参照这一精神,间谍犯罪应当是指间谍罪以及间谍犯罪行为人实施犯罪过程中所触犯的为境外窃取、刺探、收买、非法提供国家秘密、情报罪等其他危害国家安全的犯罪,甚至包括军人违犯职责罪中的《刑法》第431条第2款的为境外窃取、刺探、收买、非法提供军事秘密罪等。

(2)恐怖主义犯罪。恐怖主义,是指通过暴力、破坏、恐吓等手段,制造社会恐慌、危害公共安全、侵犯人身财产,或者胁迫国家机关、国际组织,以实现其政治、意识形态等目的的主张和行为。[1]恐怖主义犯罪应当是指在实现恐怖主义主张和行为的过程中所实施的犯罪,与恐怖活动犯罪含义相同。2020年《公安机关办理刑事案件程序规定》第385条规定,"恐怖活动犯罪",包括以制造社会恐慌、危害公共安全或者胁迫国家机关、国际组织为目的,采取暴力、破坏、恐吓等手段,造成或者意图造成人员伤亡、重大财产损失、公共设施损坏、社会秩序混乱等严重社会危害的犯罪,以及煽动、资助或者以其他方式协助实施上述活动的犯罪。具体而言,包括但不限于以下犯罪:组织、领导、参加恐怖组织罪;帮助恐怖活动罪;准备实施恐怖活动罪;宣扬恐怖主义、煽动实施恐怖活动罪;强制穿戴宣扬恐怖主义服饰、标志罪;非法持有宣扬恐怖主义物品罪。

(3)极端主义犯罪。极端主义,是指歪曲宗教教义和宣扬宗教极端,以及其他崇尚暴力、仇视社会、反对人类等极端的思想、言论和行为。[2]极端主义犯罪包括但不限于下列犯罪:宣扬极端主义罪;利用极端主义破坏法律实施罪;强制穿戴宣扬极端主义服饰、标志罪;非法持有宣扬极端主义物品罪。

2. 拒绝提供证据的含义

从拒绝提供间谍犯罪、恐怖主义犯罪、极端主义犯罪证据的罪

---

[1] 2018年《反恐怖主义法》第3条第1款。
[2] 2014年11月3日公布的《反恐怖主义法(草案)》第104条第6款。

名字面来看，本罪客观方面仅指拒绝提供实物证据的行为。但从《刑法》第311条的罪状来看，实际上包括以下两种行为：第一，拒绝提供言词证据的行为。即在司法机关向其调查有关情况时，拒绝提供言词证据。第二，拒绝提供实物证据的行为。即在司法机关向其收集有关证据时，拒绝提供实物证据。

（八）包庇毒品犯罪分子罪

包庇毒品犯罪分子罪，是指明知是走私、贩卖、运输、制造毒品的犯罪分子，而向司法机关作假证明掩盖其罪行，或者帮助其毁灭罪证，帮助其逃避法律的制裁的行为。

1. 包庇对象

本罪的对象"毒品犯罪分子"，并非走私、贩卖、运输、制造毒品罪这一类罪中的所有毒品犯罪分子，而仅仅限于作为《刑法》第347条规定的具体罪名的走私、贩卖、运输、制造毒品罪的犯罪人。根据刑法规定，以走私、贩卖、运输、制造毒品罪论处的毒品犯罪分子具体包括3类：（1）实施《刑法》第347条规定的走私、贩卖、运输、制造毒品罪的犯罪分子；（2）《刑法》第350条第2款规定的明知他人制造毒品而为其生产、买卖、运输醋酸酐、乙醚、三氯甲烷或者其他用于制造毒品的原料或者配剂物品的，以制造毒品罪的共犯论处的犯罪分子。（3）《刑法》第355条第1款规定的向走私、贩卖毒品的犯罪分子或者以牟利为目的，向吸食、注射毒品的人提供国家规定管制的能够使人形成瘾癖的麻醉药品、精神药品，以走私、贩卖、运输、制造毒品罪论处的犯罪分子。

2. 包庇的含义

这里的包庇不应当比照《刑法》第310条有关包庇罪的规定解释为"作假证明包庇"，而是应当比照《刑法》第294条第3款有关包庇黑社会性质组织罪的规定解释为"为使毒品犯罪分子逃避查禁，而通风报信，隐匿、毁灭、伪造证据，阻止他人作证、检举揭发，指使他人作伪证，帮助逃匿，或者阻挠国家机关工作人员依法查禁等行为"。

3. 与被包庇毒品犯罪分子构成毒品犯罪共犯的情形

根据《刑法》第349条第3款的规定，与走私、贩卖、运输、制造毒品的犯罪分子事先通谋，而向司法机关作假证明掩盖其罪行，或者帮助其毁灭罪证，帮助其逃避法律的制裁的，以走私、贩卖、运输、制造毒品罪的共犯论处。

二、妨害对犯罪人的刑事追诉的犯罪

妨害对犯罪人的刑事追诉的犯罪的危害性在于，妨碍国家将犯罪人抓捕归案，影响刑事司法活动的顺利进行。我国刑法对此主要规定了如下罪名：窝藏、包庇罪（《刑法》第310条）；包庇、纵容黑社会性质的组织罪（《刑法》第294条第3款）；徇私枉法罪（《刑法》第399条第1款）；脱逃罪（《刑法》第316条第1款）；私放在押人员罪（《刑法》第400条第1款）；失职致使在押人员脱逃罪（《刑法》第400条第2款）；徇私舞弊减刑、假释、暂予监外执行罪（《刑法》第401条）；徇私舞弊不移交刑事案件罪（《刑法》第402条）；放纵走私罪（《刑法》第411条）；放纵制售伪劣商品犯罪行为罪（《刑法》第414条）；帮助犯罪分子逃避处罚罪（《刑法》第417条）。在此对如下几个问题进行具体分析：

（一）窝藏、包庇罪

根据《刑法》第310条的规定，窝藏、包庇罪，是指明知是犯罪的人而为其提供隐藏处所、财物，帮助其逃匿或者作假证明包庇的行为。

1. 窝藏、包庇的含义

（1）窝藏。在《刑法》第310条中对窝藏行为的立法表述为"提供隐藏处所、财物，帮助其逃匿"。关于"提供隐藏处所、财物"和"帮助其逃匿"二者之间是并列关系还是递进关系，在理论上也存在分歧。认为是递进关系的论者认为，窝藏罪只包括提供隐藏处所和提供财物两种行为方式。[1]但更多的人认为二者之间是并列关系，因此认为窝藏罪包括3种行为方式：提供隐藏处所、提供财物和帮助逃避。其中帮助逃匿是除了提供隐藏处所、提供财物以

---

[1] 参见邵敏："论窝藏罪"，中国政法大学2007年硕士学位论文，第10页。

外的其他各类手段的兜底性表述。[1]在司法实践中,也大多持并列关系立场。笔者认为,从实质意义上来说,并列关系说是合理的,但基于语言学的原理从字面解释上进行分析,递进关系说也不是完全没有道理,建议修改立法表述,不至于通过违背语言学规则的方式来进行法条解释。在实践中,"帮助其逃匿"的常见情形有:为犯罪分子带路;指示逃匿的方向、路线、地点;提供交通便利;通报侦查或者追捕的动静;提供证明其身份的虚假文件;提供化妆的用具;等等。

(2)包庇。在《刑法》第310条中对包庇行为的立法表述为"作假证明包庇"。在实践中,包庇行为的具体手段主要有:隐藏、毁灭书证、物证;指使证人不作证或者使其做虚伪的证言;假冒证人作虚伪的证言;指使他人假冒证人作虚伪证言;收买、威胁被害人不告发犯罪或者推翻控告;假冒被害人作虚假陈述;指使他人假冒被害人作虚假陈述;指使犯罪人作虚伪陈述;假冒犯罪人作虚伪陈述;指使他人假冒犯罪人作虚伪陈述;指使鉴定人提供虚伪的鉴定意见;伪造犯罪现场;等等。

2. "犯罪的人"的含义

"犯罪的人",不限于已经被人民法院生效判决认定构成犯罪的人,还应当包括确实有犯罪事实但尚未被作出有罪判决的人。基于保护司法秩序的需要,对正被作为犯罪嫌疑人、被告人受到公安、司法机关侦查、起诉、审判的人,即使事后被法院宣告无罪的,也能成为本罪的对象。否则,行为人都会坚持自己确信窝藏、包庇对象无罪而实施窝藏、包庇行为,将会导致鼓励民众通过非司法途径解决问题的结局,最终必然会破坏法治。具体而言,犯罪的人包括以下几类:(1)已被法院作出有罪判决的人;(2)已被公安、司法机关依法作为犯罪嫌疑人、被告人而成为侦查、起诉对象的人(即使事后被法院认定无罪);(3)暂时没有被公安、司法机关作为犯

---

〔1〕 参见吴占英:"论窝藏、包庇罪的几个问题",载《法学杂志》2007年第5期;张明楷:《刑法学》(下),法律出版社2016年版,第1095~1096页。

罪嫌疑人,但确实实施了犯罪行为因而将被公安、司法机关作为犯罪嫌疑人、被告人而成为侦查、起诉对象的人;(4)实施了符合其他犯罪构成要件只是因为属于《刑法》第 17 条、第 18 条规定的没有责任能力的未成年人、精神病人而不承担刑事责任的人。[1]

3. 共同犯罪人之间能否构成窝藏、包庇罪

关于部分共同犯罪人窝藏、包庇其他共犯的,能否构成窝藏、包庇罪,对此存在不同的看法。(1)否定论。有论者认为,如果共同犯罪的行为人相互窝藏、包庇,不构成包庇罪。即共同犯罪人之间不能相互成为窝藏、包庇罪的主体。[2] (2)部分肯定论。有论者认为,如果共同犯罪人中的某人除了实施共同犯罪之外,还实施了其他犯罪行为,则可以成为被窝藏、包庇的对象。[3]笔者认为,这两种观点实际上并没有根本分歧,只不过后者注意到了实行过限这一现象。笔者认为,否定论是科学的。虽然在存在明知的情况下,对实施了实行过限罪行的同案犯予以窝藏的,无疑可以构成窝藏罪;就同案犯的实行过限罪行作假证明予以包庇的,无疑可以构成包庇罪。但针对实行过限罪行而言,已经不能将窝藏、包庇者称之为被窝藏、包庇者的共同犯罪人。他们之所以构成窝藏、包庇罪不是因为共同犯罪而是因为一方独自实施的其他罪行。例如,2002 年 3 月 25 日晚 9 时许,被告人甲与乙(在逃)在他人处饮酒后窜至附近女青年丙居住处,在被告人甲的帮助下,乙翻墙入院打开院门,被告人甲进入院内将丙居住房间门踹开与乙进入房间内,甲上前对丙捂嘴、卡脖、逼要钱财,乙拉灭电灯搜、摸财物,仅搜得 400 余元。后因他人在屋外叫喊,二人方才慌忙住手离开。乙和甲分开后独自回家,甲临时起意回去强奸丙。于是被告人甲又再次进入丙的屋内,抱住丙意图强奸,但被已有防备的丙用藏在床单下的刀砍伤,甲恼羞成

---

[1] 参见张明楷:《刑法学》(下),法律出版社 2016 年版,第 1095 页。

[2] 参见赵秉志主编:《妨害司法罪疑难问题司法对策》,吉林人民出版社 2000 年版,第 149~150 页。

[3] 参见周光权:《刑法各论讲义》,清华大学出版社 2003 年版,第 426 页;张明楷:《刑法学》(下),法律出版社 2016 年版,第 1096 页。

怒，夺下刀追赶丙至该巷子口，将丙砍伤致死后逃跑。3月26日上午，被告人乙从他人处得知甲追砍丙致死的经过，即租车将甲接到其养鸡场内躲藏，并找来医生为甲治疗。3月27日上午，因有人问路，二人怀疑公安机关抓捕即翻墙逃跑。3月30日，二人被公安机关抓获归案。该案中，乙既和甲构成抢劫罪的共同犯罪，也因为其窝藏甲的行为构成窝藏罪。但构成窝藏罪的原因不是因为甲是实施了抢劫罪的人，而是因为其实施了强奸罪（未遂）、故意杀人罪。

4. 窝藏、包庇罪与包庇毒品犯罪分子罪之间的关系

1979年《刑法》只规定了窝藏、包庇罪，1990年12月28日《全国人民代表大会常务委员会关于禁毒的决定》才增设了包庇毒品犯罪分子罪。1997年《刑法》沿袭了两罪并存的立法格局。在司法实践中，已经将包庇毒品犯罪分子罪的"包庇"解释得非常宽泛，几乎和窝藏、包庇罪的行为方式大致相同。两罪存在包容竞合关系，应当按照特别法优于普通法的原则处理。两罪的量刑幅度相同，都是"三年以下有期徒刑、拘役或者管制"和"三年以上十年以下有期徒刑"。在法定刑幅度相同的情况下，以后罪论处对被告人可能在刑罚的后果上较重，如可能构成《刑法》第356条规定的毒品再犯这一从重情节。

（二）包庇、纵容黑社会性质的组织罪

包庇、纵容黑社会性质的组织罪，是指国家机关工作人员包庇黑社会性质的组织，或者纵容黑社会性质的组织进行违法犯罪活动的行为。

1. 包庇、纵容的含义

（1）包庇。是指国家机关工作人员为使黑社会性质组织及其成员逃避查禁，而通风报信、隐匿、毁灭、伪造证据，阻止他人作证、检举揭发，指使他人作伪证，帮助逃匿，或者阻挠其他国家机关工作人员依法查禁等行为。[1]

---

[1] 2000年12月5日《最高人民法院关于审理黑社会性质组织犯罪的案件具体应用法律若干问题的解释》第5条第1款。

(2) 纵容。是指国家机关工作人员不依法履行职责，放纵黑社会性质组织进行违法犯罪活动的行为。[1]根据有关司法解释性文件，只要行为人知道或者应当知道是从事违法犯罪活动的组织，仍纵容其实施违法犯罪活动，即可认定本罪。至于行为人是否明知该组织系黑社会性质组织，不影响本罪的成立。[2]因而纵容是比包庇缓和的概念，是指虽然没有采取通风报信、妨害证据、帮助逃匿、阻挠其他国家机关工作人员依法查禁等积极的方式进行包庇，但明知黑社会性质组织而放任其建立或者存续。需要注意的是，纵容既包括纵容黑社会性质组织的建立，也包括纵容黑社会性质组织的存续。正如有论者所认为的，对于已经存在的黑社会性质组织，即使某个时期出于某种原因没有实施违法犯罪活动，但由于其存续、发展本身就是犯罪行为，故对黑社会性质组织的存续、发展予以纵容的，也构成本罪。[3]

2. 包庇、纵容黑社会性质组织罪的主观方面

包庇、纵容黑社会性质组织罪的主观方面要求必须是出于故意，过失不能构成本罪。只要行为人知道或者应当知道是从事违法犯罪活动的组织，仍对该组织及其成员予以包庇，或者纵容其实施违法犯罪活动，即可认定本罪。至于行为人是否明知该组织系黑社会性质组织，不影响本罪的成立。[4]

3. 包庇、纵容者构成黑社会性质组织犯罪的共犯的情形

如果国家机关工作人员与黑社会性质组织的组织者、领导者、积极参加者、其他参加者事前有通谋，事后进行包庇、纵容的，不再以包庇、纵容黑社会性质组织罪论处，而是应当以组织、领导、参加黑社会性质组织罪或者黑社会性质组织所实施的具体犯罪的共

---

[1] 2000年12月5日《最高人民法院关于审理黑社会性质组织犯罪的案件具体应用法律若干问题的解释》第5条第2款。

[2] 2009年12月9日《最高人民法院、最高人民检察院、公安部办理黑社会性质组织犯罪案件座谈会纪要》。

[3] 参见张明楷：《刑法学》（下），法律出版社2016年版，第1073页。

[4] 2009年12月9日《最高人民法院、最高人民检察院、公安部办理黑社会性质组织犯罪案件座谈会纪要》。

同犯罪论处。

4. 包庇、纵容黑社会性质组织罪与窝藏、包庇罪之间的关系

包庇、纵容黑社会性质组织罪与窝藏、包庇罪之间存在非常明显的法条竞合关系，具体而言，是交叉竞合关系：（1）犯罪主体不同。前罪的主体是国家机关工作人员，后罪的主体是一般主体。（2）行为方式看似不同实际大同小异。除了包庇、纵容黑社会性质组织罪的纵容这一不作为行为方式较为特殊外，窝藏、包庇罪之窝藏、包庇与包庇、纵容黑社会性质组织罪之包庇的含义，实际上基本相同。窝藏、包庇罪的行为虽然从法条上来看仅限于"为犯罪的人提供隐藏处所、财物，帮助其逃匿或者作假证明包庇"，在司法实践中已经将其解释得非常宽泛，几乎涵盖了一切形式的窝藏、包庇行为。根据司法解释，包庇、纵容黑社会性质组织罪之"包庇"，即是指国家机关工作人员为使黑社会性质组织及其成员逃避查禁，而通风报信，隐匿、毁灭、伪造证据，阻止他人作证、检举揭发，指使他人作伪证，帮助逃匿，或者阻挠其他国家机关工作人员依法查禁等行为。[1] 由此可见，该解释将包庇作了非常宽泛的扩大解释，连"帮助逃匿"这种常见的窝藏行为都被解释到"包庇"之中了，实际上已经涵括了窝藏、包庇罪的所有行为方式。（3）犯罪对象存在交叉。前罪的行为对象则是一切犯罪的人包括黑社会性质组织的成员，后罪的行为对象仅限于黑社会性质组织及其成员。对这种交叉竞合关系，应当按照重法优于轻法的原则处理。在通常情况下，应当以相对较重的包庇黑社会性质组织罪论处：第一，包庇黑社会性质组织罪的两个法定刑幅度"5年以下有期徒刑""5年以上有期徒刑"，相较窝藏、包庇罪的两个量刑幅度"3年以下有期徒刑、拘役或者管制""3年以上10年以下有期徒刑"较重。第二，以包庇黑社会性质组织罪论处在一些刑罚制度的适用上，可能对被告人更为不利，如可能构成特别累犯等。

---

[1] 2000年12月5日《最高人民法院关于审理黑社会性质组织犯罪的案件具体应用法律若干问题的解释》。

5. 包庇、纵容黑社会性质组织罪与包庇毒品犯罪分子罪之间的关系

这两个犯罪之间实际上也可能发生交叉竞合关系：（1）行为方式存在交叉，都包括包庇行为，其内涵大致相同。（2）黑社会性质组织及其成员也可能实施走私、贩卖、运输、制造毒品罪，因而包庇实施走私、贩卖、运输、制造毒品罪的黑社会性质组织成员的，可能同时符合两个犯罪的构成要件。两罪的竞合关系依据重法优于轻法的原则处理，通常应当以包庇黑社会性质组织罪论处。

（三）徇私枉法罪

根据《刑法》第399条第1款的规定，徇私枉法罪是指司法工作人员徇私枉法、徇情枉法，对明知是无罪的人而使他受追诉、对明知是有罪的人而故意包庇不使他受追诉，或者在刑事审判活动中故意违背事实和法律作枉法裁判的行为。

1. "无罪的人"的含义

"对明知是无罪的人而使他受追诉"是徇私枉法罪的第一种行为方式。这一实行行为的对象是"无罪的人"。无罪的人主要包括下列情形：（1）既没有违法行为，也没有犯罪行为的人；（2）实施了某种违法行为，但该种违法行为无论严重程度如何都不能构成犯罪的人；（3）实施了可能构成犯罪的违法行为，但情节显著轻微、危害不大，不认为是犯罪的人；（4）未达到刑事责任年龄的人；（5）不具有犯罪故意或者过失的人；（6）表面上符合犯罪构成特征，但有正当防卫或者紧急避险等阻却犯罪事由的人。

2. "有罪的人"的含义

"对明知是有罪的人而故意包庇不使他受追诉"是徇私枉法罪的第二种行为方式。这一实行行为的对象是"有罪的人"。对"有罪的人"应当如何认定，刑法理论上和司法实践中主要有4种主张：（1）裁判有罪说。这种主张以无罪推定原则为依据。认为要经过法院裁判才能认定为"有罪的人"，因为《刑事诉讼法》第12条规定："未经人民法院依法判决，对任何人都不得确定有罪。"（2）被拘留或者逮捕说。这种主张认为，在被司法机关决定或者批准逮捕

或者决定拘留后,就可以认定为"有罪的人",不必以最终司法裁判确定。(3)实际归案说。这种主张认为,在被司法机关采取了刑拘、逮捕或监视居住、取保候审等措施后,就可以认定为"有罪的人"。(4)事实证据说。这种主张认为,此处规定的"有罪的人"只需以有证据证明有涉嫌犯罪的事实即可认定。[1]

笔者认为,裁判有罪说强调无罪推定原则是值得赞许的,但是显然有悖立法者的初衷。因为徇私枉法罪恰恰是发生在判决生效以前的犯罪行为,将该罪的犯罪对象限定为"被判决有罪的人"显然是南辕北辙。造成这一局面的原因就在于立法的表述存在不足。在现有的立法条件下,应当通过较为合理的刑法解释来弥补这一不足。笔者认为,应当区分不同的情况,兼采立案说和事实证据说。具体而言:(1)对于已经被立案侦查的犯罪嫌疑人来说采取"立案说"。对于已经被侦查机关按照刑事诉讼法的规定立案侦查的人,无论其是否最终被人民法院判决有罪,都可以成为徇私枉法罪的对象。(2)对于尚未被立案侦查的人来说,采取"事实证据说"。只要行为人明知有证据证明该人实施了犯罪行为的,就可以成为徇私枉法罪的对象。单纯采取"立案说"会放纵针对这些人的徇私枉法行为。

3. 徇私枉法的具体含义

根据司法解释,[2]司法工作人员徇私枉法具体包括下列行为方式:(1)对明知是没有犯罪事实或者其他依法不应当追究刑事责任

---

[1] 参见王爱东:"徇私枉法罪中'有罪的人'辨析",载《中国刑事法杂志》1999年第6期。

[2] 2006年7月26日《最高人民检察院关于渎职侵权犯罪案件立案标准的规定》。根据2018年《刑事诉讼法》第19条第2款规定:"人民检察院在对诉讼活动实行法律监督中发现的司法工作人员利用职权实施的非法拘禁、刑讯逼供、非法搜查等侵犯公民权利、损害司法公正的犯罪,可以由人民检察院立案侦查……"基于这一规定,2018年11月24日最高人民检察院发布的《关于人民检察院立案侦查司法工作人员相关职务犯罪案件若干问题的规定》,徇私枉法罪仍然属于人民检察院立案侦查的案件范围。因而在新的司法解释出台前,《最高人民检察院关于渎职侵权犯罪案件立案标准的规定》仍然具有参考意义。

的人，采取伪造、隐匿、毁灭证据或者其他隐瞒事实、违反法律的手段，以追究刑事责任为目的立案、侦查、起诉、审判的；（2）对明知是有犯罪事实需要追究刑事责任的人，采取伪造、隐匿、毁灭证据或者其他隐瞒事实、违反法律的手段，故意包庇使其不受立案、侦查、起诉、审判的；（3）采取伪造、隐匿、毁灭证据或者其他隐瞒事实、违反法律的手段，故意使罪重的人受较轻的追诉，或者使罪轻的人受较重的追诉的；（4）在立案后，采取伪造、隐匿、毁灭证据或者其他隐瞒事实、违反法律的手段，应当采取强制措施而不采取强制措施，或者虽然采取强制措施，但中断侦查或者超过法定期限不采取任何措施，实际放任不管，以及违法撤销、变更强制措施，致使犯罪嫌疑人、被告人实际脱离司法机关侦控的；（5）在刑事审判活动中故意违背事实和法律，作出枉法判决、裁定，即有罪判无罪、无罪判有罪，或者重罪轻判、轻罪重判的；（6）其他徇私枉法应予追究刑事责任的情形。

4. 对"故重故轻"是否应当以徇私枉法论处的争议

如上所述，《最高人民检察院关于渎职侵权犯罪案件立案标准的规定》将"故重故轻"即"采取伪造、隐匿、毁灭证据或者其他隐瞒事实、违反法律的手段，故意使罪重的人受较轻的追诉，或者使罪轻的人受较重的追诉的"也规定为徇私枉法罪的行为方式之一。尤其是在侦查人员实施"故重故轻"行为的情况下，能否以徇私枉法罪论处存在很大的争议。有论者认为，司法解释的这一规定突破《刑法》第399条对徇私枉法罪规定的使无罪的人受追诉、包庇有罪的人不使他受追诉、违背事实和法律作枉法裁判3种行为方式，有违罪刑法定原则。[1] 也有论者认为，可以纳入第三种行为方式"违背事实和法律作枉法裁判"解决其可罚性。虽然侦查人员无法直接作出刑事裁判，但侦查人员的"故重故轻"行为导致法院作出处罚过重或者过轻的裁判的，属于间接正犯中的"利用缺乏构成要件故

---

[1] 参见马松建："徇私枉法罪客观方面疑难问题探讨"，载《河北法学》2004年第7期。

意的行为",因而以徇私枉法罪的间接正犯论处也无可置疑。[1]笔者赞同在立法作出修改之前采取后一种观点解决侦查人员"故重故轻"行为的可罚性问题,但建议将来最好采取立法明示规定方式予以解决。

(四) 脱逃罪

根据《刑法》第316条第1款的规定,脱逃罪,是指依法被关押的罪犯、被告人、犯罪嫌疑人逃离监管的行为。

1. 犯罪主体

脱逃罪的主体是特殊主体,即依法被关押的犯罪嫌疑人、被告人和罪犯。没有被关押的犯罪嫌疑人、被告人和罪犯不能构成本罪。

(1) 已满12周岁不满16周岁的未成年人不能构成本罪。本罪的最低刑事责任年龄是年满16周岁,如果被关押的犯罪嫌疑人、被告人和罪犯(犯《刑法》第17条第2款规定的"故意杀人、故意伤害致人重伤或者死亡、强奸、抢劫、贩卖毒品、放火、爆炸、投放危险物质罪"或者第17条第3款规定的"故意杀人、故意伤害罪,致人死亡或者以特别残忍手段致人重伤造成严重残疾,情节恶劣")处于已满12周岁不满16周岁之间的,其脱逃行为不能以脱逃罪论处。

(2) 事实上无罪的人能否成为本罪的主体。对此存在3种学说:第一,肯定说。认为只要是被司法机关依法关押的罪犯、被告人或者犯罪嫌疑人,即使实际上无罪,也能成为本罪的主体。主要理由是:被羁押的人如果认为自己无罪,可依法进行申诉或者声辩,但绝不允许采取脱逃方式。否则必然给司法机关监管秩序造成危害。[2]第二,否定说。认为实际上无罪的人,即使被司法机关依法关押,也不能成为本罪的主体。[3]第三,折衷说。认为原则上可以构成本

---

〔1〕 参见张明楷等:《司法工作人员犯罪研究》,中国人民大学出版社2008年版,第140页。

〔2〕 参见郎胜主编:《〈中华人民共和国刑法〉释解》,群众出版社1997年版,第421页。

〔3〕 参见高铭暄、马克昌主编:《刑法学》,北京大学出版社、高等教育出版社2007年版,第666页。

罪，但在完全是由司法机关的错误导致其被关押并且只是单纯脱逃（即没有使用暴力、毁坏监管设施等方式脱逃）[1]或者在法律不具有期待可能性的情况下（如被错判死刑立即执行在刑罚执行前脱逃），[2]不宜以脱逃罪论处。笔者认为，折衷说中的无期待可能性例外说兼顾了维护司法监管秩序和保障无辜者的人权的需要，是可取的解决办法。

2. 既遂与未遂的区分

脱逃罪是行为犯，应当以脱逃行为是否完成作为区分既遂和未遂的标准。脱逃行为是否完成以是否达到逃避羁押监管的程度为临界点。具体而言，在看守所、监狱内的，以脱离了羁押的建筑物、围墙为标志；在外劳动的，以划定的警戒线为标准；在押解途中的，以逃离押解人员的控制为标志。在共同犯罪中，只要有一名共同犯罪人脱逃既遂，根据"部分实行，全体责任"原则，全体成员都应认定为既遂。

（五）私放在押人员罪

根据《刑法》第400条第1款的规定，私放在押人员罪，是指司法工作人员私放在押（包括在羁押场所和押解途中）的犯罪嫌疑人、被告人或者罪犯的行为。根据司法解释，私放在押人员罪之"私放"主要包括以下3种情形：私自将在押的犯罪嫌疑人、被告人、罪犯放走，或者授意、指使、强迫他人将在押的犯罪嫌疑人、被告人、罪犯放走的；伪造、变造有关法律文书、证明材料，以使在押的犯罪嫌疑人、被告人、罪犯逃跑或者被释放的；为私放在押的犯罪嫌疑人、被告人、罪犯，故意向其通风报信、提供条件，致使该在押的犯罪嫌疑人、被告人、罪犯脱逃的。[3]

---

[1] 参见张明楷：《刑法学》（下），法律出版社2016年版，第1108页。

[2] 参见郭立新、杨迎泽主编：《刑法分则适用疑难问题解》，中国检察出版社1999年版，第306页；高铭暄、马克昌主编：《刑法学》，北京大学出版社、高等教育出版社2019年版，第562页。

[3] 2006年7月26日《最高人民检察院关于渎职侵权犯罪案件立案标准的规定》第一部分第（九）项。

（六）失职致使在押人员脱逃罪

根据《刑法》第400条第2款的规定，失职致使在押人员脱逃罪，是指司法工作人员由于严重不负责任，不履行或者不认真履行职责，致使在押（包括在羁押场所和押解途中）的犯罪嫌疑人、被告人或者罪犯脱逃，造成严重后果的行为。根据司法解释，[1]失职致使在押人员脱逃罪之"严重不负责任"包括不履行职责或者不认真履行职责两种具体行为方式。不履行职责是典型的不作为，不认真履行职责具备作为的某些外在特征，但在本质上仍然是不作为。本罪在客观方面的具体行为方式具体有，在羁押场所或者押解途中未按规定采取有关看守、监管措施；擅离看守、监管岗位；发现在押的犯罪嫌疑人、被告人或者罪犯有脱逃迹象，不及时采取有效的防范措施；在犯罪嫌疑人、被告人或者罪犯脱逃时，不及时组织、进行追捕；等等。[2]

（七）徇私舞弊减刑、假释、暂予监外执行罪

根据《刑法》第401条的规定，徇私舞弊减刑、假释、暂予监外执行罪，是指司法工作人员徇私舞弊，对不符合减刑、假释、暂予监外执行条件的罪犯，予以减刑、假释、暂予监外执行的行为。具体包括3种行为：

1. 徇私舞弊减刑

减刑是一种刑罚执行制度，被明确规定在刑法条文之中。在与刑法相配套的其他法律当中，例如，刑事诉讼法和监狱法，也对减刑的程序及条件等作了具体的规定。在刑事立法中把减刑作为一种经常性的、适用范围较广泛的刑罚执行制度加以明确规定是我国刑法的特色之一。减刑制度对促进犯罪人积极改造、认真悔罪，争取早日成为守法公民，以及对稳定监管场所的秩序等都有着重要的作用。根据刑法及其他刑事法律和司法解释的规定，笔者认为，减刑的概念，应当在定义上区分为广义与狭义：广义而言，减刑是指罪

---

[1] 2006年7月26日《最高人民检察院关于渎职侵权犯罪案件立案标准的规定》第一部分第（十）项。

[2] 参见敬大力主编：《渎职罪》，中国人民公安大学出版社1999年版，第210页。

犯在刑罚执行期间，因符合法定事由，而将原判刑罚予以减轻或免除的制度。狭义而言，减刑是指对被判处管制、拘役、有期徒刑或者无期徒刑的罪犯，在刑罚执行期间，依法减轻其原判刑罚的制度。广义的减刑，不但包括狭义的减刑，还涵盖了"死缓犯"的减刑。根据我国《刑法》第50条第1款的规定，死缓犯的减刑可以分为以下两种情况：在死刑缓期执行期间，如果没有故意犯罪，2年期满以后，减为无期徒刑；如果确有重大立功表现，2年期满以后，减为25年有期徒刑。对本罪中的"减刑"应作广义理解，即包括死缓罪犯的减刑在内。[1]对不符合减刑条件的罪犯徇私舞弊予以减刑的行为，可以具体表现为：第一，对不符合对象条件的罪犯予以减刑，如被判处终身监禁的罪犯予以减刑。第二，对不符合减刑实质条件的罪犯予以减刑。第三，违反每次减刑起始时间规定对罪犯予以减刑。第四，违反减刑间隔时间规定对罪犯予以减刑。第五，违反减刑幅度限制对罪犯减刑。第六，违反减刑后实际执行刑期最低限制对罪犯减刑。第七，违反法定的减刑程序对罪犯减刑。其中，最常见的是违反减刑实质条件的规定，对不具有悔改或立功表现的罪犯予以减刑的行为。

2. 徇私舞弊假释

假释制度作为一项刑罚执行制度，是指被判处有期徒刑或无期徒刑的犯罪分子，在刑罚执行一定时间后，如果确有悔改表现，不致再危害社会，司法机关附条件地将其提前释放的制度。对服刑的罪犯适用假释，即意味着对其解除关押、放归社会，如果服刑的罪犯提前释放后仍危害社会，不仅不利于鼓励罪犯加速改造，还有轻纵罪犯、破坏法制的危险。根据刑法及有关司法解释的规定，对不符合假释条件的罪犯徇私舞弊予以假释的行为具体表现为以下情形：第一，对不符合对象条件的罪犯予以假释，如对累犯以及因故意杀人、强奸、抢劫、绑架、放火、爆炸、投放危险物质或者有组

---

[1] 参见敬大力主编：《渎职罪》，中国人民公安大学出版社1999年版，第228~229页。

织的暴力性犯罪被判处 10 年以上有期徒刑、无期徒刑的犯罪分子，或者被判处终身监禁的罪犯予以假释。第二，对不符合假释时间限制条件的罪犯予以假释，如对判处无期徒刑的罪犯在无特殊情形的情况下，尚未实际执行 13 年就予以假释。第三，对不符合实质条件的罪犯予以假释，如将抗拒改造，释放后仍可能危害社会的罪犯予以假释。第四，对罪犯不按法定程序假释，如法院在执行机关未报送有关假释材料的情况下擅自决定假释。第五，明知对假释的罪犯，应当撤销假释，但徇私舞弊，而不予撤销，使犯罪分子仍置于假释状态。

3. 徇私舞弊暂予监外执行

暂予监外执行，是指对于被处无期徒刑、有期徒刑或者拘役的罪犯，由于符合法定情形，决定暂不收监或者收监以后又决定改为暂时监外服刑，由社区矫正机构负责执行的刑罚执行制度。暂予监外执行是一种执行无期徒刑、有期徒刑、拘役的方式，暂予监外执行的条件消失后，罪犯仍要收监执行。根据刑事诉讼法及其司法解释规定，对不符合暂予监外执行的罪犯徇私舞弊予以暂予监外执行的行为，包括以下具体情形：第一，对不符合对象条件的罪犯予以暂予监外执行。如将被判处死刑缓期 2 年执行的罪犯予以暂予监外执行。第二，对不符合实质条件的罪犯予以暂予监外执行。如将没有疾病或虽有疾病但并非严重疾病的罪犯批准保外就医；明知是有社会危险性的罪犯或者自伤自残的罪犯，仍然批准保外就医；明知是没有怀孕或正在哺乳自己婴儿的妇女而予以暂予监外执行；明知是有生活自理能力的罪犯，而以生活不能自理为由予以暂予监外执行。第三，在罪犯暂予监外执行期间，发现罪犯不符合暂予监外执行条件而徇私舞弊，不予以撤销。第四，在罪犯暂予监外执行的条件消失后，明知应收监执行，但徇私舞弊而不予以收监执行的。

（八）徇私舞弊不移交刑事案件罪

根据《刑法》第 402 条的规定，徇私舞弊不移交刑事案件罪，是指行政执法人员徇私舞弊，对依法应当移交司法机关追究刑事责任的不移交,情节严重的行为。

1. 构成本罪是否以未移交的犯罪嫌疑人已被生效判决确定有罪为前提

最高人民法院公布的案例在此问题上采取如下立场:认定徇私舞弊不移交刑事案件罪不以未移交的犯罪嫌疑人已被生效判决确定有罪为前提。在丁某徇私舞弊不移交刑事案件案中,法院认为:丁某作为宜兴市林副业局林政科科长兼林政稽查大队大队长,在林业行政执法中,发现需要追究刑事责任的案件,应移交司法机关处理,但其在查办滥伐林木案的过程中,明知该村滥伐林木数额巨大,应受刑事处罚,却徇私舞弊,隐瞒真相,只作行政处罚,不移送司法机关,放纵犯罪,情节严重,其行为已构成徇私舞弊不移交刑事案件罪。[1]

2. 公安机关工作人员能否成为本罪的主体

根据司法解释,《刑法》第402条徇私舞弊不移交刑事案件罪中的"行政执法人员"具体是指"工商行政管理、税务、监察等行政执法人员"。[2]根据《行政执法机关移送涉嫌犯罪案件的规定》,行政执法机关,是指依照法律、法规或者规章的规定,对破坏社会主义市场经济秩序、妨害社会管理秩序以及其他违法行为具有行政处罚权的行政机关,以及法律、法规授权的具有管理公共事务职能、在法定授权范围内实施行政处罚的组织。[3]行政执法人员,是指行政执法机关中直接从事行政许可、行政处罚、行政强制、行政征收、行政收费、行政检查等行政执法活动的人员。上述规定都没有明确公安机关的行政执法人员能否成为本罪的主体。刑法理论和司法解释在对此问题存在分歧:

(1)肯定说。认为所谓行政执法人员,既可以是公安机关、安

---

〔1〕 "江苏省宜兴市人民检察院诉丁锡方徇私舞弊不移交刑事案件案",载《中华人民共和国最高人民法院公报》2003年第6期。

〔2〕 2006年7月26日《最高人民检察院关于渎职侵权犯罪案件立案标准的规定》第一部分第(十二)项。

〔3〕 2020年8月7日《行政执法机关移送涉嫌犯罪案件的规定》第2条。

全机关工作人员，也可以是工商、税务、海关等机关的执法人员。〔1〕徇私舞弊不移交刑事案件罪的主体"行政执法人员"，即依法具有执行行政法规职权的行政机关工作人员，包括公安机关的治安执法人员，以及工商行政管理机关、海关、卫生行政执法机关、税务机关、环保管理部门、质量技术监督机关的执法人员。〔2〕

（2）否定说。1999年《最高人民检察院关于人民检察院直接受理立案侦查案件立案标准的规定（试行）》制定过程中的征求意见稿内，也曾经将徇私舞弊不移交刑事案件罪的主体规定为"公安以外的工商、税务、海关、人民银行、行政监察等机关行政执法人员"。〔3〕这一规定显然将公安机关的人民警察排除在本罪的主体范围之外。

（3）区分说。这种主张认为，对于公安机关的人民警察能否成为本罪的主体应当区别对待，不可一概而论。有论者认为，就公安机关中刑事侦查部门的工作人员而言，其身份属于司法工作人员。这些人员如果在办案中，对构成犯罪的刑事案件，因徇私舞弊不向检察机关移送审查起诉，或非法撤案或以处罚了结，属于《刑法》第399条规定的"明知是有罪的人而故意包庇不使他受追诉"的情形，应以徇私枉法罪论处。如果公安机关中治安部门的工作人员在管理社会治安工作中发现犯罪，却徇私擅自放人或仅作行政处罚，不作为刑事案件移交刑侦部门，宜以徇私舞弊不移交刑事案件罪论处。〔4〕有论者认为，随着公安机关内部体制的改革，行政执法部门与刑事司法部门不再截然分开，有的行政执法部门也行使刑事司法职能，如公安交管部门负责交通肇事罪的侦查、派出所具有刑事案

---

〔1〕 参见高铭暄、马克昌主编：《刑法学》，北京大学出版社、高等教育出版社2000年版，第661页。

〔2〕 参见周光权："依'职权论'也不能任意扩大渎职罪主体范围"，载《检察日报》2003年9月8日。

〔3〕 参见敬大力主编：《渎职罪》，中国人民公安大学出版社1999年版，第255页。

〔4〕 参见孙力："徇私舞弊不移交刑事案件罪的司法认定"，载《中国刑事法杂志》1999年第1期。

件的侦查权。在多数情况下，区分哪些公安人员属于行政执法人员，哪些属于刑事司法人员将非常困难。对公安人员徇私舞弊不移交刑事案件的行为，应当以徇私枉法罪论处。但是，在少数情况下，能够明确区分公安人员是行政执法人员的，或者同时具有刑事司法职能和行政执法职能的公安人员，其行为不符合徇私枉法罪的构成要件或立案标准，但符合本罪的立案标准的，也可以依照本罪论处。[1]

笔者认为，区分说是可取的。公安机关兼具行政执法职能和刑事司法职能的特殊性，导致这种区分的难题。但这种区分又是必要的，把公安机关人民警察不加区分地都视为行政执法人员或者司法工作人员，都是不可取的。但在区分的具体方法上值得深入分析：第一，部门之间的区分。在公安机关内部，刑事侦查权早已从刑事侦查部门单独行使转变为以刑侦部门为主，治安、禁毒、出入境、交管等其他部门为辅的体制。典型的行政执法部门治安管理部门现在同时负责与治安管理关系密切的 76 种具体犯罪的刑事侦查。[2] 根据有无行政执法权和刑事司法权，公安机关的内设执法部门可以分为两类：只有刑事司法权的部门（如刑侦、经侦）与既有行政执法权也有刑事司法权的部门（如治安、禁毒、交管、反恐怖、网络安全保卫等）。如刑侦、经侦这两个只有刑事司法权的部门的工作人员属于司法工作人员，不能够成为本罪的主体。第二，区分具体的工作岗位。从数量上来看，公安机关管辖的绝大多数刑事案件仍然由刑侦部门侦查，对于治安等既有行政执法权也有刑事司法权的部门，虽然也负责一部分刑事案件的侦查，但其主要业务毫无疑问是行政执法，绝大多数岗位的职能就是单纯的行政执法根本不涉及刑事司法，这些人员在行政执法中发现犯罪而不移送的，可以成为本罪的主体。治安部门中那些专门履行刑事案件侦查职能的人员，也应当视为司法工作人员不能构成本罪。对

---

[1] 参见敬大力主编：《渎职罪》，中国人民公安大学出版社 1999 年版，第 256~257 页。

[2] 参见 2020 年 9 月 1 日《公安部刑事案件管辖分工规定》。

于那些主要从事行政执法但一旦发现由本部门管辖的刑事案件也一并侦查的人员，要根据其所发现的犯罪是否应当归本部门管辖来区分其是否能成为本罪的主体：如果是本部门管辖的犯罪不移送，以罚代刑或者以其他方式处理的，构成徇私枉法罪，不能成为本罪的主体；如果不是本部门管辖的犯罪，根据规定必须移交国家安全机关或者公安机关其他部门管辖，而不移送的，可以成为本罪的主体。《公安机关办理行政案件程序规定》规定："公安机关根据行政案件的不同情况分别作出下列处理决定：……（五）违法行为涉嫌构成犯罪的，转为刑事案件办理或者移送有权处理的主管机关、部门办理，无需撤销行政案件……"[1]从这一规定也可以看出行政执法活动中的公安机关确实存在向其他有权处理的主管机关（如国家安全机关）、部门（如公安机关的其他内部部门）移送刑事案件的问题。

3. 立案追诉标准

根据司法解释，[2]行政执法人员，徇私舞弊，对依法应当移交司法机关追究刑事责任的案件不移交，涉嫌下列情形之一的，应予立案：第一，对依法可能判处3年以上有期徒刑、无期徒刑、死刑的犯罪案件不移交的；第二，不移交刑事案件涉及3人次以上的；第三，司法机关提出意见后，无正当理由仍然不予移交的；第四，以罚代刑，放纵犯罪嫌疑人，致使犯罪嫌疑人继续进行违法犯罪活动的；第五，行政执法部门主管领导阻止移交的；第六，隐瞒、毁灭证据，伪造材料，改变刑事案件性质的；第七，直接负责的主管人员和其他直接责任人员为牟取本单位私利而不移交刑事案件，情节严重的；第八，其他情节严重的情形。

（九）放纵走私罪

根据《刑法》第411条的规定，放纵走私罪，是指海关工作人员徇私舞弊，放纵走私，情节严重的行为。根据司法解释性文

---

[1] 2020年8月6日《公安机关办理行政案件程序规定》第172条第1款。
[2] 2006年7月26日《最高人民检察院关于渎职侵权犯罪案件立案标准的规定》第一部分第（十二）项。

件,"放纵走私行为,一般是消极的不作为。如果海关工作人员与走私分子通谋,在放纵走私过程中以积极的行为配合走私分子逃避海关监管或者在放纵走私之后分得赃款的,应以共同走私犯罪追究刑事责任"。[1]由此可见,放纵走私罪所包含的刑法规范,是要求海关工作人员依法查禁走私行为的命令性刑法规范,因而该罪本质上是不作为犯罪。根据司法解释,[2]海关工作人员徇私舞弊,放纵走私,涉嫌下列情形之一的,应予立案:第一,放纵走私犯罪的;第二,因放纵走私致使国家应收税额损失累计达10万元以上的;第三,放纵走私行为3起次以上的;第四,放纵走私行为,具有索取或者收受贿赂情节的;第五,其他情节严重的情形。

(十)放纵制售伪劣商品犯罪行为罪

根据《刑法》第414条的规定,放纵制售伪劣商品犯罪行为罪,是指对生产、销售伪劣商品犯罪行为负有追究责任的国家机关工作人员,徇私舞弊,不履行法律规定的追究职责,情节严重的行为。对生产、销售伪劣商品犯罪行为负有追究责任的国家机关工作人员徇私舞弊,不履行法律规定的追究职责,情节严重的行为。根据司法解释,[3]对生产、销售伪劣商品犯罪行为负有追究责任的国家机关工作人员徇私舞弊,不履行法律规定的追究职责,涉嫌下列情形之一的,应予立案:第一,放纵生产、销售假药或者有毒、有害食品犯罪行为的;第二,放纵生产、销售伪劣农药、兽药、化肥、种子犯罪行为的;第三,放纵依法可能判处3年有期徒刑以上刑罚的生产、销售伪劣商品犯罪行为的;第四,对生产、销售伪劣商品犯罪行为不履行追究职责,致使生产、销售伪劣商品犯罪行为得以

---

[1] 2002年7月8日《最高人民法院、最高人民检察院、海关总署关于办理走私刑事案件适用法律若干问题的意见》第16条第1款。

[2] 2006年7月26日《最高人民检察院关于渎职侵权犯罪案件立案标准的规定》第一部分第(二十三)项。

[3] 2006年7月26日《最高人民检察院关于渎职侵权犯罪案件立案标准的规定》第一部分第(二十八)项。

继续的；第五，3 次以上不履行追究职责，或者对 3 个以上有生产、销售伪劣商品犯罪行为的单位或者个人不履行追究职责的；第六，其他情节严重的情形。

(十一) 帮助犯罪分子逃避处罚罪

根据《刑法》第 417 条及有关司法解释的规定，帮助犯罪分子逃避处罚罪，是指有查禁犯罪活动职责的司法及公安、国家安全、海关、税务等国家机关的工作人员向犯罪分子通风报信、提供便利，帮助犯罪分子逃避处罚的行为。[1]

1. 犯罪主体的认定

根据《刑法》第 417 条的规定，本罪的主体是有查禁犯罪活动职责的国家机关工作人员。所谓"有查禁犯罪活动职责的国家机关工作人员"，参照《最高人民检察院关于人民检察院直接受理立案侦查案件立案标准的规定（试行）》的规定，主要是指司法及公安、国家安全机关、海关、税务等国家机关的工作人员。通常而言，作为行使刑事审判权的人民法院，虽也负有打击犯罪活动的职责，但所谓的"打击犯罪职责"，主要是从法院最后对被告人定罪量刑的角度上讲的。由于审判权在刑事程序上的中立性和最后性，人民法院一般不直接参与或担负或履行查禁犯罪活动的职责。从广义的司法概念来看，法院和检察院虽然都属于司法机关，但我们不能说司法机关所有的工作人员都有查禁犯罪活动的职责。帮助犯罪分子逃避处罚罪，属于渎职罪范畴，渎职罪前提是必须有"职"可渎。帮助犯罪分子逃避处罚罪的条文中，虽没有明确指出构成本罪必须是利用职务便利，但这是不言而喻的。因此，只有那些直接负有查禁犯罪活动职责（包括领导职责）或因工作需要临时参与到查禁某项犯罪活动中来的司法机关工作人员，才有为帮助犯罪分子逃避处罚而向他们或亲属通风报信、提供便利的可能，也才有构成本罪的余地。至于司法机关内那些根本不负有上述职责且也没有实

---

[1] 2006 年 7 月 26 日《最高人民检察院关于渎职侵权犯罪案件立案标准的规定》第一部分第 (三十三) 项。

际参与到查禁某项犯罪活动中来的工作人员,是不能单独成为本罪的主体的。[1]

2. 帮助逃避处罚的含义

"帮助逃避处罚"具体包括以下4类行为:(1)为使犯罪分子逃避处罚,向犯罪分子及其亲属泄漏有关部门查禁犯罪活动的部署、人员、措施、时间、地点等情况的;(2)为使犯罪分子逃避处罚,向犯罪分子及其亲属提供交通工具、通讯设备、隐藏处所等便利条件的;(3)为使犯罪分子逃避处罚,向犯罪分子及其亲属泄漏案情,帮助、指示其隐匿、毁灭、伪造证据及串供、翻供的;(4)其他向犯罪分子通风报信、提供便利,帮助犯罪分子逃避处罚的行为。

3. 与所帮助的犯罪分子构成共犯的情形

如果有查禁犯罪活动职责的国家机关工作人员和有关的犯罪分子在其犯罪实行行为终了之前就事后帮助其逃避处罚通谋,事后基于通谋向犯罪分子通风报信、提供便利,帮助犯罪分子逃避处罚的,以所帮助的犯罪分子的共同犯罪论处。

三、妨害犯罪所得及其收益追缴的犯罪

妨害犯罪所得及其收益追缴的犯罪的危害性在于,妨碍国家对犯罪所得或者犯罪所得收益的追缴,影响刑事司法活动的顺利进行。我国刑法对此类主要规定了如下罪名:洗钱罪(《刑法》第191条);掩饰、隐瞒犯罪所得、犯罪所得收益罪(《刑法》第312条);非法收购、运输盗伐、滥伐的林木罪(《刑法》第345条第3款);窝藏、转移、隐瞒毒品、毒赃罪(《刑法》第349条第1款);等等。在此对如下几个问题进行具体分析:

(一)洗钱罪

根据《刑法》第191条的规定,洗钱罪,是指明知是毒品犯罪、黑社会性质的组织犯罪、恐怖活动犯罪、走私犯罪、贪污贿赂

---

[1] 参见"李刚等帮助犯罪分子逃避处罚案——执行法官能否成为帮助犯罪分子逃避处罚罪的主体",载中华人民共和国最高人民法院刑事审判第一庭、第二庭编:《刑事审判参考》(第3辑),法律出版社2002年版,第72~77页。

犯罪、破坏金融管理秩序犯罪、金融诈骗犯罪的所得及其产生的收益，为掩饰、隐瞒其来源和性质的行为。

1. 上游犯罪未经刑事判决确认的洗钱犯罪案件如何处理

根据司法解释，[1]下述3种情形不影响洗钱犯罪的审判和认定：(1) 上游犯罪尚未依法裁判，但查证属实的。但应当充分注意到，在上游犯罪未经审判确认甚至是上游犯罪人尚未归案的情况下，上游犯罪存在与否具有诸多不确定性，审理此类洗钱案件的法院应当慎重行事，严格把握。只有根据案件事实足以认定上游犯罪事实成立的，才能认定洗钱犯罪成立。司法解释之所以这样规定的理由主要有三：第一，上游犯罪与洗钱犯罪的侦查、审查起诉以及审判活动很难做到同步进行，此外，实践中还存在一些因上游犯罪人在境外、死亡等客观原因而难以对上游犯罪人诉诸刑事程序的情形，一律要求上游犯罪经定罪判刑后才能审判洗钱犯罪，既不符合立法精神，也不利于打击犯罪。第二，是否存在上游犯罪，完全可以作为洗钱犯罪的案内事实来审查，这已经成为司法实践中的一般处理原则。比如，对于签订、履行合同失职被骗罪的认定，相关文件明确提出："司法机关在办理案件过程中，只要认定对方当事人的行为已经涉嫌构成诈骗犯罪，就可依法认定行为人构成签订、履行合同失职被骗罪或者国家机关工作人员签订、履行合同失职罪，而不需要搁置或者中止审理，直至对方当事人被人民法院审理并判决构成诈骗犯罪。"[2]第三，金融行动特别工作组[3]"反洗钱40条建议"明确要求将洗钱犯罪在程序上作为一个独立的犯罪来处理。[4]

---

[1] 2009年11月4日《最高人民法院关于审理洗钱等刑事案件具体应用法律若干问题的解释》第4条。

[2] "关于签订、履行合同失职被骗犯罪是否以对方当事人的行为构成诈骗犯罪为要件的意见"，载中华人民共和国最高人民法院刑事审判第一庭、第二庭编：《刑事审判参考》（第4辑），法律出版社2001年版，第77页。

[3] 反洗钱金融行动特别工作组（Financial Action Task Force on Money Laundering, FATA）是负责制定国际反洗钱、反恐融资标准和监督标准实施的政府间国际组织。

[4] 参见刘为波："《关于审理洗钱等刑事案件具体应用法律若干问题的解释》的理解与适用"，载《人民司法》2009年第23期。

(2) 上游犯罪事实可以确认,因行为人死亡等原因依法不予追究刑事责任的。这是针对依照《刑事诉讼法》第 16 条规定的不追究刑事责任的情形作出的规定。根据《刑法》第 64 条以及《刑事诉讼法》第 298 条关于"对于……犯罪嫌疑人、被告人死亡,依照刑法规定应当追缴其违法所得及其他涉案财产的,人民检察院可以向人民法院提出没收违法所得的申请"的规定,此情形下犯罪所得及其收益的性质不变,所以针对此类犯罪所得及其收益实施的洗钱行为,同样构成犯罪并应依法追究刑事责任。(3) 上游犯罪事实可以确认,依法以其他罪名定罪处罚。这种情形虽然在最后的定性上未将上游犯罪作为一个单独的犯罪来评价,但不影响上游犯罪的性质认定以及相关洗钱犯罪的处理。[1]

2. 洗钱的行为方式

根据 2020 年《刑法修正案(十一)》修正后的《刑法》第 191 条的规定,洗钱罪包括下列 5 种行为方式:提供资金账户;将财产转换为现金、金融票据、有价证券;通过转账或者其他支付结算方式转移资金;跨境转移资产;以其他方法掩饰、隐瞒犯罪所得及其收益的来源和性质的。实践中存在的疑问的是第五种行为方式中的兜底性规定。基于司法实践的经验,司法解释将《刑法》第 191 条规定的第五种行为方式细化为 7 种情形:(1) 通过典当、租赁、买卖、投资等方式,协助转移、转换犯罪所得及其收益的;(2) 通过与商场、饭店、娱乐场所等现金密集型场所的经营收入相混合的方式,协助转移、转换犯罪所得及其收益的;(3) 通过虚构交易、虚设债权债务、虚假担保、虚报收入等方式,协助将犯罪所得及其收益转换为"合法"财物的;(4) 通过买卖彩票、奖券等方式,协助转换犯罪所得及其收益的;(5) 通过赌博方式,协助将犯罪所得及其收益转换为赌博收益的;(6) 协助将犯罪所得及其收益携带、运输或者邮寄出入境的;(7) 通过前述规定以外的方式协助

---

[1] 参见刘为波:"《关于审理洗钱等刑事案件具体应用法律若干问题的解释》的理解与适用",载《人民司法》2009 年第 23 期。

转移、转换犯罪所得及其收益的。[1]

3. 明知的认定

洗钱罪中的"明知",应当结合被告人的认知能力,接触他人犯罪所得及其收益的情况,犯罪所得及其收益的种类、数额,犯罪所得及其收益的转换、转移方式以及被告人的供述等主、客观因素进行认定。

(1)明知的客观推定。明知不意味着确实知道,确定性认识和可能性认识均应纳入明知范畴。根据司法解释,[2]具有下列情形之一的,可以认定被告人明知系犯罪所得及其收益,但有证据证明确实不知道的除外:第一,知道他人从事犯罪活动,协助转换或者转移财物的;第二,没有正当理由,通过非法途径协助转换或者转移财物的;第三,没有正当理由,以明显低于市场的价格收购财物的;第四,没有正当理由,协助转换或者转移财物,收取明显高于市场的"手续费"的;第五,没有正当理由,协助他人将巨额现金散存于多个银行账户或者在不同银行账户之间频繁划转的;第六,协助近亲属或者其他关系密切的人转换或者转移与其职业或者财产状况明显不符的财物的;第七,其他可以认定行为人明知的情形。一般情况下,根据上述行为方式本身即可推定行为人的主观明知,之所以对上述第二至第五种情形作出"没有正当理由"的限定,主要是出于科学、严谨、审慎方面的考虑,以避免因绝对化表述而可能导致的冤及无辜以及客观归罪或者有罪推定的批评。一是现实中的情况较为复杂,不能完全排除例外情形。比如,出于逃避外汇监管、套取外商优惠政策、快捷简便地获得国际汇款服务、逃税避税、为违法犯罪活动清算资金等合法或者非法原因,实践中存在大量通过地下钱庄等非法途径转移合法资金的情形。二是根据刑事诉讼法的规定,证明犯罪人有罪的责任应当由控方承担。主观明知属于控方

---

[1] 2009年11月4日《最高人民法院关于审理洗钱等刑事案件具体应用法律若干问题的解释》第2条。

[2] 2009年11月4日《最高人民法院关于审理洗钱等刑事案件具体应用法律若干问题的解释》第1条第2款。

的查证范畴，根据客观事实推定主观明知需在确保无例外的前提下方能成立，否则为举证责任的不当转移。[1]

（2）明知的对象内容。根据司法解释，[2]被告人将《刑法》第191条规定的某一上游犯罪的犯罪所得及其收益误认为《刑法》第191条规定的上游犯罪范围内的其他犯罪所得及其收益的，不影响《刑法》第191条规定的"明知"的认定。在洗钱罪的认定中，行为人对属于7类上游犯罪的违法所得及其收益具有概括性认识即告充足，而不要求具体到某一特定上游犯罪。这就意味着，被告人将7类上游犯罪中的某一上游犯罪的犯罪所得及其收益误认为7类之中的其他上游犯罪范围内的其他犯罪所得及其收益的，不影响该罪"明知"的认定。司法解释作出上述规定的理由是：将明知的对象内容严格限定为7类上游犯罪中的具体类别犯罪的违法所得及其收益，与我国刑法关于认识错误的一般理论不符。行为人在7类上游犯罪的范围内将此类犯罪所得及其收益误认为彼类犯罪所得及其收益，因两者在法律性质上是一致的，不属于对犯罪构成要件对象的认识错误，故不应影响案件的定性。[3]

4. 洗钱行为构成上游犯罪共犯的情形

如果洗钱行为人事先就洗钱和上游犯罪的本犯在本犯的实行行为终了之前通谋，然后基于通谋帮助实施洗钱行为，应当以上游犯罪的共犯论处。一般而言，如果上游犯罪正在查处或已经查处完毕，比较容易判断洗钱行为人是否为上游犯罪的共犯；但在上游犯罪行为人在逃的情况下，因掌握的证据有限，可能难以判断是否事先有共谋。在这种情况下，法院应当根据已掌握的证据情况，认真进行甄别：能够认定事先确有共谋的，则认定为上游犯罪的共犯，并根

---

[1] 参见刘为波："《关于审理洗钱等刑事案件具体应用法律若干问题的解释》的理解与适用"，载《人民司法》2009年第23期。

[2] 2009年11月4日《最高人民法院关于审理洗钱等刑事案件具体应用法律若干问题的解释》第1条第3款。

[3] 参见刘为波："《关于审理洗钱等刑事案件具体应用法律若干问题的解释》的理解与适用"，载《人民司法》2009年第23期。

据行为人在共同犯罪中的地位、作用作出判决；如果根据现有的证据难以判定其与上游行为人存在共谋，但其实施洗钱行为的证据确实、充分的，应当就轻认定为洗钱罪。[1]

（二）掩饰、隐瞒犯罪所得、犯罪所得收益罪

根据《刑法》第312条的规定，掩饰、隐瞒犯罪所得、犯罪所得收益罪，是指明知是犯罪所得及其产生的收益而予以窝藏、转移、收购、代为销售或者以其他方法掩饰、隐瞒的行为。本罪来源于1997年《刑法》规定的窝藏、转移、收购、销售赃物罪，2006年6月29日《刑法修正案（六）》将其修改为掩饰、隐瞒犯罪所得、犯罪所得收益罪，2009年2月28日《刑法修正案（七）》新增单位也可以构成该罪的规定。

1. 犯罪所得、犯罪所得收益的含义

根据司法解释，通过犯罪直接得到的赃款、赃物，应当认定为《刑法》第312条规定的"犯罪所得"。上游犯罪的行为人对犯罪所得进行处理后得到的孳息、租金等，应当认定为《刑法》第312条规定的"犯罪所得产生的收益"。[2]换言之，犯罪所得，是指通过犯罪行为直接获得的财产和财产性利益。犯罪所得收益，是指由犯罪所得所产生的孳息。具体而言：第一，犯罪所得收益是由犯罪所得所产生的收益，而非犯罪直接所获得的收益，是一种间接收益；第二，犯罪所得收益是犯罪所得所产生的孳息，包括天然孳息和法定孳息。

2. 犯罪所得、犯罪所得收益的认定

主要应当注意以下两个问题：（1）本罪应当以上游犯罪事实成立为认定前提。根据司法解释，认定掩饰、隐瞒犯罪所得、犯罪所得收益罪，以上游犯罪事实成立为前提。上游犯罪尚未依法裁判，

---

〔1〕 参见"潘儒民、祝素贞、李大明、龚媛洗钱案［第471号］——上游犯罪行为人尚未定罪判刑的如何认定洗钱罪"，载中华人民共和国最高人民法院刑事审判第一、二、三、四、五庭编：《刑事审判参考》（第1辑），法律出版社2008年版，第8~9页。

〔2〕 2021年4月13日《最高人民法院关于审理掩饰、隐瞒犯罪所得、犯罪所得收益刑事案件适用法律若干问题的解释》第10条第1款。

但查证属实的,不影响掩饰、隐瞒犯罪所得、犯罪所得收益罪的认定。[1]这一规定包含两层内容。第一层是上游犯罪事实必须成立,既指上游犯罪事实有充分证据证明,也指上游犯罪事实达到了犯罪的程度。如果上游行为虽然存在,但依法不构成犯罪的,则掩饰、隐瞒行为也不构成犯罪,只能依照治安处罚法进行处罚。第二层是对掩饰、隐瞒犯罪所得、犯罪所得收益罪事实的认定,原则上应当在对上游犯罪依法裁判确定后进行。即"上游犯罪尚未依法裁判,但查证属实的,不影响掩饰、隐瞒犯罪所得、犯罪所得收益罪的认定",只能作为一种例外,也即只有极少数情况下,由于上游犯罪人还有其他犯罪事实一时难以查清或者因为其他原因尚未依法裁判,为依法及时审判掩饰、隐瞒犯罪所得及其收益案件,才在上游犯罪查证属实的情况下先行认定本罪。[2](2)上游犯罪因为行为人死亡等原因刑事责任消灭不影响本罪的认定。根据司法解释,上游犯罪事实经查证属实,因行为人未达到刑事责任年龄等原因依法不予追究刑事责任的,不影响本罪的认定。[3]理由是:在此种情形下,上游犯罪事实仍然存在,在依法不追究上游行为人的刑事责任的情况下,不要放纵了实施掩饰、隐瞒行为的行为人。[4]

3. 掩饰、隐瞒的具体含义

掩饰、隐瞒具体包括5种可选择的行为方式:(1)窝藏。是指提供藏匿犯罪所得及其产生的收益的场所。(2)转移。是指以运输等方式将犯罪所得及其产生的收益由一个地方移动到另一个地方。(3)收购。是指为自己或者他人使用而购买犯罪所得及其产生的收益。(4)代为销售。是指为罪犯销售赃物,或者低价买进、高价卖

---

[1] 2021年4月13日《最高人民法院关于审理掩饰、隐瞒犯罪所得、犯罪所得收益刑事案件适用法律若干问题的解释》第8条第1款。

[2] 参见陆建红等:"《关于审理掩饰、隐瞒犯罪所得、犯罪所得收益刑事案件适用法律若干问题的解释》的理解与适用",载《人民司法》2015年第17期。

[3] 2021年4月13日《最高人民法院关于审理掩饰、隐瞒犯罪所得、犯罪所得收益刑事案件适用法律若干问题的解释》第8条第2款。

[4] 参见陆建红等:"《关于审理掩饰、隐瞒犯罪所得、犯罪所得收益刑事案件适用法律若干问题的解释》的理解与适用",载《人民司法》2015年第17期。

出犯罪所得及其产生的收益。（5）其他方法。是指上述四种方法以外的其他方法。根据司法解释，[1]明知是犯罪所得及其产生的收益而采取窝藏、转移、收购、代为销售以外的方法，如居间介绍买卖，收受、持有、使用、加工、提供资金账户，协助将财物转换为现金、金融票据、有价证券，协助将资金转移、汇往境外等，应当认定为《刑法》第312条规定的"其他方法"。关于掩饰、隐瞒的其他方法的认定，必须坚持以下三点：一是行为人就是为了掩饰、隐瞒上游犯罪人的犯罪所得及其收益；二是这些方法与窝藏、转移、收购和代为销售在罪质上具有相当性；三是这些方法在客观上扰乱了司法秩序，妨害了司法机关对上游犯罪行为的追究。[2]

4. 构成上游犯罪共犯的情形

根据司法解释，[3]事前与盗窃、抢劫、诈骗、抢夺等犯罪分子通谋，掩饰、隐瞒犯罪所得及其产生的收益的，以盗窃、抢劫、诈骗、抢夺等犯罪的共犯论处。即掩饰、隐瞒犯罪所得、犯罪所得收益行为人事先就掩饰、隐瞒行为和上游犯罪的本犯在本犯的实行行为终了之前通谋，然后基于通谋帮助实施掩饰、隐瞒犯罪所得、犯罪所得收益行为的，应当以上游犯罪的共犯论处。实践中需要注意的是，如果上游犯罪的行为人实施盗窃、抢劫、抢夺等犯罪行为，由于系未成年人等原因而依法不追究刑事责任的；掩饰、隐瞒行为人事先通谋、事中介入的，不影响对其以盗窃、抢劫、抢夺罪的间接正犯论处。

（三）非法收购盗伐、滥伐林木罪

根据《刑法》第345条第3款的规定，非法收购盗伐、滥伐的林木罪是指非法收购明知是盗伐、滥伐的林木，情节严重的行为。

---

[1] 2021年4月13日《最高人民法院关于审理掩饰、隐瞒犯罪所得、犯罪所得收益刑事案件适用法律若干问题的解释》第10条第2款。

[2] 参见陆建红等："《关于审理掩饰、隐瞒犯罪所得、犯罪所得收益刑事案件适用法律若干问题的解释》的理解与适用"，载《人民司法》2015年第17期。

[3] 2021年4月13日《最高人民法院关于审理掩饰、隐瞒犯罪所得、犯罪所得收益刑事案件适用法律若干问题的解释》第5条。

1. 盗伐的林木和滥伐的林木的含义

根据司法解释,[1]"盗伐的林木"是指以非法占有为目的所砍伐的下列3类林木：擅自砍伐国家、集体、他人所有或者他人承包经营管理的森林或者其他林木；擅自砍伐本单位或者本人承包经营管理的森林或者其他林木；在林木采伐许可证规定的地点以外采伐国家、集体、他人所有或者他人承包经营管理的森林或者其他林木。根据司法解释,[2]"滥伐的林木"，包括下列两类林木：未经林业行政主管部门及法律规定的其他主管部门批准并核发林木采伐许可证，或者虽持有林木采伐许可证，但违反林木采伐许可证规定的时间、数量、树种或者方式，任意采伐本单位所有或者本人所有的森林或者其他林木；超过林木采伐许可证规定的数量采伐他人所有的森林或者其他林木。

2. "明知"的认定

根据司法解释,[3]"非法收购明知是盗伐、滥伐的林木"中的"明知"是指知道或者应当知道。具有下列情形之一的，可以视为应当知道，但是有证据证明确属被蒙骗的除外：（1）在非法的木材交易场所或者销售单位收购木材的；（2）收购以明显低于市场价格出售的木材的；（3）收购违反规定出售的木材的。

3. 构成盗伐林木罪、滥伐林木罪共犯的情形

如果非法收购盗伐、滥伐林木行为人事先就收购行为和盗伐林木罪、滥伐林木罪的行为人在盗伐、滥伐实行行为终了之前通谋，然后基于通谋帮助实施收购行为，应当以盗伐林木罪或者滥伐林木罪的共犯论处。

（四）窝藏、转移、隐瞒毒品、毒赃罪

根据《刑法》第349条的规定，窝藏、转移、隐瞒毒品、毒赃

---

[1] 2000年11月22日《最高人民法院关于审理破坏森林资源刑事案件具体应用法律若干问题的解释》第3条。

[2] 2000年11月22日《最高人民法院关于审理破坏森林资源刑事案件具体应用法律若干问题的解释》第5条。

[3] 2000年11月22日《最高人民法院关于审理破坏森林资源刑事案件具体应用法律若干问题的解释》第10条。

罪,是指明知是毒品或者毒品犯罪所得的财物而为犯罪分子窝藏、转移、隐瞒的行为。

1. 毒品和毒赃的含义

毒品,是指鸦片、海洛因、甲基苯丙胺、吗啡、大麻、可卡因以及国务院规定管制的其他能够使人形成瘾癖的麻醉药品和精神药品。毒赃,是指犯罪分子进行毒品犯罪所得财物。

2. 窝藏、转移、隐瞒的含义

"窝藏",是指提供藏匿毒品、毒赃的场所,包括隐藏在自己的住所或者其他隐蔽的场所。"转移",是指以运输等方式将毒品、毒赃由一个地方移动到另一个地方。转移实际上也是一种运输行为,但这里的转移应限于为使走私、贩卖、运输、制造毒品的犯罪分子逃避法律追究而转移毒品;如果为了贩卖等而转移毒品的,则应当认定为运输毒品罪。"隐瞒",是指在没有窝藏毒品、毒赃的情况下,为走私、贩卖、运输、制造毒品的犯罪分子隐瞒毒品或毒赃的来源、去向、存放地等,即明知毒品、毒赃的藏匿处所,当司法机关追查时,故意不说明。[1]

3. 构成走私、贩卖、运输、制造毒品罪共犯的情形

根据《刑法》第 349 条第 3 款的规定,如果窝藏、转移、隐瞒毒品、毒赃行为人事先就窝藏、转移、隐瞒行为和走私、贩卖、运输、制造毒品的犯罪分子在其实行行为终了之前通谋,然后基于通谋帮助实施窝藏、转移、隐瞒毒品、毒赃行为的,应当以走私、贩卖、运输、制造毒品罪的共犯论处。

(五)洗钱犯罪罪名体系之间的内部关系

1. 洗钱犯罪罪名体系争议的国际公约及国内立法背景

从 1997 年《刑法》施行以来,立法对洗钱罪和掩饰、隐瞒犯罪所得、犯罪所得收益罪的立法各自进行了两次修改,导致了两个犯罪之间的法条关系也在不停地变动中。自 20 世纪 90 年代以来,

---

[1] 参见熊选国、任卫华主编:《刑法罪名适用指南·走私、贩卖、运输、制造毒品罪》,中国人民公安大学出版社 2007 年版,第 15 页。

根据《联合国禁止非法贩运麻醉药品和精神药物公约》(《维也纳公约》)、《联合国打击跨国有组织犯罪公约》(《巴勒莫公约》)、《联合国反腐败公约》和《制止向恐怖主义提供资助的国际公约》等相关国际公约文件规定，我国立法机关就洗钱、恐怖融资犯罪问题开展了一系列的刑事立法修订完善工作。[1]经较长时期的持续立法努力，以1997年《刑法》规定洗钱罪、2001年《中华人民共和国刑法修正案（三）》规定资助恐怖活动罪并将恐怖活动犯罪增加为洗钱罪的上游犯罪、2006年《刑法修正案（六）》将窝藏、转移、收购、销售赃物罪修改为掩饰、隐瞒犯罪所得、犯罪所得收益罪以及将贪污贿赂犯罪、破坏金融管理秩序犯罪、金融诈骗犯罪增加为洗钱罪的上游犯罪、2009年《刑法修正案（七）》将单位新增为掩饰、隐瞒犯罪所得、犯罪所得收益罪的主体将为重要标志，当前我国已经建立起了相对完备的打击洗钱、恐怖融资犯罪活动的刑事法律体系，基本实现了国际公约文件规定的国内立法转化。具体而言，我国洗钱犯罪的刑事立法采取了"多条文规定、多罪名规范"的做法来落实反洗钱国际公约的立法要求，这些条文和罪名分别是《刑法》第191条的洗钱罪、第312条的掩饰、隐瞒犯罪所得、犯罪所得收益罪以及第349条的窝藏、转移、隐瞒毒品、毒赃罪。有些国家的刑法和我们不同，采取洗钱罪单一罪名的立法模式，就不会出现我国刑法这种多罪名的立法模式下出现的这几个罪名之间的关系问题。在理论上和实践中，对于掩饰、隐瞒犯罪所得、犯罪所得收益罪和洗钱罪、窝藏、转移、隐瞒毒品、毒赃罪之间的关系，就存在不少分歧。

2. 3个洗钱犯罪之间关系的定位

针对司法实践中反映的上述3个犯罪之间的区分界限不够清晰、不易掌握的问题。2009年《最高人民法院关于审理洗钱等刑事案件具体应用法律若干问题的解释》基于洗钱犯罪的最新立法状况，以

---

[1] 参见刘为波："《关于审理洗钱等刑事案件具体应用法律若干问题的解释》的理解与适用"，载《人民司法》2009年第23期。

司法解释的形式对三罪之间的关系作出了最终的定位,希望达到减少分歧的目的。[1]

（1）3个犯罪之间的关系。根据上述司法解释,掩饰、隐瞒犯罪所得、犯罪所得收益罪和洗钱罪之间是包容竞合关系,掩饰、隐瞒犯罪所得、犯罪所得收益罪和窝藏、转移、隐瞒毒品、毒赃罪之间也是包容竞合关系。2009年《最高人民法院关于审理洗钱等刑事案件具体应用法律若干问题的解释》第3条规定："明知是犯罪所得及其产生的收益而予以掩饰、隐瞒,构成刑法第312条规定的犯罪,同时又构成刑法第191条或者第349条规定的犯罪的,依照处罚较重的规定定罪处罚。"这一规定意图间接说明《刑法》第312条和《刑法》第191条、第349条之间属于包容竞合型的法条竞合关系:《刑法》第312条是洗钱犯罪的一般条款,其和第191条的主要区分在于犯罪对象,以此淡化二者在行为方式和行为性质上的差异。其实,在洗钱罪和窝藏、转移、隐瞒毒品、毒赃罪之间也存在法条竞合关系,但二者之间的竞合是交叉竞合关系:一是二者的上游犯罪都包括毒品犯罪所得（不包括毒品犯罪所得收益）,前罪除此之外还包括其他犯罪所得及其收益,但后罪的犯罪对象毒品是前罪所不能包括的;二是行为手段都包括窝藏、转移、隐瞒,但前罪的手段还包括除此之外的一切掩饰手段;三是前罪的主体包括自然人和单位,而后罪的主体只能是自然人。

（2）掩饰、隐瞒犯罪所得、犯罪所得收益罪和洗钱罪、窝藏、转移、隐瞒毒品、毒赃罪之间的法条竞合关系的处理原则。如上所述,洗钱罪和掩饰、隐瞒犯罪所得、犯罪所得收益罪之间是特别法与普通法的关系。对于法条竞合,存在特别法优于普通法和重法优于轻法两种法律适用原则。通常采用特别法优于普通法的原则处理,在法律有明文规定的情况下（如《刑法》第149条对生产、销售伪劣商品犯罪之间法条竞合的规定）,才采取重法优于轻法的原则处

---

[1] 参见刘为波:《〈关于审理洗钱等刑事案件具体应用法律若干问题的解释〉的理解与适用》,载《人民司法》2009年第23期。

理。2009年11月4日《最高人民法院关于审理洗钱等刑事案件具体应用法律若干问题的解释》第3条罕见地以司法解释的形式规定适用重法优于轻法原则。

（3）洗钱罪和窝藏、转移、隐瞒毒品、毒赃罪之间的法条竞合关系的处理原则。如前所述，在洗钱罪和窝藏、转移、隐瞒毒品、毒赃罪之间也存在法条竞合关系，但二者之间的竞合是交叉竞合关系，也应当按照重法优于轻法的原则适用法律：第一，在3个犯罪之间的竞合关系上，上述司法解释已经确定其他两对犯罪之间的竞合按照该原则处理，出于平衡的考虑，这一对犯罪之间的竞合关系也应当按照这一原则处理。第二，对洗钱罪和窝藏、转移、隐瞒毒品、毒赃罪之间的法条竞合关系按照重法优于轻法的原则处理，符合对毒品犯罪从严惩治的刑事政策。

后 记

刑法和刑事诉讼法同属国家基本法律，构成刑事立法的主体框架。因为刑法学和刑事诉讼法学归属不同的二级学科，进而衍生出刑事法理论研究互为壁垒、刑事立法缺乏整体协调、刑事司法实务实体程序各有偏重等弊端。自从北京大学储槐植教授倡导"刑事一体化"理念以来，不少刑事法学研究人员试图突破刑事实体法和刑事程序法的藩篱开展综合性研究。在2012年对刑事诉讼法进行大幅修改之际，笔者以"刑事诉讼法修正中的刑法关联问题研究"为题申报中国法学会2012年度部级法学研究课题，获得自选课题立项。2013年结项评审鉴定为优秀，获得后期资助。这也是本人尝试开展刑法学与刑事诉讼法学交叉研究的开始。以此为起点，笔者结合此后刑法和刑事诉讼法立法、司法解释、司法实务的新变化、新情况，从刑法的角度，对一些与刑事诉讼法学密切相关的问题不断进行思考。以当时的课题研究报告为基础，不断扩充、修改，现将其修改成书，得以纳入《公大法学文库》出版。

本人深知，由于对刑事诉讼法学的理论研究不深，本书也只是研究刑法学与刑事诉讼法学交叉问题的起点。书中难免会有不足之处，敬请各位同仁批评指正。

陈志军
2021年3月